KB015333

松亭 金赫濟 校閱

原本備旨 大學中庸(全)

明文堂

原本備旨 大學

(全)

英祖大王御製序

夫三代盛時設庠序學校而敎人此正禮記所云家有塾黨有庠州有序國有學者也故人生八歲皆入小學於大學則天子之元子衆子以至公卿大夫元士之適子與凡民之俊秀者及其成童皆入焉可不重歟大學之書有三綱焉曰明明德曰新民曰止於至善也有八條焉曰格物曰致知曰誠意曰正心曰修身曰齊家曰治國曰平天下也次序井井條理方方其學問之道紫陽朱夫子序文詳備以予蔑學何敢加一辭然是書與中庸相爲表裏次序條理若是瞭然而學者其猶書自書我自我可勝歎哉噫明德在何即在我一心明明德之工在何亦在我一心若能實下工夫正若顔子所云舜何人余何人者也而三代以後師道在下學校不興莫能行灑掃之敎故筋骸已强利欲交中在我之明德不能自明既不能格致又何以誠意既不能正心又何以修身不能格致不能誠正家齊國治其何望

哉予於十九歲始讀大學二十九歲入學也又講此書而自顧其行其亦書自我自心常恧焉六十三視學明倫堂也先讀序文仍令侍講官及儒生次第以講其日卽甲子也與朱夫子作序文之日偶然相符日雖相符功效愈邈尤切靦然望七之年因追慕行三講而欲取反約以中庸循環以講因經筵官之請繼講此書自此以後庸學將輪回以講少時講此未見其效暮年重講其何望效尤爲慨然者紫陽序文豈不云乎一有能盡其性者天必命之以爲億兆之君師以予晚學凉德旣無誠正之工亦無修齊之效而白首衰耗三講此書豈不自恧乎然孔聖云温故而知新若能因此而知新於予豈不大有益也哉仍作序文自勉靈臺歲戊寅十月甲寅序

以洪武正韻體命書

英祖大王御製序終

原本備旨大學集註　章句序

大學之書ᄂᆞᆫ古之大學에所以敎人之法也ㅣ라蓋自天降生民으로則旣莫不與之以仁義禮智之性矣언마ᄂᆞᆫ 朱子曰天之生民各與以性性非有物只是一箇道理之在我者耳仁則是箇温和慈愛底道理義則是箇斷制裁割底道理禮則是箇恭敬撙節底道理智則是箇分別是非底道理凡此四者具於人心乃是性之本體○雲峰胡氏曰朱子四書釋仁曰心之德愛之理義曰心之制事之宜禮曰天理之節文人事之儀則皆兼體用獨智字未有明釋嘗欲竊取朱子之意以補之曰智則心之神明所以妙衆理而宰萬物者也番易沈氏云智者涵天理動静之機具人事是非之鑑○新安陳氏曰書云惟皇上帝降衷于下民若有恒性六經言性自此始謂天降生民而與之以性亦本書之意而言 然이나其氣質之稟이或不能齊ᄒᆞᆫ새是以로不能皆有以知其性之所有而全之也ㅣ라 新安陳氏曰性之所有即仁義禮智是也性無智愚賢不肖之殊惟氣有清濁淸者能知而濁者不能知故不能皆知質有粹駁粹者能全而駁者不能全故不能皆全知性之所有屬知全性之所有屬行知行二者該盡一部大學意已寓於此矣 一有聰明睿智能盡其性者ㅣ出於其間則天必命之ᄒᆞ샤以爲億兆之君師ᄒᆞ샤使之治 平聲下治人同 而敎之ᄒᆞ야以復其性케ᄒᆞ시니 問何處見得天命處朱子曰此也如何知得只是才生得一箇恁地底人定是爲億兆之君師便是天命之也他旣有許多氣魄才德決不但己必統御億兆之衆人亦自是歸他如三代己前聖人都是如此至孔子方不然雖不爲帝王然也閑他不得也做出許多事來以敎天下後世是亦天命也○新安陳氏曰聰明睿智能盡其性者是就清濁粹駁不齊中指出極清極粹者言之聰明睿智生知之聖也與知其性相應能盡其性安行之聖也與全之相應常人必先知其性方可望以全其性故於中下一而字聖人合下生知安行不待知而方全故只平說天必命之以爲億兆君師君以治之師以敎之變化其氣質而復還其本性以上四個性字須融貫看透三代以前聖賢之君君師之責兼盡三代以後君道有略得之者而師道則絶無矣 此ㅣ伏羲神農黃帝堯舜所以繼天立極ᄒᆞ야而司徒之職과典樂之官을所由設也ㅣ시니라 書舜典帝曰契汝作司徒敬敷五敎在寬又曰夔命汝典樂敎冑子○朱子曰天只生得許多人物

與爾許多道理然天却自做不得所以必得聖人爲之修道立敎以敎化百姓所謂裁成天地之道輔相天地之宜是也○古者敎法禮樂射御書數不可闕一就中樂之敎尤親切夔敎胄子只用樂大司徒之職也是用樂蓋是敎人朝夕從事於此物束得心長在這上面蓋爲樂有節奏學他底急也不得慢也不得久之都換了他情性○雲峰胡氏曰司徒之職統敎百姓典樂之官專敎胄子○新安陳氏曰上文說其理此實之以其事天生民而賦與之不能敎之聖君代天立標準以主敎於上而設司徒及典樂之官以掌敎於下此時敎己立而敎之法未備學之名未聞也

三代之隆의 其法이寖備然後에王宮國都로以及閭巷히莫不有學ᄒᆞ야人生八歲어든則自王公以下로至於庶人之子弟히皆入小學ᄒᆞ야而敎之以灑上聲又去聲掃去聲應對進退之節와禮樂射御書數之文ᄒᆞ고

朱子曰古者小學已自是聖賢坯樸了但未有聖賢許多知見及其長也令入大學使之格物致知長許多知見○番易齊氏曰灑掃內則所謂鷄初鳴灑掃室堂及庭曲禮所謂爲長者糞加帚箕上以袂拘而退以箕自向而扱之之類是也應對內則所謂在父母之所有命之應唯敬對曲禮所謂爲長者負劍辟咡詔之負置之於背劍挾之於旁口耳之間曰咡辟咡詔之傾頭與語則揜口而對之類是也進退內則所謂在父母之所進退周旋愼齊曲禮所謂凡與客入者每門讓於客之類是也禮習於度數之節文所以敎之中也樂明於聲音之高下所以敎之和也射法一弓挾四矢驗其中否以觀德行御法一車乘四馬御者執轡立於車上欲調習不失驅馳之正也書書字之體可以見心畫數算數之法可以盡物變周禮大司徒所以敎萬民而賓興之者始以六德繼以六行後及於六藝非八歲以上者所能盡究其事不過使曉其名物而已故上三者言節有品節存焉下六者言文文者名物之謂也非其事也○勿軒熊氏曰按大戴記保傳篇古者年八歲出就外舍學小藝焉履小節焉束髮就大學學大藝焉履大節焉註曰小學爲庠門一作虎闈大學在王宮之東束髮謂成童尙書大傳曰公卿之太子元士之嫡子年十三入小學二十入大學白虎通曰八歲入小學十五入大學此太子之禮也按年數互有不同而朱子獨以白虎通爲斷

及其十有五年이어든則自天子之元子衆子로以至公卿大夫元士之適音的子로與凡民之俊秀히皆入大學ᄒᆞ야

新安陳氏曰凡民惟賢者得入大學不比小學則無貴賤賢愚皆得入也

而敎之以窮理正心脩己治人之道ᄒᆞ니此又學校之敎ㅣ大小之節이所以分也ㅣ라

新安陳氏曰三代有小學大學之敎法未有書也天

子元子繼世有天下衆子建爲諸侯公卿大夫元士適子將有國家之責皆在所敎民之俊秀他日亦將用之以佐理天下國家者也窮理知之事正心以下行之事 夫音扶以學校之設이其廣이
如此ᄒᆞ고敎之之術이 術即法也 其次第節目之詳이又如此ᄒᆞ니而其所以爲敎則又皆本之
人君躬行心得之餘ㅣ오不待求之民生日用彝倫之外라 新安陳氏曰上言學校施敎之法此言君身爲立敎之本即所謂爲億兆君師繼天立極者也躬行心得謂躬行仁義禮智之道心得仁義禮智之德即行道而有得於心也彝倫常理也 是以當世之人이無不學ᄒᆞ고其學焉者ㅣ無不
有以知其性分去聲下同之所固有와職分之所當爲而各俛音免焉ᄒᆞ야以盡其力ᄒᆞ니 雲峰胡氏曰前說上之所以爲敎此說下之所以爲學○新安陳氏曰性分固有即仁義禮智是理是體職分當爲如子職分當孝臣職分當忠之類是事是用知性分職分是知之事俛焉盡力是行之事與前知性之所有而全之相照應 此ᄂᆞᆫ
古昔盛時에所以治去聲下同隆於上ᄒᆞ고俗美於下ᄒᆞ야而非後世之所能及也ㅣ러니及周
之衰ᄒᆞ야賢聖之君이不作ᄒᆞ고學校之政이不脩ᄒᆞ야敎化ㅣ陵夷ᄒᆞ고風俗이頹徒回反
敗ᄒᆞ니時則有若孔子之聖이라도而不得君師之位ᄒᆞ샤以行其政敎ᄒᆞ니於是에獨取
先王之法ᄒᆞ샤誦而傳之ᄒᆞ야以詔後世ᄒᆞ시니 新安陳氏曰皐帝生當天地氣運盛時所以達而在上以身爲敎而道行於當世孔子當天地氣運衰時不免窮而在下以言爲敎傳諸其徒而道明於後世而已 若曲禮少去聲儀內則弟子職諸篇은固小學之支流餘裔ㅣ오 餘制反○番易齊氏曰曲禮少儀內則見禮記弟子職見管子此四篇作於春秋時三代小學之全法僅存其一二故曰支流餘裔支流水之旁出而非正流者餘裔衣裾之末也 而此篇者則因小學之成功ᄒᆞ
야以著大學之明法ᄒᆞ니外有以極其規模之大ᄒᆞ며而內有以盡其節目之詳者也ㅣ라
開外有以極其規模之大內有以盡其節目之詳朱子曰這箇須先識得外面一個規模如此大了而內做工夫以實之凡人爲學便當以明德新民止於至善及明々德於天下爲事不成只要獨善其身便了須是志於天下所謂志伊

尹之所志學顏子之所學也所以大學第二句便說在新民○新安陳氏曰規模之大指三綱領節目之詳指八條目孔子時方有大學一章之經○東陽許氏曰規模節目以三綱八條對言則三綱爲規模八條爲節目謂八條即三綱中事也獨以八條言之則平天下爲規模上七條爲節目平天下是大學之極功然須是有上七條節節做工夫行至于極然後可以天下平 三千之徒ㅣ蓋莫不聞其說이언마는而曾氏之傳이獨得其宗ᄒᆞ야於是에作爲傳去聲義ᄒᆞ샤以發其意ᄒᆞ시고曾子方有今大學之傳以發明孔子之意 及孟子沒而其傳이泯音閔焉則其書ㅣ雖存而知者ㅣ鮮上聲矣ㅣ라自是以來로俗儒記誦詞章之習이其功이倍於小學而無用ᄒᆞ고朱子曰自聖學不傳爲士者不知學之有本而所以求於書不越乎記誦訓詁文詞之間是以天下之書愈多而理愈昧學者之事愈勤而心愈放詞章愈麗議論高愈而其德業事功之實愈無以逮乎古人○新安陳氏曰記誦口耳之學詞章枝葉之文 異端虛無寂滅之敎ㅣ其高ㅣ過於大學而無實ᄒᆞ고問異端何以高而無實朱子曰吾儒便著讀書逐一就事物上理會道理異端便都掃了只恁地空空寂寂便道事都了若將些子事付之便都沒奈何 雲峰胡氏曰此之虛虛而有彼之虛虛而無此之寂々而感彼之寂寂而滅所以高而無實○新安陳氏曰老氏虛無佛氏寂滅 其他權謀術數ㅣ一切以就功名之說과與夫音扶百家衆技之流ㅣ所以惑世誣民ᄒᆞ고充塞先則反下同仁義者ㅣ又紛然雜出乎其間ᄒᆞ야朱子曰秦漢以來隨世以就功名者未必自其本而推之是以天理不明而人欲熾道學不傳而異端起人挾其私智以馳騖於一世○新安陳氏曰權謀術數謂管仲商鞅等百家衆技如九流等是也 使其君子로不幸而不得聞大道之要ᄒᆞ고其小人으로不幸而不得蒙至治之澤ᄒᆞ야晦盲眉庚反否塞ᄒᆞ고東陽許氏曰如月之晦如目之盲如氣之否如川之塞晦盲言不明否塞言不行 反覆沈俗作沈非痼ᄒᆞ야音固○東陽許氏曰反覆是展轉愈深而不可去底意沈如物沒於水中不可浮痼如病著於身而不可愈 以及五季謂梁唐晉漢周五代季世之衰而壞亂이極矣ㅣ라雲峰胡氏曰惑世誣民使斯民昏而不能知充塞仁義使斯道壅而不能行晦盲全無能知者否塞全無能行者所以爲壞亂之極也大道之要是大學書中所載者至治之澤是自大學中流出者上之人無能知此大學故君子不得聞大道之要上之人無能行此大學故小人不得蒙至治之澤 天運이循環ᄒᆞ

샤無往不復일ᄉᆡ宋德이隆盛ᄒᆞ샤治敎ㅣ休明ᄒᆞ시니於是에 河南程氏兩夫子ㅣ出ᄒᆞ샤伯子諱顥字伯淳號明道先生叔子諱頤字正叔號伊川先生而有以接乎孟氏之傳ᄒᆞ야實始尊信此篇ᄒᆞ샤而表章之ᄒᆞ시며既又爲去聲之次其簡編ᄒᆞ며發其歸趣音娶○新安陳氏曰孟子沒而其傳泯焉至二程夫子出而絕學復傳於是始拔大學篇於戴記之中而尊信之又釐頓其錯亂之簡而發揮之但未成書耳然後에야古者大學敎人之法과此八字收拾序文起句文聖經賢傳去聲之指ㅣ粲然復扶又反明於世ᄒᆞ니雖以熹之不敏으로도亦幸私淑而與去聲有聞焉ᄒᆞ니新安陳氏曰孟子云予未得爲孔子徒也予私淑諸人也此用其語謂聞程子之敎於延平李先生諸公○東陽許氏曰私淑者私善於人孟子不得爲孔子之徒而私善於再傳之子思朱子不得爲程子之徒而私善於三傳之李氏此私淑字最切 顧其爲書ㅣ猶頗放失일ᄉᆡ是以로忘其固陋ᄒᆞ고采而輯音集之ᄒᆞ며間亦竊附己意ᄒᆞ야補其闕畧ᄒᆞ야謂補傳之第五章以俟後之君子ᄒᆞ노니極知僭踰ㅣ無所逃罪ㅣ나然이나於國家化民成俗之意와學者脩己治人之方엔則未必無小補云이라修己治人四字包盡大學體用綱目

淳熙己酉二月甲子에新安朱熹序ᄒᆞ노라新安陳氏曰此序分六節精義尤在第二節曰知其性之所有而全之曰敎之以復其初是也朱子論學必以復性初爲綱領要歸論語首註學字曰人性皆善曰明善而復其初小學題辭曰仁義禮智人性之綱曰德崇業廣乃復其初此書首釋明明德亦曰遂明之以復其初與此序凡四致意焉聖人盡性盡其本全者也學者復其性復而後能全也欲知性之所有在格物致知欲復全其性之所有在誠意正心修身以力於行而已讀此序此書者其以知性之所有與復其性初爲要領以知行爲工夫而融貫其旨云

讀大學法

朱子曰語孟隨事問答難見要領惟大學是曾子述孔子說古人爲學之大方而門人又傳述以明其旨前後相因體統都具翫味此書知得古人爲學所向却讀語孟便易去聲入後面工夫雖多而大體已立矣○看這一書又自與看語孟不同語孟中只一項事是一箇道理如孟子說仁義處只就仁義上說道理孔子答顏淵以克己復禮只就克己復禮上說道理若大學却只統說論其功用之極至於平天下然天下所以平却先須治國國之所以治却先須齊家家之所以齊却先須修身身之所以修却先須正心心之所以正却先須誠意意之所以誠却先須致知知之所以至却先須格物○大學是爲學綱目先讀大學立定綱領他書皆雜說在裏許通得大學了去看他經方見得此是格物致知事此是誠意正心事此是修身事此是齊家治國平天下事○今且熟讀大學作間架却以他書塡補去○大學是通言學之初終中庸是指本原極致處○問欲專看一書以何爲先曰先讀大學可見古人爲學首末次第不比他書他書非一時所言非一人所記

又曰看大學固是着逐句看去也須先統讀傳文敎熟方好從頭仔細看若專不識傳文大意便看前頭亦難

又曰嘗欲作一說敎人只將大學一日去讀一遍看他如何是大人之學如何是小學如何是明明德如何是新民如何是止於至善日日如是讀月來日去自見所謂温故而知新

須是知新日日看得新方得却不是道理解新但自家這箇意思長長地新○讀大學初間也只如此讀後來也只如此讀只是初間讀得似不與自家相關後來看熟見許多說話須着如此做不如此做自不得○讀書不可貪多當且以大學爲先逐段熟讀精思須令了了分明方可改讀後段看第二段却思量前段令文意連屬音燭却不妨○問大學稍通方要讀論語曰且未可大學稍通正好着陟略反下同心精讀前日讀時見得前未見得後面見得後未見得前面今識得大綱體統正好熟看讀此書功深則用博昔尹和靖見伊川半年方得大學西銘看今人半年要讀多少書某且要人讀此是如何緣此書却不多而規模周備凡讀書初一項須着十分工夫了第二項只費得八九分工夫第三項便只費得六七分工夫少間讀漸多自通貫他書自著不得多工夫○看大學俟見大指乃及他書但看時須是更將大段分作小段字字句句不可容易放過常時暗誦默思反覆研究未上口時須教上口未通透時須教通透已通透後便要純熟直待不思索時此意常在心胸之間驅遣不去方是此一段了又換一段看令如此數段之後心安理熟覺工夫省力時便漸得力也

又曰大學是一箇腔子而今却要塡敎平聲他實如他說格物自家須是去格物後塡敎他實著誠意亦然若只讀得空殼子亦無益也○讀大學豈在看他言語正欲驗之於心如何如好好色惡惡臭試驗之吾心果能好善惡惡如此乎閒居爲不善是果有此乎一有不

明至則勇猛奮躍不已必有長(上聲)進今不知如此則書自書我自我何益之有

又曰某一生只看得這文字透見得前賢所未到處溫公作通鑑言平生精力盡在此書某於大學亦然先須通此方可讀他書

又曰伊川舊日敎人先看大學那時未解說而今有註解覺大段分曉了只在仔細看

又曰看大學且逐章理會先將本文念得次將章句來解本文又將或問來參章句須逐一令(平聲下同)記得反覆尋究待他浹洽既逐段曉得却統看溫尋過

又曰大學一書有正經有章句有或問看來看去不用或問只看章句便了久之又只看正經便了又久之自有一部大學在我胸中而正經亦不用矣然不用某許多工夫亦看某底不出不用聖賢許多工夫亦看聖賢底不出

又曰大學解本文未詳者於或問中詳之且從頭逐句理會到不通處却看或問乃註脚之註脚○某解書不合太多又先準備學者爲(去聲)他設疑說了所以致得學者看得容易(去聲)了○人只說某說大學等不略說使人自致思此事大不然人之爲學只爭箇肯與不肯耳他若不肯向這裏略亦不解致思他若肯向此一邊自然有味愈詳愈有味

原本備旨 大學集註章句大全 大舊音泰今讀如字

子程子曰 新安陳氏曰程子上加子字倣公羊傳註子沈子之例乃後學宗師先儒之稱 大學은孔氏之遺書而初學入德之門也ㅣ라 於今可見古人爲學次第者ᄂᆞᆫ獨賴此篇之存而論孟이次之ᄒᆞ니學者ㅣ必由是而學焉이면則庶乎其不差矣리라 龜山楊氏曰大學一篇聖學之門戶其取道至徑故二程多令初學者讀之○朱子曰大學首尾貫通都無所疑然後可及語孟又無所疑然後可及中庸○某要人先讀大學以定其規模次讀論語以立其根本次讀孟子以觀其發越次讀中庸以求古人之微妙○陳氏曰爲學次序自有其要先須大學以爲入德之門以其中說明々德新民具其條理實群經之綱領也次則論語以爲操存涵養之實又其次則孟子以爲體驗充廣之端三者旣通然後會其極於中庸又曰大學規模廣大而本末不遺節目詳明而終始不紊學者所當最先講明者○新定邵氏曰他書言平天下本於治國治國本於齊家齊家本於修身者有矣言修身本於正心者亦有矣若夫推正心之本於誠意誠意之本於致知致知之在於格物則他書未之言六籍之中惟此篇而已 具其之其字唐本作有字

大學之道ᄂᆞᆫ在明明德ᄒᆞ며在親民ᄒᆞ며在止於至善이니라

大學의道ᄂᆞᆫ밝은德을밝킴에잇스며民을새롭게ᄒᆞᆷ에잇스며지극ᄒᆞᆫ善ᄒᆞᆷ에止ᄒᆞᆷ에잇ᄂᆞ니라

程子曰親、當作新、○大學者、大人之學也、明、明之也、明德者、人之所得乎天、而虛靈不昧、以具衆理、而應萬事者也、朱子曰天之賦於人物者謂之命人與物受之者謂之性主於一身者謂之心有得於天而光明正大者謂之明德○問明德是心是性曰心與性自有分別靈底是心實底是性性便是那理心便是盛貯該載敷施發用底心屬火緣他是箇光明發動底物所以具得許多道理如向父母則有那孝出來向君則有那忠出來這便是性如知道事親要孝事君要忠這便是心張子曰心統性情此說最精密○虛靈不昧便是心此理具足於中無少欠闕便是性隨感而動便是情○虛靈自是心之本體非我所能虛也耳目之視聽所以視聽者即其心也豈有形象然有耳目以視聽之則猶有形象也若心之虛靈何嘗有物○只虛靈不昧四字說明德意已足矣更說具衆理應萬事包體用在其中又却實而不爲虛其言的確渾圓無可破綻處○北溪陳氏曰人生得天地之理又得天地之氣理與氣合所以虛靈○黃氏曰虛靈不昧明也具衆理應萬事德也具衆理者德之全體未發者也應萬事者德之大用已發者也所以應萬事者即其具衆理者之所爲也未發則炯然不昧已發則品節不差所謂明德也○玉溪盧氏曰明德只是本心虛者心之寂靈者心之感心猶鑑也虛猶鑑之空明猶鑑之照不昧申言中明也虛則明存於中靈則明應於外惟虛故具衆理惟靈故應萬事○東陽許氏曰大學之道是言大學中敎人修爲之方如君子深造之以道之道

但、爲氣稟所拘、人欲所蔽、則有時而昏、然、其本體之明則有未嘗息者、故學者、當因其所發而遂明之、以復其初也

朱子曰明德未嘗息時時發見於日用之間如見孺子入井而怵惕見非義而羞惡見賢人而恭敬見善事而歎慕皆明德之發見也雖至惡之人亦時有善念之發但因其所發之端接續光明之○明德謂本有此明德也孩提之童無不知愛其親及其長也無不知敬其兄其良知良能本自有之只爲私欲所蔽故暗而不明所謂明々德者求所以明之也譬如鏡焉本是箇明底物緣爲塵昏故不能照須是磨去塵垢然後鏡復明也○明德是一箇光明底物事如一把火將去照物則無不燭便是明德若漸隱微便暗了吹得這火著便是明其明德○新安吳氏曰氣稟拘之有生之初物欲蔽之有生之後不昧者所以昏也然雖有昏昧之時而無息滅之理○雙峰饒氏曰明之々功有二一是因其發而充廣之使之全體皆明一是因已明而繼續之使無時不明○雲峰胡氏曰章句釋明德以心言而包性情在其中虛靈不昧是心具衆理是性應萬事是情有時而昏又是說心本體之明又是說性所發又說情當因其所發而遂明之即孟子言四端而謂知皆擴而充之也○新安陳氏曰常人於明德之發見隨發而隨泯學者於明德之發見處當體認而充廣之所謂遂明之也氣稟拘物欲蔽則明者昏而初者失致其明之々功以變化其氣質則昏者明而初者復○東陽許氏曰氣稟所拘就有生之初言之人欲所蔽就有知之後言之

新者、革其舊之

謂也、言、既自明其明德、又當推以及人、使之亦有以去上聲其舊染之汚音烏又去聲也、朱子曰此理人所均有非我所得私既自明其德須當推以及人見人爲氣與欲所昏豈不惻然欲有以新之○問明德新民在我有以新之至民之明其明德却又在他曰雖說是明己德新民德然其意自可參見明明德於天下自新以新其民之知○北溪陳氏曰新與舊對明者昏則舊矣感發開導去其舊汚則昏者復明又成一箇新底是新之也○玉溪盧氏曰新民是要人人皆明明德民無不信則民之明德無不明而我之明德明於天下矣○新安陳氏曰書云舊染汚俗咸與惟新章句本此以釋新民止者、必至於是、而不遷之意、至善則事理當然之極也、朱子曰說一箇止字又說一箇至字直是要到那極至處而後止故曰君子無所不用其極也○未至其地則必求其至既至其地則不當遷動而之他也未至此便在不可謂止至此不能守亦不可謂止○至善如言極好道理十分盡頭善在那裏自家須去止他止則善與我一未能止善自善我自我○雲峯胡氏曰必至於是知至至之也不遷知終終之也言、明明德新民、皆當止於至善之地、而不遷蓋必其有以盡夫音扶天理之極、而無一毫人欲之私也、朱子曰明德新民非人力私意所爲本有箇當然之則過之不可不及亦不可如孝是明德然自有當然之則不及固不是若過其則必有刲股之事須是到當然之則處而不遷方是止於至善 止至善包明德新民己也要止於至善民也要止於至善在他雖未能在我所以望他則不可不 如是也○問明明德是自己事可以做得到極好處若新民則在人何如得他到極好處曰且教自家先明得盡然後漸民以仁摩民以義如孟子所謂勞之來之匡之直之輔之翼之 又從而振德之如此變化他自解到極好處 ○問至善不是明德外別有所謂善只就明德中到極處便是否曰是明德中也有至善新民中也有至善皆要到那極處 至善只是以其極言不特是理會到極處亦要做到極處如爲人君止於仁固是一箇仁然 亦多般須是隨處 看如這一事合當如此是仁那一事又合當如是彼亦仁若不理會於管執一便成一邊 去安得爲之至善至善只是恰好處○雙峯饒氏曰明德以理之得於心者 言至善以理之見只事者 言以明明德對新民則明明德爲主以明明德新民對止至善則止至善爲重○新安吳氏曰止至善爲明明德新民之標的極盡天理 絕無人欲爲止 至善之律令然既言事理當然之極又言天理之極者蓋自散在事物者而言則曰事理是理之萬殊處一物 各具一太極也 自人心得於天者而言則曰天理是理之一本處萬事體統一太極也然一實萬分故曰事理衆理會萬爲一則曰天理此一理而己○新安陳氏曰天理人欲相爲消長纔有一毫人欲之私使不能盡夫天理之極不得云止於至善矣

三者、大學之綱領也、 新安陳氏曰綱以大綱言如綱之有綱綱擧則目張領以要領言如裘之有領領挈而裘順 ○朱子曰明明德新民止至善此八字己括盡一篇之意 ○玉溪盧氏曰明明德是下文格物致知誠意正心修身之綱領新民是下文齊家治國平天下之綱領止至善總明明德新民而言又八字逐條之綱領要而言之則明明德又爲三者之綱領乃大學一書之大綱領也○番易沈氏曰大學之體在明明德其用在新民其則用之準則在止至善要其用力之方在知與行而已格物致知知之事也誠意正心修身行之事也行以知爲先知以行爲重知之精則行愈遠行之則知愈進物格而知以至意誠心正而身以修則吾德之本明者極其明而吾身之所止者極其善矣由身而家而國而天下善敎行焉善政施焉莫不革其舊染而復其性初天下之明德非一人之明德乎一人之至善非天下之至善乎 [備旨] 曾子述聖經以垂訓曰天下有統古今上下而精其業合人己內外而究其功者大學也然其敎人之道果安在哉一在明己之明德蓋德者人所其於天之理原自虛明但氣稟拘於生初物欲蔽於生後則有時而昏然其本體之明有未嘗息者故學者當因其發而充廣之使全體皆明因己明而繼續之使無時不明以復其初焉此大人有體之學也一在新民蓋德者人所同得而非我之私得也又當推以新民使彼有是德而不能自明者亦皆有以新之而去其舊染之汚焉此大人有用之學也一在止於至善蓋吾之所以明而新之者非可私意苟且而爲之也其所以得於天而見於日用之間者莫不各有當然之則所謂至善也又必當使己德無不明民德無不新恰好至當不復遷動而之他以止於至善焉此大人體用會極之學也大學之道如此

知止而后에**有定**이니**定而后**에**能靜**ᄒᆞ며**靜而后**에**能安**ᄒᆞ며**安而后**에**能慮**ᄒᆞ며**慮而后**에**能得**이니라

止ᄒᆞᆯᄃᆡ 를안后에定ᄒᆞᆷ이잇ᄂᆞ니定ᄒᆞᆫ后에能히靜ᄒᆞ며靜ᄒᆞᆫ后에能히安ᄒᆞ며安ᄒᆞᆫ后

에能히慮ᄒᆞ며慮ᄒᆞᆫ后에能히得ᄒᆞᄂᆞ니라

止者、所當止之地、即至善之所在也(此止字即接上文在止於至善之止字說下來)知之、則志有定向、靜、謂心不妄動、安、謂所處(上聲下同)而安、慮、謂處事精詳、得、謂得其所止、(朱子曰知止是識得去處路識得心中便定更不他求如行事知得從這一路去心中自是定如求之此又求之彼即是未定定靜安慮得五字是功效次第不是工夫節目纔知止自然相因而見○定靜安相去不遠但有淺深耳與中庸動變化相類皆不甚相遠定以理言故曰有靜以心言故曰能靜是就心上說安是就身上說○既見得事物有定理而此心恁地寧靜了看處在那裏在這裏也安在那裏也安々而後能慮々是思之精審今人心中搖漾不定疊還能處得事否人處事於叢急冗遽之際而不錯亂非安不能也知止是知事物所當止之理到臨事又須研幾審處方能得所止○知止只是知有這箇道理也須是得其所止方是右要得其所止直是能慮方是能慮却是要緊知止如知爲子而必孝知爲臣而必忠能得是身親爲忠孝之事若徒知這箇道理至於事親之際爲私欲所汨不能盡其孝事君之際爲利祿所汨不能盡其忠這便不是能得矣能慮是見得此事合當如此便如此做○知止如射者之於的得止是己中其的○定靜安三字雖分節次其實知止後皆容易進安而后能慮々而后能得此最是難進處多是至安處往了安而后能慮非顔子不能之去得字地位雖甚近然只是難進挽弓到臨滿時分外難開○勉齊黃氏曰大學之道在於明德新民明德新民之功在於至善至善之理又在於必至而不遷故此一節但以止爲言曰知曰得止之兩端定者知所止之驗慮者得所止之始曰靜曰安則原於知而終於得有必至不遷之意矣○雙峰饒氏曰譬之秤知止是識得秤上星兩慮是將來秤物時又仔細看能得是方秤得輕重的當定靜安在事未至之前慮是事方至之際四者乃知止所以至能得之脉絡○雲峰胡氏曰定而能靜則事本來而此心之寂然不動者不失安而能慮則事方來而此心之感而遂通者不差○新安陳氏曰明德新民所以得止於至善之由其緊要處先在知止上蓋於事々物々皆知其所當止之理即格物而知止也下文致知々至之知字已張本於此矣【備旨】然明德新民何由得至善而止之惟先知所止則識無所蔽者理自無所昧而后吾之志有定矣志既有定則內念不興外物不搖無以動其心而后能靜矣心既靜則憧擾不形隨身所處無所擇於地而后能安矣能安則日用之間從容閒暇事至物來有以揆之而后能慮矣能慮則隨事觀

理極深研幾皆合乎當然之則而后明德新民之至善所在皆得而止之矣

物有本末하고事有終始하니知所先後ㅣ면則近道矣리라

物이本과末이잇고일이終과始ㅣ잇스니몬저ᄒᆞ며후에ᄒᆞᆯ바를알면곳道에갓가오니라

明德、爲本、新民、爲末、知止、爲始、能得、爲終、本始、所先、末終、所後、此、結上文兩節之意、問事物何分別朱子曰對言則事是事物是物獨言物則兼事在其中知止能得如耕而種而耘而歛是事有個首尾如此明德是理會己之一物新民是理會天下之萬物以己之一物對天下之萬物便有個內外本末知所先後自然近道不知先後便倒了如何能近道○三山陳氏曰新民者自明德而推也己德不明未有能新民者此明々德所以爲新民之本能得者原於知止而後致也苟始焉不知止於至善亦未見其卒於有得矣此知止所以爲能得之始○玉溪盧氏曰物有本末結第一節事有終始結第二節知所先後則近道矣兩句再總結兩節一個先字起下文六個先字一個後字起下文七個後字不特結上兩節亦所以起下文兩之意○仁山金氏曰不曰此是大學之道而曰近道蓋道者當行之路知所先後方是見得在面前而未行於道上所以只曰近備旨合而觀之明德新民皆性中物也然明德爲本新民爲末非物有本末乎知止能得皆分內事也然知止爲始能得爲終非事有終始乎誠知本始所當先而先之末終所當後而後之則進爲有序德可明而民可新善可知而止可得庶近乎大學之道矣

古之欲明明德於天下者는先治其國하고欲治其國者는先齊其家하고欲齊其家者는先修其身하고欲修其身者는先正其心하고

欲正其心者ᄂᆞᆫ 先誠其意하고 欲誠其意者ᄂᆞᆫ 先致其知하니 致知ᄂᆞᆫ在格物하니라 治平聲後倣此

녜밝은德을天下에밝키고져ᄒᆞᄂᆞᆫ者ᄂᆞᆫ몬져그나라를다사리고그나라를다사리고져ᄒᆞᄂᆞᆫ者ᄂᆞᆫ몬져그집을가ᄌᆞ기ᄒᆞ고그집을가ᄌᆞ기ᄒᆞ고져ᄒᆞᄂᆞᆫ者ᄂᆞᆫ몬져그몸을닥고그몸을닥고져ᄒᆞᄂᆞᆫ者ᄂᆞᆫ몬져그ᄆᆞ음을正ᄒᆞ고그ᄆᆞ음을正ᄒᆞ고져ᄒᆞᄂᆞᆫ者ᄂᆞᆫ몬져그意를誠ᄒᆞ고그意를誠ᄒᆞ고져ᄒᆞᄂᆞᆫ者ᄂᆞᆫ몬져그知를致ᄒᆞ니知를致홈은物을格홈에잇ᄂᆞ니라

明、明德於天下者、使天下之人、皆有以明其明德也、新安吳氏曰由此推之則治國是欲明明德於一國齊家是欲明々德於一家也○新安陳氏曰本當云欲平天下者先治其國今乃以明々德於天下言之蓋以明德乃人己所同得明々德者明己之明德體也明々德於天下者新天下之民使之皆明其明德如此則天下無不平矣用也一言可以該大學之體用可見明々德又爲綱領中之綱領也○東陽許氏曰不曰欲平天下先治其國而曰明々德者是要見新民是明德中事又見新民不過使人各明其德而已 心者、身之所主也、誠、實也、意者、心之所發也、實其心之所發、欲其必自慊、而無自欺也、雲峯胡氏曰中庸言誠身是兼誠意正心修身而言謂身之所爲者實此但言誠意是欲心之所發者實章句所發二字凡兩言之因其所發而遂明之者性發而爲情也實其心之所發者心發而爲意也朱子嘗曰情是發出恁地意是主張要恁地情如舟車意如人使那舟車一般然則性發爲情其初無有不善卽當加夫明之々功是體統說心發而爲意便有善有不善不可不加夫誠之々功是從念頭說○新安陳氏曰諸本皆作欲其一於善而無自欺也惟祝氏附錄本文公適孫鑑書其卷端云四書元本則以鑑向得先公晩年絶筆所更定而刊之興國者爲據此本獨作必自慊而無自欺可見絶筆所更定乃改此三字也按文公年譜謂慶元庚申四月辛酉公改誠意章句甲子公易簀今觀誠意章則祝本與諸本無一字殊惟此處有三字異是所改正在此耳一於善之云固亦有味但必惡々如惡々臭好善如好々色方自快足於己如好仁必惡不仁方爲眞切若曰一於善包涵不二於惡之意似是歇後語々意欠渾成的當不若必自慊對無自欺只以傳語釋經語通快該備跌撲不破也況語錄有云誠與不誠自慊與自欺只爭毫釐之間自慊則一自欺則二自慊正與自欺相對誠意章只在兩箇自字上用功觀朱子此語則可見矣

致、推極也、推之以至極處知猶、識也、推極吾之知識、欲其所知、無不盡也、格、至也、物、猶事也、窮至事物之理、欲其極處、無不到也、此八者、大學之條目也、

朱子曰六箇欲與先字謂欲如此必先如此是言工夫節次若致知則便在格物上欲與先字差慢在字又緊得些子○致知誠意是學者兩箇關致知乃夢與覺之關誠意乃善與惡之關透得致知之關則覺不然則夢透得誠意之關則善不然則惡○格物是夢覺關誠意是人鬼關過得此二關上面工夫一節易如一節了至治國平天下地步愈闊但須照顧得到○格物是零細說致知是全體說○格物致知於物上窮得一分之理則我之知亦知得一分物理窮得愈多則我之知愈廣其實只是一理纔明彼即曉此○格物十事格得九事通透一事未通透不妨一事只格得九分一分不通透最不可須窮盡到十分處○因其所已知推之至於無所不知○人多把這道理作一箇懸空底物大學不說窮理只說格物便是要人就事物上理會如此方見得實體如作舟行水作車行陸今試以衆力共推一舟於陸必不能行方見得舟不可以行陸也此之謂實體○格物窮理有一物便有一理窮得到後遇事觸物皆撞著這道理事君便遇忠事親便遇孝居處便恭執事便敬與人便忠以至參前倚衡無往而不見這箇道理若窮不至則所見不眞外面雖爲善而內實爲惡○問物者理之所在人所必有而不能無者何者爲切曰君臣父子兄弟夫婦朋友皆人所不能無者但學者須要窮格得盡事父母則當盡其孝處兄弟則當盡其友如此之類須是要見得盡若有一毫不盡便是窮格不至也○物謂事物也須窮極事物之理到盡處便有一箇是一箇非凡自家身心上皆須體驗得一箇是非若講論文字應接事物各々體驗漸々推廣地步自然寬濶如曾子三省只管如此體驗去○致知格物只是一事非是今日格物明日又致知格物以理言也致知以心言也○致知格物是窮此理誠意正心修身是體此理齊家治國平天下是推此理要做三節看○於格物致知誠意正心修身之際要常見一箇明德隱然流行於五者之間方分明○自格物至平天下聖人亦是畧分箇先後與人看不成做一件淨盡無餘方做一件如此何時做得成○明々德於天下以上皆有等級到致知格物

處便親切故不曰致知者先格其物只曰致知在格物也〇北溪陳氏曰心以全體言意是就全體上發起一念慮處言格物必知吾身親至那地頭見得親切方是格〇玉溪盧氏曰八者以心爲主自天下而約之以至於身無不統於一心自意而推之以至於萬事萬物無不管於一心曰格曰致曰誠皆正心上工夫曰修曰齊曰治曰平皆自正心中流出〇雲峰胡氏曰孟子盡心章集註心者人之神明其衆理而應萬事即章句所謂虛靈不昧以具衆理而應萬事此章或問又曰知者心之神明所以妙衆理而宰萬物其釋知字與釋明德相應蓋此心本具衆理而妙之則在知此心能應萬事而宰之亦在知具者其體之立有以妙之則其用行應者用之行有以宰之則其體立明德中自具全體大用致知云者欲其知之至而全體大用無不明也大學前分事與物言若事自事物自物此獨言物々猶事也有一事必有一理々本非空虛無用之物大學敎人即事以窮理亦惟恐人爲空虛無用之學所以章句釋明德則兼理與事釋至善亦曰事理釋格物亦曰窮知事物之理心外無理々外無事即事以窮理明々德第一工夫也致知在格物此在字又與章首三在字相應大學綱領所在莫先於在明々德而明々德工夫所在又莫先於在格物〇新安陳氏曰大學八條目格物爲知之始致知爲知之極誠意爲行之始正心修身爲行之極齊家爲推行之始治國平天下爲推行之極不知則不能行既知又不可不行誠正修行之身也齊治平行之家國與天下也知行者推行之本推行其知行之驗歟〇[illegible]曰不觀古之人乎古之必明々德於天下以新民者不遽求之天下也必先治其國以爲天下觀感之地焉欲治其國者不遽求之國也必先齊其家以爲國人與化之自焉欲齊其家者不遽求之家也必先修其身以爲家人倡率之原焉欲修其身者豈徒求之身哉先正其心以端一身之主而已欲正其心者豈徒求之心哉先誠其意以實吾心之發而已欲誠其意者豈徒求之意哉先致其知以析眞妄之幾而已至於致知則何在哉在即事窮理而格天下之物焉此古人爲學之次第也

物格而后에知至하고知至而后에意誠하고意誠而后에心正하고心正而后에身修하고身修而后에家齊하고家齊而后에國治하고國治而後에天下平이니라 治去聲後倣此

物이格ᄒᆞᆫ后에知ㅣ至ᄒᆞ고知ㅣ至ᄒᆞᆫ后에意ㅣ誠ᄒᆞ고意ㅣ誠ᄒᆞᆫ后에ᄆᆞᄋᆞᆷ이正ᄒᆞ고ᄆᆞᄋᆞᆷ이正ᄒᆞᆫ后에몸이닥고몸이닥근后에집이가작ᄒᆞ고집이가작ᄒᆞᆫ后에나라히다ᄉᆞᆯ고나라히다ᄉᆞᆫ后에天下ㅣ平ᄒᆞᄂᆞ니라

物格者、物理之極處、無不到也、知至者、吾心之所知、無不盡也、知旣盡、則意可得而實矣、意旣實、則心可得而正矣、勿軒熊氏曰知字就心之知覺不昧上說意字是就心之念慮方萌處說○雲峰胡氏曰章句可得二字蓋謂知此理旣盡然後意可得而實非謂知己至則不必加誠意之功也意旣誠則心之用可得而正非謂意己誠則不必加正心之功也然不曰知旣盡然後實其意々旣實而後正其心者蓋知行二者貴於並進但畧分先後非必了一節無餘然後又了一節是當會於言意之表也

脩身以上、上聲 明明德之事也、齊家以下、新民之事也、此四句包括上一節 物格知至、則知所止矣、意誠以下、則皆得所止之序也、新安陳氏曰意誠心正身修明々德所以得止至善之次序家齊國治天下平新民所以得止至善之次序也皆之一字包明々德新民而言此四句包括此一節也是二節可見三綱之統八目而八目之隷三綱矣○朱子曰致知者理在物而推吾之知以知之也 知至者理雖在物而吾心之知己得其極也○問物未格時意亦當誠曰固也豈可說物未格意便不用誠但知未至時雖欲誠意其道無由如人夜行雖知路從此去但黑暗行不得所以要致知々至則道理明白坦然行之今人知未至者也 知道善當好惡當惡然臨事不能如此者 只是實未曾見得若實見得則行處無差○問物格知至曰格物時方是區處理會到得知至時却己 自有個主宰會去分別取舍初間或只見得表不見得裏只見得粗 不見得精到知至時方知得到能知得到方會意誠可者 必爲不可者決不肯爲到心正則胸中無些子私蔽洞然光明正大截然 有主而不亂此身便修家便齊國便治而天下可平○知至謂天下事物之理知無不到之謂 若知一而不知二 知大而不知細知高遠而不知幽深皆非知之至也須要無所不知乃爲至耳○物格知至是一截事意誠心正身修是一截事家齊國治天下平又是一截事自知至交誠意又是一個過接關子自修身交齊家及是一個過接關子○知至意誠是 凡聖界分未過此關雖有小善猶是黑

中之自己過此關雖有小過亦是白中之黑○意誠後推盪得查滓伶俐心盡是義理意是指發處心是指體言意是動心該動靜身對心言則心正是內能如此身修是外若不各自做一節工夫不成說我意已誠矣心將自正恐懼哀樂引將去又却邪了不成說心正矣身不用管外面更不顧而心與迹有異矣須是無所不用其功○到正心時節已好了只是就好裏面又有許多偏如水已淘去濁十分淸了又怕於淸裏面有波浪動盪處○意未誠時如人犯私罪意旣誠而心猶動如人犯公罪亦有間矣○物格而後知至々心正而後身修著而字則是先爲此而後能爲彼也蓋即物而極致其理矣而後吾之所知無不至吾知無不至矣而後見善明察惡盡不容有所自欺而意誠意無不誠矣而後念慮隱微慊快充足而心正心得其本然之正矣而後身有所主而可得而修○雙峯饒氏曰上一節就八目逆推工夫後一節就八目順推功效○玉溪盧氏曰物格則理之散在萬物而同出於一原者無不明矣知至則理之會在吾心而管乎萬物者無不明矣此明々德之端也意誠則明德之所發無不明矣心正則明德之所存無不明矣意誠心正而身修此明々德之實也家齊則明德明於一家矣國治則明德明於一國矣天下平則明德明於天下矣齊字有整然肅然之意父父子子兄兄弟弟夫夫婦婦無一不正之謂也國者家之推家親而國疎故曰治天下者國之推國小而天下大故曰平所以齊之治之平之一而已矣物格至身修則明德明而新民之體立家齊至天下平則民新而明々德之用行物格知至則知止之事意誠則意得所止心正身修則心身得所止是明々德得所止之序也家齊國治天下平則家國天下各得所止是新民得所止之序也自物格以至心正斂之不外乎方寸自心正以至天下平充之彌滿乎六合八者之條目收來放去惟一心耳○東陽許氏曰凡言必后固是謂欲如此必先如此既如此了然後如此然而致知力行並行不悖若曰必格盡天下之物然後謂之先而知至心知無有不明然後可以誠意則或者終身無可行之日矣聖賢之意蓋以一物之格便是吾之心知於此一理爲至及應此事便當誠其意正其心修其身也須一條一節逐旋理會他日揍合將來遂全其知而足應天下之事矣(得其上唐本多一既字)心知之心字唐本作心字[備旨]夫古人之爲學皆有所先者亦以其功之相因也誠能於理之在物者有以格之盡而無餘而后吾心之知即有以至之而致其極矣知至而后道理明白坦然行之意可得而誠矣意誠而后存主皆實物不能動心可得而正矣心正而后中有所主物不能累身可得而修矣身修而后有以儀型於一家家不由是齊乎家齊而后有以感化於一國國不由是治乎國治而后舉此以加彼皆有以明其明德天下不由是平乎古人之知所先後如此

自天子至於庶人히 壹是皆以修身爲本이니라

天子로브터써庶人에니르히ᄒᆞᆫ가지다몸닥금으로써本을ᄉᆞᆷᄂᆞ니라

壹是、一切也、漢書平帝紀一切顏師古註云猶以刀切物取其齊整 正心以上、皆所以脩身也、齊家以下、則擧此而措之耳、勉齋黃氏曰天子庶人貴賤不同然均之爲人則不可以不修身誠意正心所以修身治國平天下亦自齊家而推之○雙峰饒氏曰此一段是於八者之中揭出一個總要處蓋天下本在國々之本在家々之本在身是皆當以修身爲本前兩段是詳說之此一段是反說約也○新安陳氏曰此字指修身言天子諸侯卿大夫士庶人一切皆以修身爲本全而齊家以下之效不期而必至矣單提修身而上包正心誠意致知格物之工夫下包齊家治國平天下之效驗皆在其中矣備旨然就八條目而約之格致誠正爲修身而設齊治均平自修身而推信乎物有本末而修身正其本也故上自天子之貴下以至於庶人之賤凡有天下國家之責者壹是皆以愼修其身而爲天下國家之本焉耳

其本이 亂而末治者ㅣ 否矣며 其所厚者에 薄이오 而其所薄者에 厚ᄒᆞ리 未之有也ㅣ니라

그本이亂ᄒᆞ고末이다살者ㅣ否ᄒᆞ며그厚ᄒᆞᆯ바에薄ᄒᆞ고薄ᄒᆞᆯ바에厚ᄒᆞ리잇디아니ᄒᆞ니라

本、謂身也、接上文本字末謂天下國家 所厚、謂家也、三山陳氏曰國天下本非所薄自家視之則爲薄也○新安陳氏曰以家與國天下分厚薄 此兩節、結上文兩節之意、雙峯饒氏曰上一節與此節上一句是敎人以修身爲要下句是敎人以齊家爲要周子曰治天下有本身之謂也治天下有則家之謂也得此意矣○雲峯胡氏曰以朱子之言推之經一

章中綱領第一節三句說工夫第二節五句說功効條目節一節六個先字是逆推工夫第二節七個后字是順推功効至此兩節前節則於工夫中拈出修身正結後節則於功効中拈出身與家反結也○新安陳氏曰此兩節結八目前於家言齊正倫理也此於家言所厚篤恩義也亦如書所謂惇叙九族叙即齊之意惇即厚之意歟

右、經一章、蓋孔子之言、而曾子、述之、凡二百五字 其傳去聲十章、則曾子之意、而門人記之也 蓋字疑辭則字決辭 舊本、頗有錯簡、今因程子所定、而更考經文、別、凡列反爲序次、如左、凡一千五百四十六字 凡傳文、雜引經傳、若無統紀、然、文理接續、血脉貫通、深淺始終、至爲精密、熟讀詳味、久當見之、今不盡釋也、新安陳氏曰傳十章朱子有不盡釋處然其不可不知者未嘗不釋也學者於其所釋者於其所釋者熟讀精思則其不盡釋者自當得之矣

夫合天下之人固當以修身爲本然 身對家國天下而言則身爲本而家國天下爲末便不能格致誠正以修其身則其本亂矣而末猶然以治者否矣 以家對國與天下而言雖其理未嘗不一然其厚薄之分亦不容無差等苟身之不修是在家不能親其親長其長則所厚者且薄而於國與天下所薄者反厚未之有也有志於大學者可不明德以修身哉

康誥에 曰克明德이라ᄒᆞ며

康誥에ᄀᆞᆯ오ᄃᆡ 능히德ᄇᆞᆰ키다ᄒᆞ며

康誥、周書、克、能也、朱子曰此克字雖訓能然比能字有力見人皆有是明德而不能明惟文王能明之克只是眞個會底意○西山眞氏曰要切處在克之一字○新安陳氏曰康誥本文云克明德愼罰此只收上三字下文引太甲顧諟天之明命亦去先王字皆引經之活法○東陽許氏曰康誥者周武王封弟康叔於衛而告之々書克明德言文王之能明其德也引之解明德克字有力明字即上明字包明德字

備旨經文所謂在明々德者稽諸古訓而有徵矣周書康誥有曰人皆有此明德但爲氣拘物蔽以致昏昧不明惟文王繼熙敬止克明其本明之德焉

太甲에曰顧諟天之明命이라하며（大讀作泰　諟古是字）

太甲에ᄀᆞᆯ오ᄃᆡ하ᄂᆞᆯ밝은命을顧ᄒᆞ다ᄒᆞ며

太甲、商書、顧、謂常目在之也、（朱子曰常目在之古註語極好一物在此惟恐人偸去兩眼常々覷親在此相似）諟、猶此也、（從古是字之說）或曰審也、（廣韻註也今不必從）天之明命、即天之所以與我、而我之所以爲德者也、常目在之、則無時不明矣、（朱子曰上下文都說明德這裏却說明命盖天之所以與我便是明命我得以爲性者便是明德命與德皆以明言是這個物本自光明我自昏蔽了他○顧諟者只是長有此心知得有這道理光明不昧方其未）接物此理固湛然淸明及其遇事應接此理亦隨處發見只要常提撕省察念念不忌存養久之則道理愈明雖欲忘之而不可得矣○只是見得道理長在目前不被事物遮障了不成是有一物可見其形象○雙峯饒氏曰靜在動察皆是顧其靜也聽於無聲視於無形戒謹不睹恐懼不聞其動也即物觀理隨事度宜於事親見其當孝於事兄見其當弟此之謂常目在之○玉溪盧氏曰天之明命即明德之本原自我之得乎天者言曰明德自天之與我者言曰明命名雖異而理則一日用動靜語默之間孰非明德之發見亦孰非明命之流行日用動靜語默之間孰非顧諟明命之所亦孰非明々德之所○新安吳氏曰言德則命在其中故釋明德曰人之所得乎天言命則德在其中故釋明命曰天之所以與我而我之所以爲德○新安陳氏曰傳引康誥帝典之克明皆釋上一明字乃明之々明而明德之本體則未嘗說破惟以顧諟天之明命言之蓋明命即明德之本原顧諟即明之々工夫也貫天命己德而一之或問謂天未始不爲人々未始不爲天可謂精矣子思言天命之謂性其亦祖述此意也歟○東陽許氏曰顧諟動靜皆顧一息之頃一事之毫末放過便不是顧天之明命雖是就付與我處言然此明命即是萬物之理在裏面故於應事處才有照管不到便損了此命明（唐本損上多一暗字）

備旨由康誥溯而上之則有湯觀商書太甲有曰天之明命是天之昭然子我而我之所以爲德者但忽玩者多惟成湯聖敬日躋顧諟上天所付之明命焉

帝典에曰克明峻德이라하니 (峻書作俊)

帝典에 ᄀᆞᆯᄋᆞᄃᆡ 능히 큰德을 밝히다 ᄒᆞ니

帝典、堯典虞書、峻、大也、新安陳氏曰明德以此德本體之明言峻德以此德全體之大言一也德之全體本無限量克明之是盡己之性通貫明徹無有不明處而全體皆明也 備旨 由太甲溯而上之則有堯觀虞書帝典有曰德之在人全體本極高大但人皆被私欲狹小惟帝欽明文思克明其峻大之德

皆自明也ㅣ니라

다 스사로 밝키미니라

結所引書、皆言自明己德之意、雙峯饒氏曰引三書先後不倫取其辭意不以人代之先後拘後凡引詩書皆當以此例之○玉溪盧氏曰自明是爲仁由己而由人乎哉之意明者是自明昏亦是自昏玩一自字使人警省要而言之克明德是自明之始事克明峻德是自明之終事顧諟明命之句在中間是自明工夫此章雜引三書而斷以一言其文理血脈之精密如此○東陽許氏曰第一節平說明々德第二節是明之々功學者全當法此而用功第三節言明其德以至於大此明々德之極功皆自明也雖結上文自字有力明德須是自去明之方可○臨川吳氏曰此章康誥言文王之獨能明其明德以明人當求所以克明其德發明々德之端也太甲承上文言欲求所以克明其德者必常目在乎天所以與我之明德示明々德之方也帝典承上文言能常目在夫天所以與我之明德而明之則是能如堯之克明其大德矣著明々德之効也而又結之曰此皆自明之事也蓋自明者所以自新使民皆有以明其明德者所以新民然欲使民皆有以明其明德而新民必先有以自明而自新故以自明二字結上文明德之傳而起下章盤銘自新之意也 備旨 夫三書之言雖異而要其旨皆所以自明己德也有志大學者以可不以三聖爲法哉

右ᄂᆞᆫ傳之首章이니釋明明德ᄒᆞ다

此、通下三章、至止於信、舊本、誤在沒世不忘之下。

湯之盤銘에 **曰苟日新**이어든 **日日新**ᄒᆞ고 **又日新**이라ᄒᆞ며

湯의盤銘애ᄀᆞᆯ오ᄃᆡ 진실로나래새롭거든나날새로이ᄒᆞ고ᄯᅩ날로새로이ᄒᆞ라ᄒᆞ며

盤、沐浴之盤也、新定邵氏曰日々盥頮人所同也日々沐浴恐未必然內則篇記子事父母不過五日燂湯請浴三日具沐而已斯銘也其殆刻之盥頮之盤歟○雲峯胡氏曰沐浴之盤本孔註邵說雖無關於日新大旨然於盤字成有小補云 銘、名其器、以自警之辭也、苟、誠也、論語苟志於仁苟亦訓誠 湯、以人之洗濯其心、以去上聲下同惡、如沐浴其身、以去垢、故銘其盤、言誠能一日、有以滌其舊染之汚、而自新、則當因其已新者而、日日新之、又日新之、不可略有間去聲斷徒玩也、

問盤銘見於何書朱子曰只見於大學緊要在一苟字首句是爲學入頭處誠能日新則下兩句工夫方能接續做去今學者却不去苟字上著工夫○苟日新々是對舊染之汚而言日々新又日新只是要常々如此無時斷也○西山眞氏曰身有垢皆知沐浴以去之心者神明之舍乃甘爲私欲所汚是以形體爲重心性爲輕也豈不謬哉○雙峯饒氏曰所新雖在民作而新之々機實在我故自新爲新民之本我之自新有息則彼之作新亦息矣所以釋新民先言自新相關之機蓋如此○雲峯胡氏曰盤銘三句苟字是志意誠確於其始又字是工夫接續於其終○新安陳氏曰德日新之蘊自是仲虺發之湯采之爲此銘伊尹又本之以告太甲曰惟新厥德終始惟一時乃日新說者謂孟子所言萊朱即仲虺與斯道之傳者也明々德爲體新民爲用體用元不相離故於平天下以明々德於天下爲言由體而達於用同一明也於新民之端以日新又新爲言因用而原其體同一新也移明己德之明字以言明民德又移新民之新字以言新己德體用之不相離可見矣 備旨 經文所謂在新民者稽之古聖人可見矣觀成湯之盤銘有曰人之洗心如洗身苟能一日去其舊染之汚奮然自新即當因其日新者而日々接續以新之又日提振以新之使私欲淨盡有如沐浴一般湯之自新如此

康誥에 **曰作新民**이라ᄒᆞ며

康誥애 ᄀᆞᆯ오ᄃᆡ 새롭ᄂᆞᆫ 民을 作ᄒᆞ라 ᄒᆞ며

皷之舞之之謂作、言、振起其自新之民也 朱子曰皷之舞之如擊皷然自然能使人蹈舞踊躍上之人之於民時々提撕警發之則下之觀瞻感化各自有以興起同然之善心而不能自已耳○陳氏曰自新之民已能改過遷善又從而皷舞振作之使之亹々不能自已是作其自新之民也此正新民用工夫處○雲峯胡氏曰前言顧諟是時々提撕警覺其在我者此所謂作是時々提撕警覺其在民者也○新安倪氏曰易繫辭云鼓之舞之以盡神摘此四字以釋作字振起之即孟子稱堯勞來匡直輔翼使自得之又從而振德之意○東陽許氏曰第二節章句以新民爲自新之民蓋民心皆有此善才善心發見便是自新之機因其欲新而鼓舞之作字是前新字意【備旨】觀周書康誥有曰商民雖染舊俗豈無自新之機爲人上者當迎其機而作之井田學校修其作之々具勞來匡直詳其作之々術使之舍舊而遷善焉武王之作新如此

詩曰周雖舊邦이나其命維新이라하니

詩에 ᄀᆞᆯ오ᄃᆡ 周ㅣ 비록 녯나라히나 그 命이 새롭다 ᄒᆞ니

詩、大雅文王之篇、言、周國、雖舊、至於文王、能新其德以及於民、此是推本說 而始受天命也 始字貼新字○朱子曰是新民之極和天命也新○北溪陳氏曰三節有次第盤銘言新民之本康誥言新之民事文王詩言新民成功之極○雙峯胡氏曰明命是初頭禀受底以理言命新是末稍膺受底以位言要之只是一個天下無性外之物○東陽許氏曰第三節言文王明々德而及於民政敎日新初受天命【備旨】觀大雅之詩有曰我周自后稷以來雖是舊邦至於文王而聖德日新民風丕變故天命之以有天下而命維新也文王之新命如此

是故로君子는無所不用其極이니라

이런故로 君子ᄂᆞᆫ 그 極을 쓰디 아닐배 업ᄂᆞ니라

自新、新民、皆欲止於至善也、朱子曰明々德便要如湯之日新新民便要如文王之周雖舊邦其命維新各求止於至善之地而後已也○玉溪盧氏曰前言止至善此言用其極二義互相發止則不紛紛擾々矣用則非槁木死灰矣○雲峰胡氏曰上章釋明々德故此章之首曰日新又新所以承上章之意下章釋止於至善故此章之末曰無所不用其極又所以開下章之端文理接續血脉貫通此亦可見○臨川吳氏曰此章盤銘承上章言自明者所以自新而欲新民者必先自新是發新民之端也康誥承上文言自新既至則可推以作與自新之民示新民之方也文王詩承上文言既能自新而推新以民則民德皆新而天命亦新著新民之効也盤銘言自新康誥言新民文王詩自新々民之極也極即至善之云也用其極者求其止於是之謂也故以用其極結上文自新々民之義而起下章所止之說也(擾擾唐本作擾亂)[備旨]由湯文武觀之是皆所以用其極者也故後之君子凡有新民之責者自新必如湯之日新又新々民必如周之作新々命皆求止於至善之地而已矣

右ᄂᆞᆫ傳之二章이니釋新民ᄒᆞ다東陽許氏曰此章釋新民而章內五新字皆非新民之新盤銘以自新言康誥以民之自新言詩以天命之新言然新民之意却只於中可見

詩云邦畿千里여惟民所止라하니라

詩에닐오ᄃᆡ邦ㅅ畿ㅣ千里여民의止ᄒᆞ연ᄂᆞᆫ배라ᄒᆞ니라

詩、商頌玄鳥之篇、邦畿、王者之都也、止、居也、言物各有所當止之處也、新安陳氏曰引詩謂邦畿爲民所止之處以比事物各有所當止之處且泛說止字○東陽許氏曰王者所居地方千里謂之王畿居天下之中四方之人環視內向皆欲歸止於其地猶事有至善之理人當止之也[備旨]經文所謂在止於至善者何哉嘗致於古而得之矣商頌玄鳥之詩云王者所都之邦畿地方千里實居天下之中而四方之人環視內向皆欲歸止於其地是惟民之所止也即詩言觀之可見凡事有至善之理人當止之亦猶是也

詩云緡蠻黃鳥ㅣ여止于丘隅ㅣ라ᄒᆞ야ᄂᆞᆯ子ㅣ曰於止에知其所止로소니

可以人而不如鳥乎아 (詩緡作綿)

詩에닐오ᄃᆡ緡蠻ᄒᆞᆫ黃鳥ㅣ여丘隅에止타ᄒᆞ야ᄂᆞᆯ子ㅣᄀᆞᆯᄋᆞ샤ᄃᆡ止홈애그止홀바를아도소니可히써사ᄅᆞᆷ이오鳥만ᄀᆞᆺ디몯ᄒᆞ랴

詩、小雅緡蠻之篇、緡蠻鳥聲、丘隅、岑(鋤林反)蔚(紆弗反)之處、(岑蔚二字本古註○北溪陳氏曰上高曰丘隅謂丘之一角峻處山岑高而木森蔚所謂林茂鳥知歸也)子曰以下、孔子說詩之辭、言、人當知所當止之處也、(雲峯胡氏曰此傳不特釋止至善幷知止至能得皆釋之故首引孔子之言曰知其所止而章句於下文亦以知其所止與所以得止至善之由言之○新安陳氏曰此比人當知所止重在知字 備旨 小雅緡蠻之詩云緡蠻其聲之黃鳥棲止于丘隅岑蔚之處孔子讀之而有感曰黃鳥一物也於其止也尙知其所當止之處而止之也况人爲萬物之靈可以不知所止曾鳥之不如乎即詩與子言觀之可見至善所在人當知所止也)

詩云穆々文王이여於緝熙敬止라하니爲人君엔止於仁하시고爲人臣엔止於敬하시고爲人子엔止於孝하시고爲人父엔止於慈하시고與國人交엔止於信이러시다

詩에닐오ᄃᆡ穆穆ᄒᆞ신文王이여於ㅣ라緝ᄒᆞ야熙ᄒᆞ야敬ᄒᆞ야止ᄒᆞ시다ᄒᆞ니人君이도여ᄂᆞᆫ仁에止ᄒᆞ시고人臣이되여ᄂᆞᆫ敬에止ᄒᆞ시고人子ㅣ되여ᄂᆞᆫ孝에止ᄒᆞ시고人父ㅣ되여ᄂᆞᆫ慈에止ᄒᆞ시고國人으로더브러交ᄒᆞ시매ᄂᆞᆫ信에止ᄒᆞ더시다

詩、文王之篇、穆穆、深遠之意、以德容易於、歎美辭、緝、繼續也、熙、光明也、緝不容己之誠也熙不容掩之明也敬止、言其無不敬、而安所止也、朱子曰緝熙是工夫敬止是功効○西山眞氏曰敬止之敬擧全體言無不敬之敬也爲人臣止於敬專指敬君言敬之一事也文王之敬包得仁敬孝慈信○新安陳氏曰安字見文王安行之氣象非勉焉用力之比引此而言、聖人之止、無非至善、五者乃其目之大者也、學者、於此究其精微之蘊、委粉於問二反而又推類以盡其餘、則於天下之事、皆有以其知所止、而無疑矣、朱子曰爲人君止於仁々亦有幾多般須隨處看這一事合當如此是仁那一事又合當如彼是仁爲人臣止於敬々亦有多少般不可止道擎跽曲拳是敬如陳善閉邪納君無過皆是敬若止執一便偏了安得謂之至善○節齋蔡氏曰緝熙敬止者所以爲止至善之本仁敬孝慈信所以爲止至善之目○西山眞氏曰理之淺近處易見而精微處難知若只得其皮膚便以未善爲己善須窮究至精微處推者此說君臣父子而已夫婦則止於有別長幼則止於有序廣而推之萬事萬物莫不各有當止處也○雲峰胡氏曰仁敬孝慈信五者人所當止莫大於此故當於此五者之中究其精微之蘊人所當止不盡於此故又當於五者之外推類以盡其餘○新安陳氏曰學者於此以下乃朱子推廣傳文言外之意

備旨 求其能止至善者其惟文王乎大雅文王之詩云穆々然深遠之文王於戲其德之緝續熙明無不敬而安所止也夫詩所謂敬止如何如仁者君之至善也文王爲人君則以心行政而止於仁敬者臣之至善也文王爲人臣則以下殿上而止於敬孝者子之至善也文王爲人子則愛慕繼承而止於孝慈者父之至善也文王爲人父則積德昌後而止於慈至於統御國人其至善在信文王與國人交則內外始終不欺不二而止於信所謂緝熙敬止者如此則文王之自然而得所止也學者即此五者日用人倫之大而推之天下之事無不有以得其至善之所在矣

詩云瞻彼淇澳혼디 菉竹猗猗로다 有斐君子ㅣ여 如切如磋ᄒᆞ며 如琢如磨ㅣ라 瑟兮僩兮며 赫兮喧兮니 有斐君子ㅣ여 終不可諠兮라ᄒᆞ니

如切如磋者는 道學也오 如琢如磨者는 自修也오 瑟兮僩兮者는 恂慄也오 赫兮喧兮者는 威儀也오 有斐君子終不可諠兮者는 道盛德至善을 民之不能忘也ㅣ니라 (澳於六反菉詩作綠猗叶韻音阿僩下版反喧詩作咺諠詩作諼並況晚反恂鄭氏讀作峻)

詩에닐오딕 淇ㅅ澳을본딕菉竹이 猗猗ᄒᆞ도다 斐ᄒᆞᆫ君子ㅣ여切ᄐᆞᆺᄒᆞ고 磋ᄐᆞᆺᄒᆞ며 琢ᄐᆞᆺᄒᆞ고磨ᄐᆞᆺᄒᆞᆫ디라 瑟ᄒᆞ며僩ᄒᆞ며 赫ᄒᆞ며喧ᄒᆞ니 斐ᄒᆞᆫ君子ㅣ여 ᄆᆞᄎᆞᆷ내可히 닛디몯ᄒᆞ리로다ᄒᆞ니切ᄐᆞᆺᄒᆞ고 磋ᄐᆞᆺᄒᆞ다함은學 을닐옴이오 琢ᄐᆞᆺᄒᆞ고磨ᄐᆞᆺᄒᆞ다 홈안스ᄉᆞ로 닷금이오 瑟ᄒᆞ며僩ᄒᆞ다홈안 恂慄홈이오 赫ᄒᆞ며喧ᄒᆞ다홈안威儀ㅣ오 斐ᄒᆞᆫ君子ㅣ여 ᄆᆞᄎᆞᆷ내可히 닛디몯ᄒᆞ리로다 홈안盛ᄒᆞᆫ德과 지극ᄒᆞᆫ 善을民의能히 닛디몯홈을니라니라

詩、衛風淇澳之篇澳、水名、澳、隈、(烏回反)也、猗々、美盛貌、興(去聲)也、(新安陳氏曰此於詩之六義屬興借淇竹起興以美衛武公有文之君子也) 斐、文貌、(雙峯饒氏曰有斐是說做成君子之人所以斐然有文者其初自切磋琢磨中來也) 切、以刀鋸、(居御反) 琢以椎(直追反) 鑿、皆裁物使成形質也、磋以鑢(音慮)鐋。(他浪反) 磨以沙石、皆治物使其滑澤也、治骨角者、既切而復(扶又反下同)磋之、治玉石者、既琢而復磨之、皆言其治之有緒、而益致其精也、(切與琢是治之有端緒磋與磨是益致其精細) 瑟、嚴密之貌、僩、武毅之貌、(嚴密不麤疎也武毅不怠弛也○東陽許氏曰 嚴密是嚴厲縝密武毅是剛武彊毅)

以恂慄釋瑟僩而朱子謂恂慄者嚴敬有乎中金仁山謂所守者嚴密所養者剛毅嚴密是不麤疎武毅是不頹惰以此展轉體認則瑟僩之義可見 赫、喧、宣著盛大之貌、雙峯饒氏曰宣著釋赫字盛大釋喧字 諠、忘也、道、言也、學、謂講習討論之事、自脩者、省星上聲察克治之功、新安陳氏曰學所以致知々視行爲易故以切嗟比之治骨角猶易於治玉石也自修所以力行行視知爲難故以琢磨比之治玉石則難於治骨角矣 恂慄、戰懼也、戰懼之意嚴手中 威可畏也、儀可象也、西山眞氏曰威者正衣冠尊瞻視儼然人望而畏之非徒事嚴猛而已儀者動容周旋中禮非徒事容飾而已○蛟峯方氏曰瑟是工夫細密僩是工夫强毅恂慄是兢々業々惟其兢業戒懼所以工夫精密而强毅○新安陳氏曰有威而可畏謂之威有儀而可象謂之儀本左傳語威儀之美形於外 引詩而釋之、以用此明字謂發明 明明德者之止於至善、道學、自脩、言其所以得之之由、恂慄威儀、言其德容表裏之盛、恂慄在裏德也威儀見於表容也 卒乃指其實、謂盛德至善 而歎美之也、朱子曰切而不磋未到至善處琢而不磨亦未到至善處瑟兮僩兮則誠敬存於中矣未至於赫兮喧兮威儀輝光著見於外亦未爲至善至於民之不能忘若能止其至善何以使民久而不能忘○玉溪盧氏曰切磋則知至善之所止琢磨則得至善之所止恂慄見至善之德修於中威儀見至善之容著於外德容表裏之盛一至善耳卒指至善之實非盛德之外有至善亦非明德之外有盛德也○新安吳氏曰理在事物則爲至善身體此理而有所得則爲盛德如君之至善是仁能極其仁即君之盛德也明德是得於稟賦之初者盛德是得於踐履之後者亦只一理而已○新安陳氏曰此章釋止至善亦有釋知止能得之意於止知其所止知止也引淇澳而釋之學與自脩言明々德所以得止至善之由恂慄威儀盛德至善指其得止至善之實民不能忘己開新民得止至善之端下文方極言之耳章句所以得之々得字正與經文能得之得字相照應○東陽許氏曰此即工夫全在切磋琢磨四字上章句謂治之有緖而致其精治之有緖謂先切琢而後可以磋磨循序而進工夫不亂益致其精謂旣切琢而又須磋磨求其極至工夫不輟切磋以喩學是就知上說止至善講習討論窮究事物之理自淺以至深自表以至裏直究至其極處琢磨是就行上說止至善謂修行者省察克治至於私欲淨盡天理流行直行至是處瑟兮僩兮謂恂慄是德存於中者完赫兮喧兮謂威儀是德見於外者著（是處唐本作極處）[講]曰吾於衛風之詩見明々德之止至善焉詩云瞻彼淇水之澳菉竹猗々而美盛況我有斐之君子其用功之精 如治骨角者既切而又磋之 其用功之密如治玉石者既琢而復磨之 由是內焉瑟兮而嚴密僩兮而武毅外焉 赫兮而盛大喧兮而宣著此有斐之君子終不可得而諠忘兮詩之所言如此由今繹之 所謂如切如磋者言君子之窮理講習以究之 討論以辨之學而知之以至精也如琢如磨者言君子之遏欲省察以防之克治以去之修而行之以至密也 瑟兮僩兮者言君子 理念精明不假矜持自無放惰恂謹而悚慄也赫兮喧兮者言君子 純一積中無事表暴光輝自形有威可畏有儀可象也 至謂有斐君子終不可諠兮者言君子由學問自修之功造恂慄威儀之地其盛德己底於至善所以民同然之心自然仰慕而不能忘也明々德之止至善如此不有以端新民之本哉

詩云於戲ㅣ라 前王不忘이라ᄒᆞ니 君子는 賢其賢而親其親ᄒᆞ고 小人은 樂其樂而利其利ᄒᆞᄂᆞ니 此以沒世不忘也ㅣ니라

於戲音烏 乎樂音洛

詩에닐오대於戲ㅣ라前王을닛디몯ᄒᆞ리로다ᄒᆞ니君子ᄂᆞᆫ그賢ᄒᆞ샤믈賢히너기며그親ᄒᆞ샤믈親히너기고小人안그樂게ᄒᆞ샤믈樂히너기며그利케ᄒᆞ샤믈利히너기ᄂᆞ니써世ㅣ沒ᄒᆞ야도닛디몯홈이니라

詩、周頌烈文篇、於戲、歎辭、前王、謂文武也、君子、謂其後賢後王、小人、謂後民也、此言前王所以新民者、止於至善、能使天下後世、無一物不得其所、所以既沒世而人思慕之、愈久而不忘也、 朱子曰沒世而人不能忘如堯舜文武之德萬世尊仰之豈不是賢其賢如周后稷之德子孫宗之以爲先祖之所自出豈不是親其親 ○玉溪盧氏曰此兩節相表裏上節即此節之本原此節即上節之効驗然則新民之至善豈在明々德止至善之外哉○仁山金氏曰賢其賢者高山仰止景行々止崇其德也親其親者敬其所尊愛其所親象其賢也樂其樂者風淸俗美上安下順樂其遺化也利其利者分井受廛安居樂業沐其餘澤也○新安陳氏曰後賢賢其賢後王親其親下賢親二字指前王之身後民樂其樂而利其利下樂利二字指前王之澤傳文雖未嘗言新民止於至善之工夫事實然就親賢樂利上見得前王不特能使當世天下無一物不得其所而後世尚且如此可見新民止於至善之效驗矣

此兩節、詠歎淫泆、其味深長、當熟玩之、記樂記咏歎之淫泆之○雙峯饒氏曰咏歎言其詞淫泆言其義淫泆者意味乎言詞之外也

右ᄂᆞᆫ傳之三章이니釋止於至善ᄒᆞ다雙峯饒氏曰明德新民兩章釋得甚畧此章所釋節目既詳工夫又備可見經首三句重在此一句上節目謂仁敬孝慈等工夫謂學與自修○玉溪盧氏曰此章凡五節第一節言物各有所當止之處二節言人當知所當止之處以知止之事而言也第三節言聖人之止無非至善以得其所止之事而言也第四節言明々德之止於至善乃至善之體所以立第五節言新民之止於至善乃至善之用所以行○雲峯胡氏曰此章釋明德新民之止於至善兼釋知止能得又兼釋八者條目其中學是致知格物之事自修是誠意正心修身之事親其親以至利其利是化及於國家天下○臨川吳氏曰此章綿蠻詩承上文物各有所止之意以明人當知所止之義而起下文實指人所當知者之說此蓋發止於至善之端也文王詩以下承上文人當知所當止之義而實指人所當止之處淇澳切磋琢磨承上文實指人所當止之處而言求止於所當止者之由此蓋示止於至善之方也瑟僩以下言明々德得止於至善之極而發新民之端烈文詩以下承上文民不能忘之說而言新民得止於至善之極以著明々德之効此蓋極言止於至善之効也[備旨]又於烈文之詩見新民之止至善焉詩云於戲惟我前王人不能忘夫前王何以不忘哉蓋由後其後王觀之舊章成憲是其賢也使後之君子得以賢其賢而率由不違創業垂統是其親也使後之君子得以親賢親而纘承不替由後民觀之風淳浴美是其樂也使後之小人得以樂其樂而長享太平分井授廛是其利也使後之小人得以利其利而永沐膏澤此所以前王既已沒世而後之人蒙其澤者猶思慕之而不忍忘也新民之止至善如此不有以爲明德之驗哉

此章內自引淇澳詩以下、舊本、誤在誠意章下

子ㅣ曰聽訟이吾猶人也ㅣ나必也使無訟乎신뎌ᄒ시니 無情者ㅣ不得盡其辭는大畏民志니此謂知本이니라

子ㅣ갈ᄋ샤대訟을드롬이내사람과갓타나반다시ᄒ여곰訟이업게호린뎌ᄒ시니情업슨者ㅣ시러곰그말솜을다ᄒ디못홈은크게民의뜻을畏케홈이니이닐온本을아롬이니라

猶人、不異於人也、情、實也、引夫子之言而言聖人、能使無實之人、不敢盡其虛誕之辭、蓋我之明德、旣明、此推本言之明々德爲本乃傳者言外之意 自然有以畏服民之心志此即新民故、訟不待聽而自無也、觀於此言、可以本末之先後矣、 朱子曰聖人說聽訟我也無異於人當使其無訟之可聽方得聖人固不會錯斷了事只是他所以無訟者却不在於善聽訟在於意誠心正自然有以薰炙漸染大服民志故自無訟之可聽耳○使民無訟在我之事本也此所以聽訟爲末○無情者不得盡其辭便是說那無訟之由然惟先有以服其心志所以能使之不得盡其虛誕之辭○如成人有其兄死而不爲衰者聞子皐將爲成宰遂爲衰子皐又何曾聽訟了致然只是自有感動人處耳○雙峯饒氏曰聽訟末也使無訟理其本也傳者擧輕以明重然引而不發如此則見明德新民之相爲本末矣問無情曰情與僞對情實也僞不實也論語曰民莫敢不用情○玉溪盧氏曰有訟可聽非新民之至善無訟可聽方爲新民之至善無訟則民新矣使民無訟惟明々德者能之聽訟使無訟之本末先後即明德新民之本末先後也經文物有本末上有知止能得一節前章釋止至善而知止能得之義已在其中經文物有本末下有終始先後又有修身爲本及本亂末治者否矣此言知本則不特終始先後之義在其中而爲本及本亂末治者否之

意亦在其中矣 ○東陽許氏曰本即明々德也我之德旣明則自能服民志而不敢盡其無實之言如虞芮爭田不敢履文王之庭是文王之德大畏民志自然無訟 ○臨川吳氏曰 上章列文以新民之所止言之而著明々德之効者是能新民者皆本於明々德故也 此章言聖人能使民德自新而無實之人不敢盡其虛誕之辭自然有以畏服其心志是以訟不待聽而自無者 蓋本於能 明其明德也 故朱子曰觀於此言可以知本末之先後也 (會錯之會屠本作會) 備旨經文所謂物有本末者何哉 嘗得之夫子之言矣夫子嘗曰 聽民之訟而判其曲直者 吾尙可以猶夫人也 必也使民曲直兩忘自然無訟乃爲貴乎夫子之言如此夫爭訟之人本無情實也今曰無訟是聖人能使無情實之人不得盡其虛誕之辭蓋由我之明德旣明自然 有以大畏服民之心志故 訟不待聽而自無也觀於此言可謂知明德爲新民之本而在所當先矣 本焉旣知則末之在所當後者不可推乎 經文所謂物有本末者 如此

右는傳之四章이니釋本末ᄒᆞ다 新安陳氏曰此章釋本末以結句四字知之知本之當先則自知末之當後矣

此章、舊本、誤在止於信下、

此謂知本

程子曰衍文也、衍延面反亦作羨

此謂知之至也ㅣ니라

이닐온知ㅣ至홈이니라

此、句之上、別有闕文、此特其結語耳、

右는傳之五章이니蓋釋格物致知之義而今亡矣라

此章、舊本、通下章、誤在經文之下、

間嘗竊取 程子之意ᄒᆞ야 以補之曰所謂致知在格物者는 言欲致吾之知ㄴ딘 在卽

物而窮其理也ㅣ라 卽物如卽事卽景隨吾所接之事物也 蓋人心之靈이莫不有知오而天下之物이莫不有理언마ᄂᆞᆫ惟於理에有未窮故로其知ㅣ有不盡也ㅣ니是以로大學始敎애 須看始敎字此是大學第一件下工夫處 必使學者로卽凡天下之物ᄒᆞ야莫不因其已知之理 已知卽上文人心之靈莫不有知之知 而益窮之ᄒᆞ야以求至乎其極ᄒᆞᄂᆞ니至於用力之久而一旦애豁然貫通焉則衆物之表裏精粗ㅣ無不到而吾心之全體大用이無不明矣리니 新安陳氏曰久字與一旦字相應用力積累多時然後一朝脫然通透吾心之全體卽釋明德章句所謂具衆理者吾心之大用卽所謂應萬事者也 此謂格物이며此謂知之至也ㅣ니라

간에일즉그윽이程子ㅅᄯᅳᆺ을取ᄒᆞ야써補ᄒᆞ야ᄀᆞᆯ아ᄃᆡ일안바知를致ᄒᆞᆷ이物을格ᄒᆞᆷ에잇다ᄒᆞᆷ은닉의知를致코져ᄒᆞᆯ진ᄃᆡᆫ物에卽ᄒᆞ야그理를窮ᄒᆞᆷ에잇슴을일옴이라人心의靈이知ㅣ잇지아님이업고天下의物이理ㅣ잇지아님이업건마ᄂᆞᆫ오직理에窮치못ᄒᆞᆷ이잇ᄂᆞᆫ故로그知ㅣ盡치못ᄒᆞᆷ이잇ᄂᆞ니이로써大學비로소가라침의반다시學者로ᄒᆞ야곰믈릇天下앳物에卽ᄒᆞ야그임의아난理를因ᄒᆞ야더욱窮ᄒᆞ야써그極에至ᄒᆞᆷ을求치아님이업게ᄒᆞᄂᆞ니힘을슴이오래여하로아침에豁然히貫通ᄒᆞᆷ에니르면衆物의表와裏와精과粗ㅣ니르지아님이업고吾心의全體와大用이ᄇᆞᆰ지아님이업슬이니이일안物이格ᄒᆞᆷ이며이일안知ㅣ至ᄒᆞᆷ이니라

問所裡第五章何不効其文體朱子曰亦嘗効而爲之竟不能成○大學不說窮理而謂之格物只是使人就實處窮究○格物只是就一物上窮盡一物之理致知便只是窮得物理盡後我之知識亦無不盡處○大學是聖門

最初用功處格物 又是大學最初用功處試考其說就日用間如此作功夫久之意思自別○問經文物格而後知至却是知至在後今乃云因其已知而益窮之則 又在格物前曰知元自有纔要去 理會便是這些知萌露若懵然全不向著便是 知之端未會通纔思量著便這個骨子透出來且如做些事錯纔知道錯 便是向好門路却不是方始去理會個知 只是如今須著因其端而推致之使四方八面千頭萬緖無有些不知無有毫髮窒礙 孟子所謂知皆擴而充之若火之始然泉之始達擴而充之 便是致字意思○ 表者人物所共由裏者吾心所獨得有人只就皮殼上用工於理之所以然者 全無見處有人思慮向裏去多於事物上都不理會 此乃說玄說妙之病二者都是偏若到物格知至則表裏精粗無不盡○ 北溪陳氏曰理之體具於吾心而其用 散在事物精粗巨細都要逐件窮究其理若一事不理會則此心闕一事之理一物不理會則闕一物之理 非揀精底理會而遺其粗大底理會而遺其小也頭緖雖多然進亦有序先易而後難先近而後遠先明而後幽○ 西山眞氏曰大學敎人以格物致知蓋即物而理在焉庶幾學者有著實用功之地不至馳心於虛無之境若不就事物上推求義理則極至處亦無緣知得盡○雙峰饒氏曰格物窮至那道理恰好閫奧處自表而裏自粗而精然裏之中又有裏精之中又有至精透得一重又有一重且如爲子必孝爲臣必忠此是臣子分上顯然易見之理所謂表也 然所以爲孝爲忠則非一字所能盡如居則致其敬養致樂病致憂喪致哀祭致嚴皆是孝裏面節目所謂裏也 然所謂居致敬又如何而致敬如進退周旋愼齊升降出入揖遊不敢噦噫嚏咳不欠伸跛倚寒不敢襲癢不敢搔之類皆是致敬中之節文 如此則居致敬又是表其間節文之精微曲折又是裏也 然此特敬之見於外者耳至於洞洞屬屬 如執玉奉盈如弗勝以至視於無形聽於無聲又是那節文裏面骨髓 須是格之又格以至於無可格方是極處精粗亦然如養親一也 而有所謂養口體有所謂養志口體雖是粗然 粗中亦有精養志雖是精然 精中更有精若見其表不窮其裏見其粗不窮其精固不盡然但究其裏而遺其表索其精而遺其粗亦未盡須是 表裏精粗無所不到方是物格○ 玉溪盧氏曰心外無理故窮理即所以 致知理外無物故格物即所以窮理知者心之神明 乃萬理之統會而萬事萬物之主宰言窮理則易流於恍惚言格物則一歸於眞實表也粗也理之用也裏也精也 理之體也衆理之體即吾心之體衆理之用卽吾心之用心之全體大用 無不明則明々德之端在是矣 物格知至雖二事而實一事故結之曰此謂物格此謂知之至也 補曰朱子補格致之傳曰 大學傳之五章蓋釋經文格物致知之義而今簡篇已亡失矣然格物致知乃學者最初用功處 是誠不可闕者間嘗竊取程子之意 以補之曰經文所謂致知在格物者其義爲何言欲致極吾心之知使無一不明在即天下之物而窮盡其理 使無一不到也蓋人心之虛靈莫不有本然之知而天

下之事物莫不各有當然之理惟於理之在物者 未加窮究之功故其知之在心者有未能盡其本然之量也是以大學始敎於誠正修齊治平未暇及也必使入大學者即凡天下之 物莫不因吾心己知之理而益加窮究之功以求至乎其知之極也至於用力之久而一旦豁然開悟貫通焉則衆物之理或表而大綱裏而 節目或精而細微粗而淺近見無不到而吾心具衆理之全體應萬事之大用亦通其故而 無不明矣夫物之表裏精粗無不到即經文物格之謂也吾心之全體大用無不明即經文知至之謂也入大學者可忽於斯乎

所謂誠其意者는 **毋自欺也**ㅣ니 **如惡惡臭**ᄒ며 **如好好色**이 **此之謂自謙**이니 **故**로 **君子**는 **必愼其獨也**ㅣ니라 好惡上字皆去聲ㅣ니 謙讀爲慊苦刼反이라

일온밧그意를誠ᄒ다홈은스사로소기디말로미니惡臭를아쳐홈ᄀᆞ티며好色을됴히너김티홈이이일온스사로謙홈이니故로君子ᄂᆞᆫ반다시그獨을삼가ᄂᆞ니라

誠其意者、自修之首也、雙峰饒氏曰心之正不正身之修不修只判於意之誠不誠所以中庸孟子只說誠身便貫了誠意正心修身此章雖專釋誠意而所以正心修身之要實在於此故下二章第言心不正身不修之病而不言所以治病之方以己具於此章故也○雲峰胡氏曰大學條目有八只作六傳格物 知致二者實是一事故統作一傳自正心以下五者工夫次第相接故統作四傳唯誠意獨作一傳然誠意者自修之首己兼正心修身而言矣章末曰潤身曰心廣提出身與心二字意己可見○新安陳氏曰前章云如琢如磨者自修也誠意正心修身皆自修之事而誠意居其始故曰自修之首 毋者、禁止之辭、自欺云者、知爲善以去上聲下同惡此知者帶從上章致知之知字來 而心之所發、未有實也、雲峯胡氏曰毋自欺三字釋誠意二字自字與意字相應欺字與誠字相反○新安陳氏曰自欺自慢也○東陽許氏曰誠意是致知以後事故章句曰知爲善以去惡而心之所發有未實也 謙、快也、足也、朱子曰誠意章在兩個自字上用功○新安陳氏曰謙字與慊字同音同義 獨者、人所不知而已所獨知之地也 新安陳氏曰地即處也此獨字爲快字說不盡又添足字快而且足方是自謙指心所獨知而言非言欲自修者、知爲善以去其惡則當實用其力而禁止其自欺、使其惡指身所獨居而言惡則如惡惡臭、好善則如好好色、皆務決去而求必得之、以自快足於己、不可徒苟且以徇外而爲去聲人也、不求自悟是爲使人然、其實與不實、蓋有他人所不及知而已、獨知之者故必謹之於此、此指獨字以審其幾平聲焉、新安陳氏曰周子云幾善惡已所獨知乃念頭初萌動善惡誠僞所由分之幾微處必審察於此以實爲善去惡如別岐途之始分處起脚不差行方能由乎正路否則起脚處一差差毫釐而繆千里矣○朱子曰幾者動之微是欲動不動之間便有善惡便須就這處理會若到發出處更怎生奈何 得○問知至了如何到誠意又說毋自欺曰到這裏方可著手下工夫不是知至了下面許多一齊掃去下面節節有工夫在○譬如一塊物外面是銀裏面是鐵便是自欺須表裏如一方是不自欺須是見得分曉如知烏喙不可食水火不可蹈則自不食不蹈如寒欲衣饑欲食則自是不能已人果 見善如饑欲食寒欲衣見惡如烏喙不可食水火不可蹈則此意自是實矣（烏喙藥名食之能殺人）○自欺是半知半不知底人知道善我所當爲却又不十分去爲善知道惡不可爲却又自家舍他不得這便自欺 不知不識只喚做不知不識不喚做自欺（新安陳氏曰以上語以知爲重見得物格知至爲意誠之根基也）○纔說 不自欺則其好善惡惡只要求以自快自足如寒而思衣以自溫饑而思食以自飽非有牽强苟且姑以爲人之意也 ○如鑄私錢做官會此是大故無狀小人豈自欺之謂耶此處工夫 極細未便說到粗處前後學者說差了緣賺連下文小人閑居一節看了所以差也○如有九分義理雜了一分私意便是自欺到得厭然揜著之時又其甚者○十分爲善有 一分不好底意潛發於其間便由邪徑以長這個却是實前面善意却是 虛矣○凡惡惡之不眞爲善之不勇外然而中實不然或有爲而爲之或始勤而終怠皆不實而自欺之患也 ○論自欺細處且如爲善自家也知得是當爲也勉强去做只是心裏又有些便不消如此做也 不妨底意思如爲不善也 知得不當爲而不爲心中也又有些便爲也 不妨底意思便是自欺便是虛僞不實矣 ○自謙與孟子行有不慊於 心相類亦微不同孟子 訓滿足意多大學訓快意多問自謙只是眞實爲善去惡無牽滯於己私只是快底意方始心下滿足曰是○自謙是合下好惡時便是要自謙了非謂做得善了方能自謙自謙正與自欺相對所謂誠其意便是要毋自欺非是誠其意了方能不自欺也自謙者外面如此中心也是如此表裏一般自欺者外面如此中心其實有些子不願只此便是二心誠僞之所由分也○謹獨則於善惡之幾察之愈精愈密○如與衆人對坐自心中發一念或正或不正此亦是獨處○北溪陳氏曰誠者自表而裏眞實如一之謂自欺誠之反也大抵此章在自慊而無自欺首言如好好色惡惡臭是就人情分曉處譬之好色人所同好好則求必得之惡臭人所同惡惡則求必去之而後快足吾意意所快足處是自家表裏眞實恁地非苟且徒爲此也人之好善惡惡亦須表裏眞實如此自求快足方是誠意如稍有不眞實胷次間便自覺有欠缺處如何會快足此便是自欺果能自表而裏斷斷然眞實恁地始快足吾意此便是自謙便是誠然自謙自欺皆自家心裏事非他人所知而已獨知之所以君子貴就那獨處便謹審其幾之發也○徽庵程氏曰愼不但訓謹有審之意焉○問毋自欺還是須從戒謹恐懼上做起抑戒謹恐懼即是毋自欺境界潛室陳氏曰戒謹恐懼與謹獨是兩項地頭戒謹恐懼是自家不睹不聞之時存誠養性氣象如此謹獨是衆人不聞不睹之際存誠工夫如此中庸兼己未發發說故動息皆有養大學只就意之所發說故只防他罅漏處○雙峯饒氏曰此章用功之要在謹獨上凡人於顯然處致謹其意未必果出於誠若能於獨處致謹方是誠意○雲峯胡氏曰君子小人所以分只在自欺與自慊上兩自字與自修之自相應自欺者誠之反自修者不可如此自慊者誠之充自修者必欲如此獨字便是自字便是意字是以中庸論誠首尾言愼獨此章論誠意亦兩言愼獨○東陽許氏曰誠意只是著實爲善著實去惡自欺是誠意之反毋自欺是誠○工夫二如是誠意之實自慊是自欺之反而誠意之效愼獨是誠意地頭○欺慊皆言自是意之誠不誠皆自爲之自欺者適害己不自慊者徒爲人○惡惡臭好好色人人皆實有此心非僞也二如字曉學者當實爲善去惡若惡々臭好々色之爲也（不動之不唐本作末）備旨經文所謂誠其意者何也蓋君子於格致之後旣知爲善以去惡矣苟不能實用其力是自欺也欲誠其意者毋自欺其本心之明也使其惡々則如惡々臭之誠而務决去之其好善則如好好色之誠而求必得之此之謂自慊其好善惡々之心殆快足於己無餘憾矣然其欺與不欺蓋有他人所不及知而己獨知之者故君子必愼其獨以審其誠意之幾焉

小人이閑居에爲不善호ᄃᆡ無所不至ᄒᆞ다가見君子而后에厭然揜

其不善(ᄒᆞ고)而著其善(ᄒᆞᄂᆞ니)人之視己(ㅣ)如見其肺肝(이니)然則何益矣(리오)此謂誠於中(이면)形於外(니)故(로)君子(ᄂᆞᆫ)必愼其獨也(ㅣ니라) 閒音閑厭鄭氏讀爲黶於簡反

小人이 閒居홈에 不善을호ᄃᆡ니르디안일바업시ᄒᆞ다가君子랄본后에 厭然히그不善을가리오고그善을나타내ᄂᆞ니사ᄅᆞᆷ의己ㅣ보미그肺肝을보다시ᄒᆞ니곳므어시益ᄒᆞ리오이일온中에誠ᄒᆞ면外예形홈이니故로君子ᄂᆞᆫ반다시그獨을삼가ᄂᆞ니라

閒居獨處(上聲)也、 新安陳氏曰獨處是身所獨居與上文己所獨知之獨不同 厭然、消沮(上聲)閉藏之貌、 雙峯饒氏曰厭字有黑暗遮閉之意○新安陳氏曰四字形容小人見君子羞愧遮障之情狀 此、言小人、陰爲不善而陽欲揜之 閒居爲陰見君子爲陽 則是非不知善之當爲、與惡之當去(上聲)也、 非不知乃其秉彜之天不可泯沒者 但不能實用其力、以至此耳、然欲揜其惡而、卒不可揜、欲詐爲善而卒不可詐則亦何益之有哉、此、君子所以重(去聲)以爲戒而必謹其獨也、 朱子曰小人閒居爲不善是誠心爲不善也揜其不善而著其善是爲善不誠也 爲惡於隱微之中而詐善於顯明之地將虛假之善來蓋眞實之惡自欺以欺人也然人豈可欺哉○閒居爲 不善便是惡々不如惡々臭揜不善著其善便是好善不如好々色○君子小人之分却在誠其意處誠於爲善便是君子 不誠底便是小人○雙峯饒氏曰閒居爲不善自欺也厭然則不自慊矣揜不善而著善其善是又欺人也自欺 人與欺人常相因始焉自欺終焉必至於欺人此謂誠於中形於外此誠字是兼善惡說 ○厭然與心廣體胖爲對厭然是小人爲惡之驗心廣體胖是君子爲善之驗○雲峰胡氏曰前章末分君子小人此章分別 君子小人甚嚴蓋誠意爲善惡關過得此關方是君子過不得此關猶是小人傳末章長國家而務財用之小人卽此閒居爲不善之小人也意有不誠己害自家心術他日用之爲天下國家害也必矣○玉溪盧氏曰兩言愼獨讀上節固當直下承當讀此節尤當痛自警省 ○新安陳氏曰上一節毋自欺說得細密乃自君子隱然心術之微處言之此一節言小人之欺人說得粗乃自小人顯然詐僞之著者言之無上一節毋自欺而必自謙之工夫則爲惡詐善之流弊其極必將至此所以君子必先自愼其獨至此又重以小人爲戒而尤必愼其獨【備旨】小人不能愼獨而自欺 故常閒居獨處之地以爲人莫予覩肆爲不善之事無所不至自欺甚矣及見誠意之君子而后厭然消沮閉藏揜其所爲之 不善而著其虛僞之善殊不知君子之人視己如洞見其肺肝然是惡不可揜而善不可詐則何益之有矣此正所謂誠有是惡於中則必形是惡於外故君子重以爲戒所以必愼其獨而毋自欺也

曾子ㅣ曰十目所視며十手所指니其嚴乎ᄂ뎌

曾子ㅣᄀᆞᆯᄋᆞ사ᄃᆡ十目의보ᄂᆞᆫ배며十手의가라치ᄂᆞᆫ배니그嚴ᄒᆞᆫ뎌

引此、以明上文之意、言雖幽獨之中、而其善惡之不可揜、加此、可畏之甚也、朱子曰此是承上文人之視己如見其肺肝之意不可說人不知 人曉然共知如此人雖不知我己自知自是甚可皇恐了其與十目十手所視所指何異哉○玉溪盧氏曰 實理無隱顯之間人所不知己所獨知之地即十目十手共視共指之地故爲善於獨者不求人知 而人自知之爲不善於獨者惟恐人知而人必知之其可畏之甚如此曾子所以戰兢臨履直至啓手足而後已者此也○雲峯胡氏曰中庸所謂莫見乎隱莫顯乎微蓋本諸此 上文獨字便是隱微此所謂十目十手即是莫見莫顯○ 新安陳氏曰幽獨之中勿謂無視之無指之者當常如十目所共視十手所共指可畏之甚釋其嚴乎【備旨】然小人 之忽於獨者亦未知獨之可畏耳曾子平日有曰人以爲幽獨之中深僻隱奧人不之知也不知善惡纔有其意便有其象毋訓瞻視不及乃十目之所共視也毋曰指摘不及乃十手之所共指也幽獨之不可揜一至於此豈不嚴而可畏之甚乎

富潤屋이오德潤身이라心廣體胖ᄒᆞᄂᆞ니故로君子ᄂᆞᆫ必誠其意니라 胖步丹反

富ᄂᆞᆫ집을潤ᄒᆞ고德은몸을潤ᄒᆞᄂᆞᆫ디라마ᄋᆞᆷ이廣ᄒᆞᆷ의體ㅣ胖ᄒᆞᄂᆞ니故로君子ᄂᆞᆫ반다시그意를誠ᄒᆞᄂᆞ니라

胖、安舒也、言富則能潤屋矣、德則能潤身矣、三山陳氏曰財積於中則屋潤於外德積於中則身亦潤於外矣潤猶華澤也○新安陳氏曰此借富潤屋以起下句德潤身之意德如孟子所謂仁義禮智根於心潤身如所謂其生色見面盎背是也下文心廣體胖乃申言之 故、心無愧怍則廣大寬平而體常舒泰、德之潤身者、然也。蓋善之實於中而形於外者、如此故、又言此以結之 朱子曰富潤屋以下是說意誠之驗

如此心本是潤大底物事只因愧怍便卑狹被他 隔礙了所以體不能得安舒○毋自欺是誠意自慊是意誠○小人閒居以下是形容自欺之情狀心廣體胖是形容自慊之意○無愧怍是無物欲之蔽所以能廣大○三山陳氏曰心在內者也以理之無歉故能廣大體 在外者也以心之旣廣故能舒泰人之一心少有所歉則視聽怵迫而舉動跼蹐雖吾四體將不得其所安矣皆自然五應也 ○上說小人實有是惡故形見於外此說君子實有是故其善亦形見於外○雙峯饒氏曰心不正何以能 廣身不修何以能胖心廣體胖卽心正身修之驗所以能心廣體胖只在於誠其意以此見誠意爲正心修身之要 ○玉溪盧氏曰前兩言必愼其獨此申言必誠其意三言必字示人可謂眞切○仁山金氏曰小人閒居以下 自欺敗露之可畏德潤身心廣體胖自歉快足之可樂○雲峯胡氏曰孟子說浩氣處與此章意合不自欺卽自反而縮自欺縮 自反而不縮厭然卽是氣餒心廣體胖卽是浩然之氣○新安陳氏曰上文誠於中形於外是惡之實中形外者此 是善之實中形外者[illegible]曰合而觀之誠意之功固在於愼獨矣苟知獨之當愼又豈無其驗哉彼聚財而 富者裕於用自能潤屋矣况誠意而有德者根於心生於色有不能潤其身乎蓋身之所主者心也心 之運於外者四體也意誠而有德則此心不愧不怍自然廣大寬平而發於四體不拘不迫自然從容舒泰德之潤身如此故 君子必戒欺求慊而愼獨以誠其意也有志大學者可不以意誠爲急務哉

右ᄂᆞᆫ傳之六章이니釋誠意ᄒᆞ다 朱子曰許多病痛都在誠意章一齊說了下面有些小病痛亦輕可此章最緊切若透過此一關此去做工夫便易了由是而之使駸々

進於善而決不至下陷於惡矣 ○雙峯饒氏曰傳之諸章釋八事每章皆連兩事而言獨此章單擧誠意蓋知至意誠固是相因然致知屬知誠意屬行知行畢竟是二事當各自用力不可謂知了便自然能行所以誠意章不連致知說者爲此正心誠意雖皆屬行然誠意不特爲正心之要自修身至平天下皆以此爲要故程子論天德與王道皆曰其要只在謹獨 天德即心正身修之謂王道即齊家治國平天下之謂謹獨即誠意之要旨若只連正心說則其意促狹無以見其功用之廣大如此也此章乃大學一篇之緊要處傳者於此章說得極痛切始言謹獨誠意之方也中言小人之意不誠所以爲戒也終言誠意之效驗所以者勸也

經에曰欲誠其意ㄴ댄先致其知라ᄒᆞ고 又曰知至而后에意誠이라ᄒᆞ니蓋心體之明이有所未盡則其所發이必有不能實用其力而 苟焉ᄒᆞ야 以自欺者 朱子曰大學雖使人戒夫自欺而推其本則必其有以用力於格物致知之地 然後 理明心一而所發自然莫非眞實不然則正念方萌而私意隨起亦非力之所能制矣 ○若知有不至則其不至之處惡必藏焉以爲自欺之主雖欲致其謹獨之功亦且無主之能爲而無地之可據矣此又傳文之所未發而其理己具於經者皆不可以不察也○新安陳氏曰此言知不至則意不誠 然ᄒᆞ니 或 己明而不謹乎此則其所明이又非己有而無以爲進德之基ㅣ라 三山陳氏曰於知己至後亦非聽之自誠蓋無一刻不用其戒謹之功 ○新安陳氏曰此言知至後又不可不誠其意蓋誠意者進德之基本也 故로 此章之指ㅣ必承上章而通考之然後에야 有以見其用力之始終이니其序不可亂而功不可闕이如此云이라 玉溪盧氏曰由致知方能誠意此序之不可亂旣致知又不可不誠意此功之不可闕誠意至平天下序皆不可亂功皆不可闕序不可亂則不可躐等而進加不可闕則不可半途而廢云

所謂修身이在正其心者ᄂᆞᆫ 身有所忿懥則不得其正ᄒᆞ고 有所恐懼則不得其正ᄒᆞ고 有所好樂則不得其正ᄒᆞ고 有所憂患則

不得其正이니라 忿弗粉反懥勅値反好樂並去聲

일온바몸을닷금이그마암을正홈애잇다홈안마옴의忿懥ᄒᆞ논바를두면그正을得디못ᄒᆞ고恐懼ᄒᆞ논바를두면그正을得디못ᄒᆞ고好樂ᄒᆞ논바를두면그正을得디못ᄒᆞ고憂患ᄒᆞ논바를두면그正을得디못ᄒᆞᄂᆞ니라

程子曰身有之身、當作心○忿懥、怒也、懥字廣韻玉篇並陟利反○雙峯饒氏曰忿者怒之甚懥者怒之留 蓋是四者、皆心之用而人所不能無者、然、一有之而不能察三山陳氏曰章句緊要說一察字亦非從外撰來蓋因下文心不在焉一句發出察者察乎理也○新安陳氏曰察之一字乃朱子推廣傳文之意使學者有下手處耳 則欲動情勝而其用之所行、或不能不失其正矣、問有所忿懥恐懼好樂憂患心不得其正是要無此數者心乃正乎程子曰非是謂無只是不以此動其心學者未到不動處須是執持其志○朱子曰大學格物誠意都己錬成到得正心修身章都易了意有善惡之殊意或不誠則易於爲惡心有偏正之異心有不正則爲物欲所動未免有偏處却未必爲惡○四者只要從無處發出不可先有在心下須看有所二字如有所忿怒因人有罪而撻之纔了其心便平是不有若此心常常不平便是有○所謂有所是被他爲主於內心反爲他動也○心纔繫於物便爲所動所以繫於物者有三事未來先有箇期待之心或事已應過又留在心下不能忘或正應事時意有偏重都是爲物所繫縛便是有這箇物事到別事來到面前應之便差了如何心得其正聖人之心瑩然虛明看事物來若大若小四方八面莫不隨物隨應此心元不曾有這物事○如顏子不遷怒可怒在物顏子未嘗爲血氣所動而移於人也則豈怒而有不正哉○今人多是才怒雖有可喜事亦所不喜才喜雖有當怒之事來亦不復怒便是蹉過事理了蓋這物事纔私便不去只管在胷中推盪終不消釋使此心如大虛則應接萬務各止其所而我無所與可也看此一章只是要人不可有此心耳○問忿好自己事可勉强不爲憂患恐懼自外來不由自家曰便是外來須要我有道理處之事來亦合當憂懼但只管累其本心亦濟甚事孔子畏於匡文王囚羑里死生在前聖人元不動心處之恬然○或問大學不要先有恐懼中庸却要恐懼何也　西山眞氏曰中庸只是未形之時常々持敬令心不昏昧而已大學之恐懼却是俗語恐怖之類自與中庸有異○喜怒憂懼乃心之用非惟不能無亦不可無但平居無事之時不要先有此四者在胷中如平居先有四者卽是私意人若有些私意塞在胷中便是不得其正須是涵養此心未應物時湛然虛靜如鑑之明如衡之平到得應物之時方不差錯當喜而喜當怒而怒當憂而憂當懼而懼恰好則止更無過當如此方得本心之正○玉溪盧氏曰心者身之主而明德之所存也未應物之前寂然不動無所忿懥恐懼則心之本體無不正而明德之本體無不明方應物之際感而遂通當忿懥而忿懥當恐懼而恐懼則心之妙用無不正而明德之妙用無不明旣應物之後依舊寂然不動未嘗有所忿懥恐懼則心之本體終始無不正而明德之本體終始無不明也人患不識其本心耳唯虛故靈纔失其虛便失其靈此心之所以爲心而明德之所以爲明德也○雲峰胡氏曰心之体無不正所謂正心者正其心之用爾在止其心此正字是說正之之工夫蓋謂心之用或有不正不可不正之也不得其正此正字是說心之體本無不正而人自失之者也曰正其曰其正自分體用心之體本如大虛或景星慶雲或烈風雷雨而大虛自若人之一心豈能無喜怒憂懼然可怒則怒怒過不留可喜則喜喜已而休喜怒憂懼者在物而不在我雖日接乎物而不物於物此所以能全其本體之虛而無不正也或疑中庸首章先言存養而後言省察大學誠意言省察而欠存養殊不知此章正自有存養省察工夫忿懥恐懼等之未發也不可先有期待之心其將發也不可一有偏繫之心其已發也不可猶有留滯之心事之方來念之方萌是省察時節前念已過後事未來在養時節存養者此心本體之正省察者惟恐此心之用或失之不正而求以正之也宜仔細看章句之二察字及三四存察(備旨)經文所謂修身在正其心者何也蓋心者身之主本體原自虛靈一物不著若有所偏主於忿懥而不能察夫理則心卽爲忿懥所累而不得其正矣有所偏主於恐懼而不能察夫理則心卽爲恐懼所累而不得其正矣有所偏主於好樂而不能察夫理則心卽爲好樂所累而不得其正矣有所偏主於憂患而不能察夫理則心卽爲憂患所累而不得其正矣心之用失其正則心之本體安能得其正乎

心不在焉이면視而不見ᄒᆞ며聽而不聞ᄒᆞ며食而不知其味니라

ᄆᆞᄋᆞᆷ이잇디아니면보아도보지몯ᄒᆞ며드러도듯지몯ᄒᆞ며머거도그맛ᄉᆞᆯ아지몯ᄒᆞ

ᄂᆞ니라

心有不存則無以檢其身、是以君子、必察乎此而敬以直之然後、此心、常存而身無不脩也、

朱子曰心若不存一身便無主宰○敬是常西此心在這裏直是直上直下無纖毫委曲○問視而不見聽而聞不只是說知覺之心却不及義理之心曰才知覺義理便在此才昏便不見了○雙峯饒氏曰四不得其正言心不正也視不見以下言身不修也言此而不言所以正心修身者己具於誠意章故也聲色臭味事物之粗而易見者耳心之精神知覺一不在此則於粗而易見者己不能見况義理之情者乎傳者之意盖借粗以日精耳○蛟峯方氏曰上一節說有心者之病心不在焉一節說無心者之病上節說心不可有所偏主此節說心不可無所存主不可有者私主也不可無者主宰之主也心有存主則群妄自然退聽而心正身修矣然則中虛而有主宰者其正心之藥方也歟○新安陳氏曰朱子於此又下一察字且曰敬以直之以足大學本文末言之意提出正心之要法以示萬世學者 備旨 夫心旣不正則身在於此而心馳於彼心若外馳而冥然不在則以無檢其身目雖視而不見其色耳雖聽而不聞其聲口雖食而不知其味夫聲色臭味事物之粗而易見者耳心不在此則雖粗而易見者己不能見况義理之精者乎心不正而身不修有如此

此謂脩身이在正其心이니라

이닐온몸닷금이그마ᄋᆞᆷ을正홈의잇솜이니라

右ᄂᆞᆫ傳之七章이니釋正心修身ᄒᆞ다

此亦承上章、以起下章、蓋意誠則眞無惡而實有善矣、所以能存是心以檢其身、

朱子曰意誠然後心得其正自有先後○新安陳氏曰此言意誠而後心可得而正蓋其序之不可亂者

然或但知誠意而不能密察此心之存否則又無以直內而修身也、

新安陳氏曰此言誠意又不可不正其心乃其功之不可缺者○或謂意誠則正朱子曰不然這幾句連了又斷斷了又連雖若不相連綴中間又自相貫

譬如一竿竹雖只是一竿然其間又有許多節未誠則全體是私意更理會甚正心然意雖誠了又不可不正其心○或謂誠意則心之所發己無不實又何假於正心之功雲峯胡氏曰意欲實而心本虛實其意則好惡不偏於方發之初虛其心則喜怒不留於己發之後新安陳氏曰下一句只說得未一邊未見得四者心之用先本自虛中發出當添一句云虛其心則本體不偏於未發之先妙用不留於己發之後○東陽許氏曰蓋誠以下言誠意然後能正心然或以下言既誠意又須正心[備旨]大心不正則身不修可見身之修必由於心之正經文所謂欲修身先正心此之謂也

自此以下、並以舊文、爲正

所謂齊其家ㅣ在脩其身者ᄂᆞᆫ人이之其所親愛而辟焉ᄒᆞ며之其所賤惡而辟焉ᄒᆞ며之其所畏敬而辟焉ᄒᆞ며之其所哀矜而辟焉ᄒᆞ며之其所敖惰而辟焉ᄒᆞᄂᆞ니故로好而知其惡ᄒᆞ며惡而知其美者ㅣ天下애鮮矣니라 辟讀爲僻惡而之惡敖好並去聲鮮上聲

일은바 그집을가작기홈이 그몸을닷금의잇다홈은사람이그親愛ᄒᆞᄂᆞᆫ바의辟ᄒᆞ며그賤惡ᄒᆞᄂᆞᆫ바의辟ᄒᆞ며그畏敬ᄒᆞᄂᆞᆫ바의辟ᄒᆞ며그哀矜ᄒᆞᄂᆞᆫ바의辟ᄒᆞ며그敖惰ᄒᆞᄂᆞᆫ바의辟ᄒᆞᄂᆞ니故로됴히너기ᄃᆡ그사오ᄂᆞ옴을알며미워호ᄃᆡ그아ᄅᆞᆷ다오믈알者ㅣ天下ㅣ이적으니라

人、謂衆人、之、猶於也、辟、猶偏也 朱子曰古註辟音譬窒礙不通只是辟字便通況此篇自有僻字辟則爲天下僇也 五者、在人、本有當然之則、然、常人之情、惟其所向、而不加察焉、新安陳氏曰此章朱子亦以察字言之與國本作察他本作審者非 則必

陷於一偏而身不修矣

西山眞氏曰偏之一字爲修身齊家之深病○朱子曰正心修身兩段大概接差錯皆非在人欲上皆是人合有底事如在官街上差了路○忿懥等是心與物時事處親愛等是身與物接時事○之所親愛如父子當主於愛然父有不義不可以不爭子有不肖亦不可不知敎之之所敬畏如君固當敬畏然君當正救責難也只管敬畏不得賤惡固可惡或尙可敎或有長處亦當知之○問敖惰恐非好事曰此如明鏡之懸姸醜隨其來而應之不成醜者至前亦喚做姸者又敖惰是輕賤惡是重既賤惡得如何却不得敖惰然傳者猶戒其僻則須檢點不可有過當處○哀矜如大姦方欲懲之被他哀鳴懇告又却寬之這便是哀矜之偏處○五者各自有當然之則只不可偏如人饑而食只合當食食纔過些子便是偏渴而飮飮纔過些子便是偏如愛其人之善若愛其之過則不知其惡便是因其所重而陷於所偏惡々亦然下面說人莫知其子之惡莫知其苗之碩上面許多偏病不除必至於此○北溪陳氏曰敖只是簡於爲禮惰只是懶於爲禮有一等人上非可愛次非可敬只是平平人接之自令人簡慢○問人之其所親愛而辟焉一章終未見身與物接意思潛室陳氏曰接此五種人便有此五種辟豈不是身與物接○玉溪盧氏曰好而知其惡是親愛之不偏惡而知其美是賤惡之不偏二不偏惟明德無不明者能之所好且知其惡則一家孰敢爲惡所惡且知其美則一家孰不爲善如此則明德明於一家矣○勿軒熊氏曰親愛敬畏哀矜指所愛之人言有此三等賤惡敖惰指所惡之人言有此二等偏於愛則不知其人之惡偏於惡則不知其人之善上下文相照應如此○雲峯胡氏曰或疑敖惰不當有殊不知本文人字非爲君子言乃爲衆人言章句曰衆人又曰常人是也衆人中固自有偏於敖惰之人如下文人莫知其子之惡苗之碩亦泛言多溺愛貪得之人也兩人字示戒深矣 備旨經文所謂齊其家在修其身者何也蓋身與人接情之所向各有當然之則但常人各有偏徇於其骨肉之間爲所親愛或不制以義理而辟焉於其卑汚之人爲所賤惡或不復加之寬厚而辟焉於其尊長之倫爲所畏敬或過於屈抑而辟焉於其窮困之人爲所哀矜或流於姑息而辟焉至於非可愛非可敬之人令人接之簡於爲禮是所敖惰也或遂至驕肆而辟焉夫親愛畏敬哀矜好之屬也豈其中盡無惡乎賤惡敖惰惡之屬也豈其中盡無美乎而皆一於偏辟如此故於所好而能知其惡所惡而能知其美者雖正心以後猶難言之求之天下蓋亦鮮矣

故로 諺에 有之ᄒᆞ니 曰人이 莫知其子之惡ᄒᆞ며 莫知其苗之碩이라ᄒᆞ니라

諺音

彥碩叶韻時若反

故로諺에잇스니골오ᄃᆡ사ᄅᆞᆷ이그子의사오나옴을아지못ᄒᆞ며그苗의크믈아지못ᄒᆞᆫ다ᄒᆞ니라

諺、俗語也、溺愛者、不明、貪得者、無厭、是則偏之爲害而家之所以不齊也、雙峯饒氏曰之其親愛等而辟者言身之不修也莫知其子之惡言家之不齊也大意謂惟其溺於一偏故好不知其惡惡不知其美惟其身不修故家不齊看兩故字人之其所親愛而辟爲凡爲人者言莫知子之惡故擧家之一端言之○玉溪盧氏曰子之惡苗之碩皆就家而言○雲峯胡氏曰心與物接唯怒最易發而難制所以前章以忿懥先之身與事接唯愛最易偏故此章以親愛先之至引諺曰只是說愛之偏處人情所易偏者愛爲尤甚況閨門之內義不勝恩情愛比昵之私尤所難克身所以不修家所以不齊者其深病皆在於此〔補旨〕故諺有之曰人情溺愛則不明有其子不肖而莫知其惡者貪得則無厭有其苗已盛而莫知其碩者諺之所言如此正謂常人之情好惡易偏也

此謂身不修면不可以齊其家니라

이일온몸이닥디아니면可히써그집을가작기ᄒᆞ지못ᄒᆞᆷ이니라

問如何修身專指待人而言朱子曰修身以後大概說向接物待人去又與只說心處不同要之根本之理則一但一節說濶一節去 錢氏曰上章四箇有所字此章六個辟字其實皆心之病但上四者只是自身裏事此六者却施於人卽處家之道也〔雙峯饒氏曰身以心爲之主而心以意爲之機人所以之其親愛等而辟者以其心之不正耳心所以有忿懥等則不得其正者以其意之不誠耳意苟誠矣則忿懥等之必謹其獨而毋敢失其正親愛等之必謹其獨而毋敢流於僻是知誠意卽正心修身之要也 章句所以丁寧之以密察加察卽謹獨之謂也有所忿懥等而能密察是謹獨以正其心也之其所親愛等而能加察是謹獨以修其身也 章句於二章察之一字凡四言之省察之工夫豈非自誠意章之釋謹獨而發哉 不特正心修身章爲然也 由是而齊家治國平天下 無往不自謹獨出焉 傳於釋齊家治國章曰心誠求之釋平天下章曰忠信以得之曰誠求曰忠信 皆誠其意之謂也誠其意

即謹獨之謂也故程子論天德王道皆曰其要只在謹獨論出門使民亦曰惟謹獨便是守之其法可謂得其要矣

旨即人情好惡之辟及諺語觀之此謂身不修也則凡偏好惡之所及必不能使之各得分之矣可以齊其家也哉經文所謂欲齊家先修身也

右ᄂᆞᆫ傳之八章이니釋修身齊家ᄒᆞ다

所謂治國이必先齊其家者ᄂᆞᆫ其家ᄅᆞᆯ不可教ㅣ오而能教人者ㅣ無之ᄒᆞ니故로君子ᄂᆞᆫ不出家而成教於國ᄒᆞᄂᆞ니孝者ᄂᆞᆫ所以事君也ㅣ오弟者ᄂᆞᆫ所以事長也ㅣ오慈者ᄂᆞᆫ所以使衆也ㅣ니라 弟去聲 長上聲

일온바나라ᄒᆞᆯ다ᄉᆞ리미반다시몬져그집을가작기ᄒᆞᆯ거시라ᄒᆞᆷ은그집을可히教치못ᄒᆞ고能히사람을教ᄒᆞᆯ者ㅣ업ᄉᆞ니故로君子ᄂᆞᆫ집의나지아니ᄒᆞ야셔教ㅣ나라희이ᄂᆞ니孝ᄂᆞᆫ써君을셤기ᄂᆞᆫ배오弟ᄂᆞᆫ써長을셤기ᄂᆞᆫ비오慈ᄂᆞᆫ써衆을브리ᄂᆞᆫ배니라

身修則家可教矣因家不可教而推家所以可教之由實自修身始 孝弟慈、所以修身而教於家者也、然而國之所以事君事長、使衆之道不外乎此、此字指孝弟慈而言 此所以家齊於上而教成於下也、朱子曰上面說不出家而成教於國下面便說所以教者如此此三者便是教之目○孝者所以事君弟者所以事長慈者所以使衆此道理皆是我家裏做成了天下人看著自能如此不是我推之於國 ○孝以事親而使一家之人皆孝弟以事長而使一家之人皆弟慈以使衆而使一家之人皆慈是乃成教於國者也○陳氏曰在我事親之孝即國之所以事君者在我事兄之弟即國之所以事長者在我愛子之慈即國之所以使衆者能修之於家則教自行於國矣

○玉溪盧氏曰孝弟慈三者明德之大目人倫之大綱舉此可該其餘矣○雲峯胡氏曰修身以上皆是學之事齊家治國方是敎之事所以此章首拈出敎之一字然其所以爲敎者又只從身上說來孝弟慈所以修身而敎於家者也獨舉三者蓋從齊家上說一家之中有父母故曰孝有兄長故曰弟有子弟僕隷故曰慈事君事長使衆方從治國上說○吳氏曰傳只言治國先齊其家章句並修身言之推本之論也孝弟慈體之身則爲修其身行之家則爲齊其家推之國則爲治其國天理人倫一以貫之而已況家有父猶國有君家有兄猶國有長家有幼猶國有衆分雖殊理則一也[備旨]經文所謂治國必先齊其家者何也蓋身修則家可敎而後國可治也苟身不修則其家己不可敎而能敎一國之人者必無是理矣故治國君子不出修身敎家之道而標準己立自成其敎化於國所以然者國之理同耳如家有親而在家事親之孝即國之所以事君之理也家有兄而在家事兄之弟即國之所以事官長之理也家有幼而在家撫幼之慈即國之所以使衆之理也此君子所以不出家而成敎於國也

康誥에曰如保赤子ㅣ라ᄒᆞ니心誠求之면雖不中이나不遠矣나未有學養子而后에嫁者也ㅣ니라 中去聲

康誥에ᄀᆞᆯ오ᄃᆡ赤子ᄅᆞᆯ保ᄒᆞᆷᄀᆞᆺ치ᄒᆞ라ᄒᆞ니마암에誠으로求ᄒᆞ면비록中치못ᄒᆞᄂᆞ머지아니ᄒᆞᄂᆞ니子養ᄒᆞᆷ을배혼후에嫁ᄒᆞᆯ者ㅣ잇지아니ᄒᆞ니라

此、引書而釋之、又明立敎之本、不假强上聲爲、在識其端而推廣之耳、朱子曰孝弟雖人所同有能守而不失者鮮惟保赤子罕有失者故特即人所易曉者以示訓亦與孟子言見孺子入井之意同○保赤子慈於家也如保赤子慈於國也保赤子是慈如保赤子是使衆心誠求赤子所欲於民亦當求其不能自達者此是推慈幼之心以使衆也○此且只說動化爲本未說到推上後方全是說推○黃氏曰言但以誠心求之則自然得赤子之心不待勉强而後知之也○三山陳氏曰赤子有欲不能自言慈母獨得其所欲雖不中亦不遠者愛出於誠彼已不隔以心求之不待學而後能也○玉溪盧氏曰引書即慈之道以明之也孝道之本立敎之本者明德是己在識其端端者明德之發見爲孝弟慈是己○仁山金氏曰此段章句本章首敎字三者俱作敎說不作推說立敎之本說孝弟慈不假强爲說未有學養子而后嫁在識其端而推慈之說心誠求之○雲峯胡氏曰孝弟慈皆人心之天此獨言慈者世敎衰孝弟或有失其天者獨母之保赤子慈之天未有失者也大要只在心誠求之一句上舉其慈之出於天者庶可以觸其孝弟之天孝弟亦在乎誠而已○新安陳氏曰立敎之本總言孝弟慈傳引書只言慈幼章句乃總三者言之蓋因慈之良知良能而知孝弟之良知良能皆不假於强爲只在識其端倪之發見處而從此推廣去耳○東陽許氏曰保赤子是父母愛子之心如保者是言君養民亦當如父母之保赤子赤子不能言父母保之雖不中不遠況民之能言而意易曉者所欲與之聚所惡勿施雖不中民之心亦不遠矣【備旨】然此孝弟慈之理豈假於强爲哉即慈幼一端言之康誥曰人君保民如保赤子蓋以赤子有欲不能自言爲之母者本吾心之誠以求之雖或不能悉中其欲亦不致大相遠矣此豈待學而能世未有先學養子之法而后嫁者也誥之言如保者以此夫使衆之道不出慈幼而慈幼之心又非待於强爲則事君之孝事長之弟亦何以異於此哉

一家ㅣ仁이면一國이興仁ᄒᆞ고一家ㅣ讓이면一國이興讓ᄒᆞ고一人이貪戾ᄒᆞ면一國이作亂ᄒᆞᄂᆞ니其機如此ᄒᆞ니此謂一言이僨事ㅣ며一人이定國이니라 僨音奮

ᄒᆞᆫ집이仁ᄒᆞ면ᄒᆞᆫ나라히仁에興ᄒᆞ고ᄒᆞᆫ집이讓ᄒᆞ면ᄒᆞᆫ나라히讓에興ᄒᆞ고ᄒᆞᆫ사ᄅᆞᆷ이貪ᄒᆞ며戾ᄒᆞ면ᄒᆞᆫ나라히亂을作ᄒᆞᄂᆞ니그機ㅣ이ᄀᆞᆺ타니이닐온ᄒᆞᆫ말이일을僨ᄒᆞ며ᄒᆞᆫ사ᄅᆞᆷ이나라ᄒᆞᆯ定ᄒᆞᆷ이니라

一人、謂君也、機、發動所由也、僨、覆敗也、此、言敎成於國之效、朱子曰一家仁一國與仁一家讓一國與讓自家禮讓有以感之故民亦如此與起自家好爭利却責民間禮讓如何得他應○一家仁以上是推其家以治國一家仁以下是人自化之也○雙峯饒氏曰仁讓是本上文孝弟而言仁屬孝讓屬弟貪戾者慈之反也上言不出家而成敎於國底道理此言不出家而成敎於國底效驗○玉溪盧氏曰仁讓善也貪則不讓戾則不仁有善無惡之理雖原於天而爲善底惡之機實由於君仁讓之化必待行於家而後行於國貪戾之失才自於君而即見於國從善如登見其難從惡如崩見其易機之所在可畏如此可不謹歟僨事定國蓋古語觀此謂二字可見引以證上文○仁山金氏曰定國謂之一人蓋總一身而論僨事謂之一言則不過片言之間善惡功效之難易尤爲可懼也已○新安陳氏曰一家仁讓而一國仁讓家齊而國治也一人貪戾而一國即作亂身不修則家國即不齊不治也機者弩牙矢之發動所由譬仁讓之與其機由一家悖亂之作其機由一人故總斷云其機如此一言僨事結作亂句一人定國結興仁讓句○東陽許氏曰仁讓必一家方能一國化貪戾只一人便能一國亂至於僨事又只在人之一言以此見爲善難爲惡易不可忽如此 備旨 誠使君子能盡孝弟慈之道以敎於家使一家之中藹然有恩而肫々乎其仁則一國之人莫不興起而爲仁矣能以讓敎於家使一家之中秩然有禮而怡怡以相讓則一國之人莫不興起而爲讓矣此正所謂不出家而成敎於國者也向使一人貪戾無仁讓之德則一國作亂無仁讓之風矣是則一國之仁讓由於一家一國之作亂由於一人可見上以此感則下以此應其機關發動處自然感應至速毫不僭差如此此所謂一言之失足以敗事一人之正足以定國者也君子安得不戒貪戾以絶禍難之端而行孝弟慈以爲定國之本哉

堯舜이 帥天下以仁ᄒᆞ신디 而民이 從之ᄒᆞ고 桀紂ㅣ 帥天下以暴ᄒᆞᆫ디 而民이 從之ᄒᆞ니 其所令이 反其所好ㅣ면 而民이 不從ᄒᆞᄂᆞ니 是故로 君子는 有諸己而後에 求諸人ᄒᆞ며 無諸己而後에 非諸人ᄒᆞᄂᆞ니 所藏乎身

이

不恕ㅣ오而能喩諸人者ㅣ未之有也ㅣ니라 好去聲

堯와舜이天下帥ᄒᆞ심을仁으로써ᄒᆞ신ᄃᆡ民이좃고桀과紂ㅣ天下帥ᄒᆞ옴을暴로써ᄒᆞᆫᄃᆡ民이조차니그令ᄒᆞᄂᆞᆫ배그됴히너기ᄂᆞᆫ바의셔反ᄒᆞ면民이좃디아니ᄒᆞᄂᆞ니이런故로君子ᄂᆞᆫ몸의둔後에ᄉᆞᄅᆞᆷ의게求ᄒᆞ며몸의업ᄉᆞᆫ後에ᄉᆞᄅᆞᆷ의게외다ᄒᆞᄂᆞ니몸의藏ᄒᆞᆫ배恕몯ᄒᆞᆫ거시오能히ᄉᆞᄅᆞᆷ의게喩ᄒᆞᆯ者잇디아니ᄒᆞ니라

此、又承上文一人定國而言、新安陳氏曰民之仁暴惟上所帥帥之以所好則民從如好暴而令以仁所令與所好反民不從矣有善於己然後、可以責人之善、無惡於己然後、可以正人之惡、皆推己以及人、所謂恕也、蛟峯方氏曰此章是如治己之心以治人之恕絜矩章是如愛己之心以愛人之恕不如是則所令、反其所好而民不從矣、喩、曉也、問此章言治國乃言帥天下以仁又似說平天下言有諸己又似說修身何也朱子曰聖賢之文簡暢身是齊治平之本治國平天下自是相關豈可截然不相入○尋常人若有諸己又何必求諸人無諸己又何必非諸人如孔子說躬自厚而薄責於人攻其惡無攻人之惡至於大學之說是有天下國家者勢不可以不責他大抵治國者禁人惡勸人善便是求諸人非諸人○三山陳氏曰己有此善然後可以求人有此善己無此惡然後可以非人有此惡皆己先之也○雙峯饒氏曰無善而欲責人有惡而欲禁人是無己可推而欲及人也此章雖釋齊家治國然自一人貪戾以下皆歸重人主之身此乃極本窮原之論問恕者推己及人却說所藏乎身曰章有首有尾藏乎身者其首及人者其尾也忠是恕之首治國平天下章皆說恕此章言有諸己無諸己是要人於修己上下工夫其重在首下章言所惡於上無以使下等是要人於及人上下工夫其重在尾兩章互相發明○仁山金氏曰治國者必有法制號令以禁民爲非而律民以善雖桀紂之世亦所必有但其所好則不若此故民從其所好不從其所令所以治國者在反求諸己乃政令之本○藏乎身者自其蘊己處言之恕者自其推己處言之所藏所指有諸己無諸己者也恕是指求諸人非諸人者也所藏乎身不恕謂所藏於己者未有可推以及人如何能喩諸人然所謂堯舜帥天下以仁以己及物者也仁也所謂有諸己而後求諸人無諸己而後非諸人推己及物者也恕也至所謂桀紂帥天下以暴不仁者也所藏乎身不恕反上文也○雲峯胡氏曰此一恕字人皆知其以推己之恕言不知藏乎身三字已帶盡己之忠言矣此章有無二必自誠意章相貫說來天下未有無忠之恕上文心誠求之卽是誠意之誠非有二也誠意者如惡惡與如好好色皆務決去而求必得之求必得之則有諸己矣務決去之則無諸己矣○新安陳氏曰有善無惡於己盡己之忠也推己而責人正人由忠以爲恕也忠卽恕之藏於內者恕卽忠之顯於外者所藏乎身不恕無藏於內之忠而欲爲恕是乃程子所謂無忠做恕不出者也其能喩人者無之 備旨 天以一人之身足以定一國之大者亦以一國之德化自一人而出一國之政令自一人而推耳彼堯舜躬行孝弟慈之德而帥天下以仁民亦觀感而從其仁桀紂不孝不弟不慈而何天下以暴民亦効尤而從其暴機甚捷也夫桀紂之時何嘗不令民以仁但所好者暴而所令者仁是所令反其所好矣民豈有舍好而從令者乎 民從好而不從令如是是故君子必有孝弟慈之善於己而后可出令以責人之善無不孝不弟不慈之惡於己而后可出令以禁人之惡此乃推己及人所謂恕也若吾身未能有善而無惡而欲令人爲善以去惡則是藏乎身者不恕而能使人改適遷善以從其令者未之有也

故로治國이在齊其家ㅣ니라

故로나라홀다사림이그집을가작기홈의잇ᄂᆞ니라

通結上文이라 備旨 合而觀之可見一身之擧動一家之趨向關焉一家之習尙一國之觀瞻係焉故治國者在乎修身以齊其家也

詩云桃之夭々ㅣ여其葉蓁々이로다之子于歸여宜其家人이라ᄒᆞ니宜其家人而后에可以敎國人이니라

夭平聲 蓁音臻

詩에닐오ᄃᆡ桃의夭夭홈이여그닙피蓁蓁ᄒᆞ도다之子의歸홈이여그家人을宜ᄒᆞ리

로다ᄒᆞ니그家人을宜ᄒᆞᆫ后에可히써國人을가ᄅᆞ칠이니라

詩、周南桃夭之篇、夭々、少去聲好貌小嫩也蓁蓁美盛貌、興去聲也屬興於六義之子、猶言是子、此、指女子之嫁者而言也、婦人、謂嫁曰歸、宜、猶善也、玉溪盧氏曰可以敎國人應其家不可敎而能敎人者無之之意【備旨】齊治之理詩嘗詠之矣周南桃夭之詩有云桃之爲木夭夭而少好其葉蓁蓁而美盛之子乘此時而于歸有以宜一家之人夫治國之君子必能修身以宜其家人而后可以敎國人使亦宜其家人有如此矣

詩云宜兄宜弟라ᄒᆞ니宜兄宜弟而后에可以敎國人이니라

詩에닐오ᄃᆡ兄을宜ᄒᆞ며弟ᄅᆞᆯ宜ᄒᆞ다ᄒᆞ니兄을宜ᄒᆞ며弟ᄅᆞᆯ宜ᄒᆞᆫ후에可히써國人을가ᄅᆞ칠이니라

詩、小雅蓼音六蕭篇【備旨】小雅蓼蕭之詩美諸侯云君子在國弟善其兄兄善其弟夫治國之君子必能修身以宜兄宜弟而后可以敎國人使亦宜其兄弟有如此矣

詩云其儀不忒이라正是四國이라ᄒᆞ니其爲父子兄弟ㅣ足法而后에民이法之也ㅣ니라

詩에닐오ᄃᆡ그儀ㅣ그ᄅᆞ지아니ᄒᆞᆫ지라이四國을正ᄒᆞ리로다ᄒᆞ니그父子와兄弟ㅣ된온이足히法ᄒᆞᆫ후에民이法ᄒᆞᄂᆞ니라

詩、曹風鳲音尸鳩篇忒、差也、問父子兄弟足法而後民法之然堯舜不能化其子周公不能和兄弟是如何朱子曰聖賢是論其常堯舜周公是處其變如不將天下與其子而傳賢

便是能處變得好若周公不辟管叔周如何不亂是不得已著恁地而今且理會常底今未解有父如瞽瞍兄弟如管蔡未論到變處○三山陳氏曰說正四國及仁帥天下皆是說到極處○玉溪盧氏曰父子兄弟足法儀之不忒也民法之四國之正也敎國人是治國之事所以明明德於其國民法之是國治之事則明德明於其國矣○新安陳氏曰足法家齊而可以示法於人也民法之國人取法於己也【備旨】曹風鳲鳩之篇美君子云人君之儀有常而不差忒便能正彼四國之人夫治國之君子必其所以爲父爲子爲兄弟者足爲人之法則而后民之爲父爲子爲兄弟者皆觀感而法之也有如此矣

此謂治國이在齊其家ㅣ니라

이닐온나라흘다사림이그집을가조기홈의잇숨이니라

此三引詩、皆以詠歎上文之事而又結之如此、其深味長、最宜潛玩、三山陳氏曰古人凡辭有盡而意無窮者多援詩以吟詠其餘意○玉溪盧氏曰此章言治國甚略言齊家甚詳所以明齊家之道卽治國之道以人同此心心同此明德故也○仁山金氏曰三引詩首引之子宜家繼引宜兄宜弟何也蓋天下之未易化者婦人而人情之每易失者兄弟齊家而能使之子之宜家兄弟之相宜則家無不齊者矣宜乎其儀不忒而足以正是四國也自修身而齊家自齊家而治國而平天下有二道焉一是化一是推化者自身敎而動化也推者推此道而廣充之也故此一章並合兩意自章首至成敎於國一節是化三所以是推如保赤子繼慈者使衆而言是推一家仁以下一節是化帥天下一節是化有諸己一節繼所令反其所好而言是推三引詩是化惟化則可推惟推則皆化非化則推不行非推則化不周○雲峰胡氏曰中庸引詩明行遠自邇之意必先妻子好合而後兄弟旣翕此三引詩首以婦人之宜家人而繼以宜兄弟蓋家人離必起於婦人非刑於寡妻者未易至于兄弟亦未易御于家邦也其示人以治國之在齊其家也益嚴矣○東陽許氏曰三引詩自內以至外婦人女子最難於化而夫婦之間常人之情最易失於動不以正化能行於閨門則德盛矣故引詩言夫婦爲首而兄弟次之總一家言者又次之【備旨】三詩所言或言家不言國或言國不言家辭雖不同而皆本於修身以齊其家家齊而國治矣詩與經文不益相發明乎

右ᄂᆞᆫ傳之九章이니釋齊家治國ᄒᆞ다

所謂平天下ㅣ在治其國者ᄂᆞᆫ上이老老而民이興孝ᄒᆞ며上이長長而民이興弟ᄒᆞ며上이恤孤而民이不倍ᄒᆞᄂᆞ니是以로君子ᄂᆞᆫ有絜矩之道也ㅣ니라 長上聲弟去聲倍與背同絜胡結反

닐온바天下를平히홈이그나라흘다사림의잇다홈안上이늙근이를늙근이로ᄒᆞ욤애民이孝에興ᄒᆞ며上이얼운을얼운으로ᄒᆞ욤애民이弟에興ᄒᆞ며上이孤를恤홈애民이倍티아니ᄒᆞᄂᆞ니일로써君子ㅣ矩로絜ᄒᆞᄂᆞᆫ道ㅣ잇ᄂᆞ니라

老老、所謂老吾老也、興、謂有所感發而興起也、孤者、幼而無父之稱、絜、度也、度待洛反下同 矩、所以爲方也、矩者制方之器俗呼曲尺此借以爲喩 言此三者、上行下效、捷於影響、捷疾業反 所謂家齊而國治也、新安陳氏曰上行謂老老長長恤孤下效謂民興孝興弟不倍此即上章孝弟慈所以不出家而成敎於國者章句接上章說下來 亦可以見人心之所同而不可使有一夫之不獲矣 新安陳氏曰可見人同欲遂其孝弟慈之心便當平其政以處之不可使有一人之不得其所也 是以、君子、必當因其所同、推以度物、物即人也 使彼我之間、各得分上聲願則上下四旁、均齊方正而天下平矣、朱子曰老老長長恤孤方是就自家切近處說所謂家齊也民興孝興弟不倍是就民之感發興起處說治國而國治之事也上行下效感應甚速可見人心所同者如此是以君子有絜矩之道也此然耳如政煩賦重不得養其父母畜其妻子又安得遂其善心須是推己之心以及於彼使彼仰足以事俯足以育方得○能使人興起者聖人之敎化也能遂其興起之心者聖人之政事也矩者心也我心所欲卽他人所欲我欲孝弟慈必使他人皆如我之孝弟慈不使一夫而不獲方可只我能如此他人不能如此卽是不平矣○絜矩不是外面口別有箇道理只便是前面正心修身底推而措之○問絜矩之道是廣仁之用否曰此乃求仁工夫正要著力若仁者只是擧而措之耳不待絜矩而自無不平矣絜矩正是恕者之事○與孝與弟不倍上行下効之意上章己言之矣此章再擧之者乃欲引起下文君子必須絜矩然後可以平天下之意不然則雖民化其上以與於善句方是引起絜矩事下面方說絜矩而結之云此之謂絜矩之道○絜矩之說不在前數章却治國平天下章到此是節次成了方用得○先說上行下效到絜矩處是就政事上說若但興起其善心不使得遂其心雖能興起亦徒而天下終不免於不平也故一此章首尾皆以絜矩之意推之而未嘗復言躬行化下之說○問上老老而民興孝下面接是以君子有絜矩之道也似不相續如何曰這個是相續絜矩是四面均平底道理敎他各得老其老各得長其長各得幼其幼不成自家老其老敎他不得老其老長其長敎他不得長其長幼其幼敎他不得幼其幼便不得是以二字是結上文猶言君子爲是之故所以絜矩之道○絜矩如自家好安樂便思他人亦欲安樂當使無老稚轉乎溝壑壯者散而之四方之患制其田里敎之樹畜皆此以推之○雙峰饒氏曰矩所以爲方之具也匠欲爲方必度之以矩欲平天下者以何物爲矩而度之亦惟此心而已絜者以索圍物而知其大小度之義也匠之度物以矩爲矩君子之度人以心爲矩○玉溪盧氏曰矩猶則也明德至善吾心本然之則也以此齊家絜矩於家也以此治國絜矩於國也以此平天下絜矩於天下也絜矩之道卽明明德於天下之道也○仁山金氏曰首三句是化絜矩是推旣有以化之而與其孝弟不倍之心必有以推之而遂其孝弟不倍之願推之者莫大於從其所好勿施所惡所好在因其利所惡在奪其利○雲峰胡氏曰此章當分爲八節右第一節言所以有絜矩之道夫子十五志學卽此所謂大學志學以下分知行到末節方言不踰矩是生知安行之極致大學格物而下亦分知行到末章亦言絜矩是致知力行之極功矩者何人心天理當然之則也吾心自有此天則聖人隨吾心之所欲自不踰乎此則故曰不踰矩人心同有此天則學者卽吾心之所欲以爲施於人之則故曰絜矩只是一個矩字但不踰矩之矩渾然在聖人方寸中是矩之體絜矩之矩於人己交接之際見之是矩之用規矩皆法度之器此獨曰矩者規圓矩方圓者動而方者止不踰此卽是明德之止至善絜矩是卽新民之止至善

備旨經文所謂平天下在治其國者何也試觀國人之化在於家則知天下之本在國矣彼家國天下之人不一老長幼盡之矣上能老吾

老以孝敎家而國之民亦觀感興孝有不愛親者誰也上能長吾長以弟敎家而國之民亦觀感興弟有不敬長者誰也上能恤吾幼以慈敎而國之民亦不倍而興慈有不恤幼者誰也夫國人之心旣不異於家而天下人之心獨異於國乎是以平天下君子有絜矩之道度其必同之心處以各當之理使天下有是孝弟慈之願者皆得隨分自盡也天下有不平者乎

所惡於上으로 毋以使下ᄒᆞ며 所惡於下로 毋以事上ᄒᆞ며 所惡毋前으로 毋以先後ᄒᆞ며 所惡於後로 毋以從前ᄒᆞ며 所 惡於右로 毋以交於左ᄒᆞ며 所惡於左로 毋以交於右ㅣ 此之謂絜矩之道ㅣ니라 惡先並去聲

上에아쳐ᄒᆞ는바로써下를부리지말며下에아쳐ᄒᆞ는바로써上을셤기지말며前에아쳐ᄒᆞ는바로써後에몬져말며後에아쳐ᄒᆞ는바로써前에從치말며右에아쳐ᄒᆞ는바로써左에交치말며左에아쳐ᄒᆞ는바로써右에交치말옴이이를닐온矩로絜ᄒᆞ는道ㅣ니라

此、覆解上文絜矩二字之義、如不欲上之無禮於我則必以此、度下之心而亦不敢以此無禮、使之、不欲下之不忠於我則必以此、度上之心而亦不敢以此不忠、事之、至於前後左右、無不皆然則身之所處、上聲 上下四旁、右下已見上文前後左上爲四旁四旁卽四方也 長短廣狹、彼此如一而無不方矣、彼、同有是心而興起焉者、又豈有一夫之不獲哉、新安陳氏曰有此絜矩之道以處之則始焉興起其孝弟不倍之心者今果得以遂其心矣 所操平聲 者、約而所及者、廣雲峯胡氏曰只一矩字此心所操者約加一絜字此心所

及者廣此、平天下之要道也、故、章內之意、皆自此而推之、朱子曰上下前後左右都只一樣心只是將那頭折轉來比這頭在我上
者使我如此而我惡之更不將待在下之人如此則自家在中央上面也占許多地步下面也占計多地步便均
平方正若下之事我如此而我惡之我若將去事上便下面長上面短不方了左右前後皆然○譬如交代官前官
之待我既不善吾無以前官所以待我者待後官也左右如東西隣以隣國爲壑是所惡於左毋以交於右可也上
下前後左右做九個人來看便見○己欲立而立人己欲達而達人是兩摺說孝以己對人言若絜矩則上之人所
以待我又以思待下之人是三摺說如中庸所求乎子以事父未能亦是此意但中庸是言其所好此言其所惡也
人莫不有在我之上者莫不有在我之下者如親在我之上子孫在我之下我欲子孫孝於我而我却不能孝於親
我欲親慈於我而我却不能慈於子孫便是一畔長一畔短不是絜矩○問長短廣狹如一而無不方在人有天子
諸侯大夫士庶人之分何以使之均平曰非言上下之分欲使之均平蓋事親事長當使之均平上下皆得行之上
之人得事其親下之人亦得事其親但各隨其分得盡其事親事長之意耳○雙峯饒氏曰以上下左右前後言則
我當其中上之使我猶我之使下下之事我猶我之事上至於左右前後皆然故皆不當以所惡者及之然以上之
使我者使下而不以事上以下之事我者事上而不以使下則上下之分殊矣以前之先我者先後而不以從前以
後之從我者從前而不以先後則前後之分殊矣是理一之中又有分殊者存此所以異於墨氏之兼愛佛法之平
等也○雲峯胡氏曰右第二節言此之謂絜矩之道須看是以有此之謂六字人之心本無間於己是以有絜矩之
道己之心能不間於人此之謂絜矩之道○新安陳氏曰下文節節提掇能絜矩與不能絜矩者之得與失皆是自
此一節而推廣之【備旨】絜矩之義何如彼人一身所處有上下前後左右之不同而其心則同也如我居人下所惡
於在上之使我者則必以此度下之心而毋以所惡者使下如我居人上所惡於在下之事我者則必以此度上之
心而毋以所惡者事上如我居人後所惡於前人之先我者則必以此度後者之心而毋以所惡者先後如我居人
前所惡於後人之從我者則必以此度前者之心而毋以所惡者從前如我居人左所惡於右者之交於我則必以
此度左者之而心毋以所惡者交於左如我居人右所惡於左者之交於我則必以此度右者之心而毋以所惡者
交於右夫在我既不施其所惡則在人自得其所願上下四旁均齊方正而無有餘不足之處絜矩之道此之謂也

詩云樂只君子여 民之父母ᄒᆞ니라 民之所好를 好之ᄒᆞ며 民之所惡

를惡之ㅣ此之謂民之父母ㅣ니라 樂音洛只音紙好惡並去聲下並同

詩에닐오ᄃᆡ나온君子여民의父母라ᄒᆞ니民의됴하ᄒᆞᄂᆞᆫ바를됴히녀기며民의아쳐ᄒᆞᄂᆞᆫ바를아쳐홈이이를닐온民의父母ㅣ니라

詩、小雅南山有臺之篇、只、語助辭、言能絜矩而以民心、爲己心則是、愛民如子而民、愛之如父母矣、 此言能絜矩之効○東陽許氏曰言上之人能如愛子之道愛其民則下民愛其上如愛父母然愛民之道不過順其好惡之心而已大約言之民所好者飽暖安樂所惡者饑寒勞苦使民常得其所好而不以所惡之事加之則愛民之道也【備旨】是道也得之則爲父母失之則爲天下僇小雅南山有臺之詩云樂只之君子爲民之父母詩美諸侯如此夫君子何以爲民之父母也蓋父母於子好惡無不與同今君子於民之所好則爲之好之以順其欲於民之所惡則爲之惡之以去其害此之謂愛民如子而民愛之如父母矣此好惡能絜矩之効也

詩云節彼南山이여 維石巖巖이로다 赫赫師尹이여 民具爾瞻이라ᄒᆞ니 有國者ㅣ不可以不愼이니 辟則爲天下僇矣니라 節讀爲截辟讀爲僻僇與戮同

詩에닐우ᄃᆡ節ᄒᆞᆫ뎌南山이여石이巖巖ᄒᆞ도다赫赫ᄒᆞᆫ師ㅣ언君이여民이다너를본다ᄒᆞ니나라ᄒᆞᆯ둔ᄂᆞᆫ者ㅣ可히써삼가지아니티몯ᄒᆞᆯ거시니辟ᄒᆞ면天下의僇이되ᄂᆞ니라

詩、小雅南山之篇、節、截然高大貌、師尹、周太史尹氏也、具、俱也、辟、偏也、言在上者、人所瞻仰、不可不謹、若不能絜矩而好惡徇於一己之偏則身弑國亡、爲天

下之大戮矣、此言不能絜矩之禍與上一節正相反者也（太史之史唐本作師）補曰 小雅節南山之詩云節彼南山維石巖巖而高峻況今赫赫之師尹民豈不俱於爾是瞻仰乎詩刺尹氏不平如此卽此可見凡有國者好惡不可以不慎若徇於一己之偏則身與國俱亡爲天下之大僇矣可不愼哉此不能絜矩之禍也

詩云殷之未喪師에 克配上帝러니 儀監于殷이어다 峻命不易라ᄒᆞ니 道得衆則得國ᄒᆞ고 失衆則失國이니라 喪去聲儀詩作宜峻詩作駿易去聲

詩에닐오ᄃᆡ殷이師를喪티아니ᄒᆞ야신제능히上帝ᄭᅴ配ᄒᆞ엿더니맛당히殷에볼디어다큰命이쉽디아니타ᄒᆞ니衆을어드면나라ᄒᆞᆯ얻고衆을일ᄒᆞ면나라ᄒᆞᆯ일흠을니ᄅᆞ니라

詩、文王篇、師、衆也、配、對也、配上帝、言其爲天下君而對乎上帝也、監、視也、峻大也、不易、言難保也、道、言也、引詩而言此、以結上文兩節之意、有天下者、能存此心而不失則所以絜矩而與民同欲者、自不能已矣、雙峯饒氏曰未喪師則克配上帝是得衆則得國能絜矩而爲民父母者也喪師則不能配上帝是失衆則失國不能絜矩而辟則爲天下僇者也○玉溪盧氏曰殷之喪師紂之失人心也其未喪師先王之得人心也得人心所以配上帝失人心所以不能天命之去留判於人心之向背人心之向背又在君之能 矩與否而已得衆得國應南山有臺之意失衆失國應節南山之意存此而不失明德之體所以立絜矩而與民同欲明德之用所以行○雲峯胡氏曰右第三節就好惡言絜矩蓋好惡二字已見誠意修身二章特誠意章是好惡其在己者修身章推之以好惡 其在人者此章又推之以好惡天下之人者也誠意章主愼獨其爲好惡也 一誠無僞此章主絜矩其爲好惡也一 公無私修身章是言不能愼獨則好惡之辟不足以齊其家此章是言不能 絜矩則好

惡之辟不足以平天下所謂血脉貫通者又於此見之不可不詳味也愼獨是敬以直內絜矩是義以方外備旨天好惡同民如彼好惡辟如此得失之幾何遠也大雅文王之詩有云殷之未失衆心之時能對上帝而爲君及紂殷師己喪而失天命故後人宜監於殷而知峻命之不易保詩戒成王如此蓋言殷先王有道而得衆則克配上帝而得國所謂好惡能愼而爲民父母者此也及殷後王無道而失衆則峻命難保而失國所謂好惡不愼而爲天下僇者此也絜矩之得失豈細故哉

是故로君子는先愼乎德이니有德이면此有人이오有人이면此有土ㅣ오有土면此有財오有財면此有用이니라

이런故로君子는몬저德을삼가ᄂᆞ니德이이시면이예ᄉᆞ람이잇고ᄉᆞ람이이시면이예ᄯᅡ히잇고ᄯᅡ히이시면이예財ㅣ잇고財ㅣ이시면이예用이잇ᄂᆞ니라

先謹乎德、承上文不可不謹而言、德、即所謂明德、有人、謂得衆、有土、謂得國、應上文得衆則得國 有國則不患無財用矣、 朱子曰爲國絜矩之大者又在於財用所以後面只管說財○自家若意誠心正身修家齊了則天下之人安得不歸於我如湯武之東征西怨即自然有人有土○雙峯饒氏曰格致誠正修所以謹此德也此有人等此字此猶斯也○玉溪盧氏曰德即明德謹德卽謂明明德先謹乎德以平天下之大本而言也有德則能絜矩所以得衆而得國○新安陳氏曰揭明德訓此德字見明明德爲大學一書之綱領此章言財用始於此財用之有本於愼德而有之非私有也○東陽許氏曰言爲人上者明德爲本而財用爲末財固是國家所必用而不可無者但當修德爲本絜矩而取於民有制備旨觀國之得失由於衆之得失則絜矩誠要矣而絜矩莫先於愼德是故君子先愼乎德而謹乎好惡之源愼德則有德而天下歸心斯有人矣有人則莫非王土斯有土矣有土則任土作貢斯有財矣有財則經費有賴斯有用矣夫以愼德爲先而聽財用之自致此貨財能絜矩之得也

德者ᄂᆞᆫ本也오財者ᄂᆞᆫ末也니

德은本이오財ᄂᆞᆫ末이니

本上文而言 新安陳氏曰有德而後有人有土有土而後方有財可見德爲本而財爲末矣[備旨]夫愼德自然有財用可見德者平天下之本也財用必由於愼德可見財者平天下之末也夫曰本則當內曰末則當外明矣

外本內末이면爭民施奪이니라

本을外ᄒᆞ고末을內ᄒᆞ면民을爭케ᄒᆞ야奪을施ᄒᆞᆷ이니라

人君以德爲外、以財爲內則是、爭鬪其民而施之以劫奪之敎也、盖財者、人之所同欲、不能絜矩而欲專之則民亦起而爭奪矣、朱子曰民本不是要爭奪惟上之人以德爲外而暴征横斂民便効尤相攘相奪是上敎得他如此○三山陳氏曰財人所同欲上欲專之則不均平便是不能絜矩[備旨]苟人君外其德之本而不加愼內其財之末而欲奪之是以爭鬪之風導其民而施之以劫奪之敎也民旣爭奪尙得有其民乎

是故로財聚則民散ᄒᆞ고財散則民聚니라

이런故로財ㅣ모ᄃᆞ면民이흐터디고財ㅣᄒᆞ트면民이못ᄂᆞ니라

外本內末故、財聚、爭民施奪故、民散、反是則有德而有人矣、括蒼葉氏曰爲國者豈可惟知聚財而不思所以散財此有天下者之大患也○東陽許氏曰財聚民散言不能絜矩取於民無制之害財散民聚言能絜矩取於民有制之利散財不是要上之人把財與人只是取其當得者而不過蓋土地所生只有許多數目上取之多則在下少[備旨]

是故外本內末而財聚於上則民必相爭奪而離散於下矣豈若愼德而財散於下則民皆歸於德而常聚耶

是故로 言悖而出者ᄂᆞᆫ 亦悖而入ᄒᆞ고 貨悖而入者ᄂᆞᆫ 亦悖而出이니라

이런故로말이悖ᄒᆞ야난者ᄂᆞᆫᄯᅩᄒᆞᆫ悖ᄒᆞ야들고貨ㅣ悖ᄒᆞ야든者ᄂᆞᆫᄯᅩᄒᆞᆫ悖ᄒᆞ야나ᄂᆞ니라

悖、逆也、此以言之出入、明貨之出入也、自先謹乎德以下、至此、又因財貨、以明能絜矩與不能者之得失也、

問絜矩如何只管說財利朱子曰畢竟人爲這箇數多所以生養人只是這箇所以殘害人亦只是這箇○此章大槪是專從絜矩上來蓋財者人之所同好也而我欲專其利則民有不得其所好者矣大抵有國有家所以生起禍亂皆是從這裏來○三山陳氏曰以惡聲加人人必以惡聲加己以非道取人之財人必以非道奪之言與貨其出入雖不同而皆歸諸理其爲不可悖一也○吳氏曰愼德而有人有土與財散民聚能絜矩者之得也內末而爭民施奪與財聚民散悖入悖出不能絜矩者之失也○東陽許氏曰此以言之出入比貨出入不能絜矩取於民無制之害[備旨]夫財聚固民散矣然民散而財亦豈終聚乎是故人君言以悖理而出者則民亦以悖理應之而入況貨財乎貨財以悖理而入者則民亦以悖理奪之而出矣此貨財不能絜矩之失也

康誥에 曰惟命은 不于常이라ᄒᆞ니 道善則得之ᄒᆞ고 不善則失之矣니라

康誥애ᄀᆞᆯ오ᄃᆡ오직命은덛덛ᄒᆞᆫᄃᆡ아니난다ᄒᆞ니道善ᄒᆞ면얻고善티아니ᄒᆞ면일흠을니ᄅᆞ니라

道、言也、因上文引文王詩之意而申言之、其丁寧反覆之意、益深切矣、雙峰饒氏曰此得失字串

前得失字以德爲本則善善則得衆得國矣以財爲本則不善不善則失衆失國矣○玉溪盧氏曰有德則能絜矩是之謂善所以得人心在此所以得天命亦在此無德則不能絜矩是謂不善所以失人心在此所以失天命亦在此人心歸則天命歸人心去則天命去是天命之不常乃所以爲有常也此引康誥之書以結前五節之意與前引文王詩相應命不于常卽峻命不易之理善則得不善則失卽得國失國之意此所謂善卽止至善之善○雲峯胡氏曰右第四節說財用言絜矩若好惡不能絜矩任己自私不可以平天下財用不能絜矩瘠民自肥亦不可以平天下欲平天下者不可不深自警省也[備旨]夫愼德者如彼內末者如此得失之幾何遠也康誥曰惟天之命不于汝乎爲常武王告康叔之言如此蓋言爲君者所行誠善則天命歸而得之若一不善卽天命去而失之矣然則愼德而能絜矩者善也有人有土則天命之得可知內末而不能絜矩者不善也民散悖出則天命之失可知信乎其不常也所謂峻命不易者不益信哉

楚書에曰楚國은無以爲寶ㅣ오惟善을以爲寶ㅣ라ᄒᆞ니라

楚書애ᄀᆞᆯ오ᄃᆡ楚ㅅ나라ᄒᆞᆫ써寶삼을새시업고오직어디니를써寶삼ᄂᆞᆫ다ᄒᆞ니라

楚書、三山陳氏曰楚史官所記之策書也○古括鄭氏曰楚書楚昭王時書也 楚語、國語楚語王孫圉聘於晉定公饗之趙簡子鳴玉以相問曰楚之白珩猶在乎其爲寶也幾何矣曰楚之所寶者曰觀射父能作訓辭以行事於諸侯使無以寡君爲口實又有左史倚相能通訓典以叙日物以朝夕獻善敗于寡君使無忘先王之業若諸侯之好幣具而導之以訓辭寡君其可以免罪於諸侯而國民保焉此楚國之寶也若夫白珩先王之玩也何寶之焉(王孫圉楚大夫趙簡子名鞅鳴玉以相鳴佩玉以相禮也珩佩玉之橫者) 言不寶金玉而寶善人也、[備旨]夫不外本內末觀之楚書可見矣昔王孫本對簡子曰楚國以無以白珩爲寶以觀射父及左史倚相之善人爲寶夫金玉末也善人本也楚書其不外本而內末矣乎

舅犯이曰亡人은無以爲寶ㅣ오仁親을以爲寶ㅣ라ᄒᆞ니라

舅ㅣ언犯이ᄀᆞᆯ오ᄃᆡ亡ᄒᆞᆫ사ᄅᆞᆷ은ᄡᅥ寶삼을ᄊᆡ시업고親을仁홈을寶ᄅᆞᆯ삼으라ᄒᆞ니라

舅犯、晉文公舅狐偃、字、子犯、亡人、文公、時爲公子、名重耳出亡在外也、仁、愛也、事見形甸反檀弓

禮記檀弓篇晉獻公之喪秦穆公使人弔公子重耳且曰寡人聞之亡國恒於斯得國恒於斯雖吾子儼然在憂服之中喪亦不可久也時亦不可失也孺子其圖之以告舅犯舅犯曰孺子其辭焉喪人無寶仁親以爲寶父死之謂何又因以爲利而天下其孰能說之孺子其辭焉（重平聲喪亦喪人之喪並去聲喪即出亡也父死而欲反國求爲後是因以爲利也說如字猶解也）〇古括鄭氏曰文公時避驪姬之讒亡在翟而獻公薨秦穆公使子顯弔之勸之復國舅犯爲之對此辭也〇四明李氏曰楚爲春秋所惡舅犯特覇主之佐耳大學參稽格言以垂訓萬世乃於此乎取何歟蓋天下之善無窮君子之取善亦無窮猶書記帝王而繼之以秦誓故下文及之

此兩節、又明不外本而內末之意、

雙峰饒氏曰寶者指財而言此就財上說來却接用人說去蓋天下惟理財用人二事最大〇玉溪盧氏曰不以金玉爲寶而以善人爲寶不以得國爲寶而以愛親之道爲寶是能內本而外末者也〇雲峰胡氏曰右第五節當連上文善與不善看在我者惟善則得之在人者亦當惟善是寶兩寶字結上文財用惟善仁親又起下文之意蓋第三節言好惡第四節言財用此則兼財用好惡言也【備旨】不外本而內末不惟楚書爲然也昔舅犯敎晉文公對秦使曰亡人無以得國爲寶惟以親喪自盡而仁愛乎親以爲寶夫得國末也仁親本也舅犯其不外本而內末矣乎

秦誓에曰若有一介臣이斷斷兮오無他技나其心이休休焉ᄒᆞᆫ디其如有容焉이라人之有技를若已有之ᄒᆞ며人之彥聖을其心好之ㅣ不啻若自其口出이면寔能容之라以能保我子孫黎民이니尙亦有利哉ᆫ뎌人之有技를媢疾以惡之ᄒᆞ며人之彥聖을而違

之호야 俾不通이면 寔不能容이라 以不能保我子孫黎民이니 亦曰殆哉ㄴ뎌 个古賀反書作介 斷丁亂反 媢音冒

秦誓에 골오뒤 만일에 ᄒᆞᆫ낫臣이 斷斷ᄒᆞ고 다란지죄업스나 그 ᄆᆞ옴이 休休ᄒᆞᆫ디 그 용납홈이 인ᄂᆞᆫ돗ᄒᆞᆫ디라 ᄉᆞ롬의 지조둠을 몸이 둠ᄀᆞᆺ티ᄒᆞ며 ᄉᆞ롬의 彥聖을 그 마옴의 됴히 너기미 입으로브터 남ᄀᆞᆺ탈뿐이 아니면 진실로 能히 용납ᄒᆞᄂᆞᆫ디라 써 能히 우리子孫과 黎民을 保ᄒᆞ리니 거의 또ᄒᆞᆫ 利이시린뎌 ᄉᆞ롬의 지조둠을 媢疾ᄒᆞ야 써 아쳐ᄒᆞ며 ᄉᆞ롬의 彥聖을 違ᄒᆞ야 ᄒᆞ여곰 通티못게ᄒᆞ면 진실로 能히 용납디못ᄒᆞᄂᆞᆫ디라 써 能히 우리子孫과 黎民을 保티못ᄒᆞ리니 또ᄒᆞᆫ 골온 위틱ᄒᆞ린뎌

秦誓、周書、斷斷、誠一之貌、彥、美士也、聖、通明也、 三山陳氏曰聖字專言之則爲衆善之極對衆善而言則止於通明之一端○新安陳氏曰孟子云大而化之之謂聖此專言之者也周禮六德知仁德義中和此將衆善而言之者也 尙、庶幾平聲也、媢、忌也、違、拂戾也、殆、危也、

問絜矩以好惡財用媢疾彥聖爲言何也朱子曰如桑弘羊聚斂以奉武帝之好若是絜矩底人必思許多財物必是侵過著民底滿得我好民必惡言財用者蓋如自家在一鄉之間却專其利便是侵過著他底便是不絜矩言媢疾彥聖者蓋有善人則合當擧之使之得其所今則不擧他使失其所是侵善人之分便是不絜矩此不特言其好惡財用之類當絜矩事事亦當絜矩○玉溪盧氏曰一个挺然獨立而無朋黨之謂斷斷無他技德有餘而才不足也休休二字其義深長有淡然無欲之意又有粹然至善之意曰如有容其量之大不可得而測亦不可得而名言也有技若己有之能容天下有才之人則天下之才皆其才也若己有之不特不媢疾而已彥聖心好不啻若自其口出能容天下有德之人則天下之德皆其德也不啻若自其口出好善有誠而口不足以盡其心也能以天下之才德爲己之才德信乎其能容矣前言如有容此言寔能容二句相應人君用此人其有益於人國可知有技疾

惡之彥聖俾不通不能以天下之才德爲才德人君而用此人國家豈不危殆能容者用之其利如此不能容者用之其害又如此人主在擇一相者此也此又絜矩之先務也○蛟峯方氏曰其如有容其疑辭也有甚物似他有容者言無可比他有容之大○新安陳氏曰有容者能絜矩而人所同好者也娼疾者不能絜矩而人所同惡者也人君能好有容者而用之惡娼疾者而舍之是又絜矩之大者○東陽許氏曰此專言爲政者好惡之公私尙亦有利哉以一上截言能絜矩而以公心好人以下一截言不能絜矩而以私心惡人[illegible]絜矩道豈獨財利爲然哉至於用人尤有不可苟者周書秦誓曰我若有一個臣自其外貌觀之則斷斷兮誠一若無他技能者其心則休休焉淡然無欲亦粹然至善其量之大如有容焉見人之有才技則若己有之必欲盡其長見人彥聖之德則其心誠好之不但如其口之所言是寔能容此有技彥聖之人矣有臣若此必能汲引善類保我之子孫長享富貴與我之黎民常享太平尙亦有利於人國哉若不良之臣全無斷斷之誠休休之量見人之有技也則娼疾以惡之見人之彥聖也則拂戾以抑之使不得通是寔不能容天下之才德矣將見傷殘善類進用匪人必不能保我子孫與黎民國豈不危殆哉秦誓之言如此此人主在擇一相也

唯仁人이아 **放流之**ᄒᆞ야 **迸諸四夷**ᄒᆞ야 **不與同中國**ᄒᆞᄂᆞ니 **此謂仁人**이아 **爲能愛人**ᄒᆞ며 **能惡人**이니라 迸讀爲屛古字通用屛必正反除也

오직仁ᄒᆞᆫ사ᄅᆞᆷ이아放流ᄒᆞ야四夷예迸ᄒᆞ야더브러中國에同티아니ᄒᆞᄂᆞ니닐온
오직仁ᄒᆞᆫ사람이아能히사ᄅᆞᆷ을사랑ᄒᆞ며能히사ᄅᆞᆷ을아쳐홈이니라

迸猶逐也。言有此娼疾之人、妨賢而病國則仁人、必深惡而痛絕之、以其至公無私故、能得好惡之正、如此也、 北溪陳氏曰此能公其好惡而能絜矩者也○雙峯饒氏曰惡人之所同惡好人之所同好即舜之去四凶擧十六相是也○玉溪盧氏曰此承上節下一截而言娼疾之人待之宜如此謂之能惡人可也而謂之能愛人何也蓋小人不去則君子不進去小人不能絕之則進君子而不能安之去小人固所以進君子絕小人乃所以安君子吾之威在娼疾之人吾之恩在天下後世矣惟吾心純乎天理之公故吾之好惡與天下爲公此仁人所以能愛惡人也○新安陳氏曰此引家語孔子之言故以此謂冠之乃引援古語之例○東陽許氏曰言能絜矩而惡惡得其正所謂放流即娼疾蔽賢之人朝廷之上惡人既去則善人方得通又以仁人總結之言能絜矩者也 備旨 夫容賢利國所當好也妨賢病國所當惡也仁唯人深惡此娼疾之人有害於善人使民不得被其澤而禍及於後世於是放流之且迸逐之於四夷不與同中國惟恐所放或近其地復爲害焉此其威在娼疾之人卽恩在天下後世矣此所謂唯仁人爲能愛人能惡人是大能絜矩者也

見賢而不能擧ᄒ며 **擧而不能先**이 **命也**ㅣ오 **見不善而不能退**ᄒ며 **退而不能遠**이 **過也**ㅣ니라 遠去聲

어디니를보고能히擧티몯ᄒ며擧호ᄃ能히몬저몯홈이慢홈이오어디디안인이를보고能히退티몯ᄒ며退호ᄃ能히멀리몯홈이,過ㅣ니라

命、鄭氏云當作慢、程子云當作怠、未詳孰是 命慢聲相近近是 若此者、知所愛惡矣而未能盡愛惡之道、蓋君子而未仁者也、朱子曰先是早底意是不能速用之○雙峯饒氏曰見賢而不能擧見不善而不能退如漢元帝知蕭望之之賢而不能用知弘恭石顯之姦而不能去是也○新安陳氏曰擧不先未盡愛之道退不遠未盡惡之道上文能愛惡仁人也此不能盡愛惡之道所以爲君子而未仁者也 備旨 若夫未仁而不能好惡之君亦見賢人之可好而不能擧或擧之而不能早用是以輕忽之心待賢也命也亦見不善之可惡而不能退或退之而不能遠逐是以優柔之量待不賢也過也若此者皆好惡出於公私之間而未能盡絜矩者也

好人之所惡ᄒ며 **惡人之所好** **是謂拂人之性**이라 **菑必逮夫身**이니라 菑古災字 夫音扶

사름의아쳐ᄒᆞ는바를됴히너기며사름의됴히너기는바를아쳐홈이이닐온사름의性을拂홈이라菑ㅣ반다시몸애밋ᄂᆞ니라

拂、逆也、好善而惡惡、人之性也、至於拂人之性則不仁之甚者也、自秦誓、至此又皆以申言好惡公私之極、以明上文所引南山有臺節南山之意、朱子曰斷斷者是能絜矩媢疾者是不能絜矩仁人放流之是大能絜矩好人所惡惡人所好是大不能絜矩○括蒼葉氏曰上一節雖未盡好惡之極猶能知所好惡尙不至於拂人好惡之常性今有人焉於人之所當好所同好者反從而惡之於人之所當惡所同惡者反從而好之如此等人不仁之甚○雙峯饒氏曰好惡與人異菑必逮夫身桀紂是也○玉溪盧氏曰人性本有善而無惡故人皆好善而惡惡仁人之能好惡不過順人之性耳苟好惡惡善而拂人之性則失其本心甚矣非不仁之甚而何菑必逮身爲天下僇是也自古有天下者未嘗不以用君子而興用小人而亡能愛惡人則君子進小人退而天下蒙其利此能絜矩者之所爲也好人所惡惡人所好則君子退小人進而天下受其禍此不能絜矩者之所爲也自秦誓至此凡四節秦誓一節見君子小人之分次節言用舍之能盡其道者又次節言用舍之不盡其道者此節則言用舍之全失其道者皆因絜矩之義而申明好惡公私之極以申明平天下之要道也○雲峰胡氏曰右第六節就用人言好惡大學於此提出仁之一字而章句又以君子之未仁小人之不仁者言之蓋絜矩是恕之事恕所以行仁故特以結之【備旨】夫不先不遠猶知所好惡也至若妨賢之人爲人所當惡所同惡者反從而好之容賢之人爲人所當好所同好者反從而惡之是謂拂逆人好善惡惡之常性則人心離天命去菑患有不逮夫身乎此不能絜矩者之所爲也

是故로君子ㅣ有大道ᄒᆞ니必忠信以得之ᄒᆞ고驕泰以失之니라

이런故로君子ㅣ큰道ㅣ이시니반다시忠과信으로써엇고驕와泰로써일ᄂᆞ니라

君子、以位言之、此謂治國平天下之君子道、謂居其位而脩己治人之術、道卽大學之道修己明明德之事治人新民之事也發

己自盡、爲忠、循物無違、謂信、朱子曰發於己心而自盡則爲忠循於物理而不違背則爲信忠是信之本信是忠之發伊川見明道此語尙晦故更云盡己之謂忠以實之謂信便更穩當 驕者、矜高、泰者、侈肆、此、因上所引文王康誥之意而言、章內三言得失而語益加切、盖至此而天理存亡之幾、去聲 決矣、朱子曰初言得衆失衆再言善則得不善則失己切矣終之以忠信驕泰分明是就心上說出得失之由以決之忠信乃天理之所以存驕泰乃天理之所以亡○北溪陳氏曰忠信者絜矩之本能絜矩者也驕泰者任己自恣不能絜矩者也○雙峰饒氏曰此得失字又串前兩段得失字而言由上文觀之固知得衆得國而又知善則得之矣然所以得此善者亦曰忠信則得善之道驕泰則失善之道矣忠信卽是誠意驕泰乃忠信之反也以此觀之可見誠意不特爲正心修身之要而又爲治國平天下之要○雲峯胡氏曰右第七節不分言好惡與財用之絜矩但言君子有大道此道字卽章首絜矩之道也忠信以得之者在己有矩之心而發己自盡則爲忠在物有矩之理而循物無違則爲信驕泰以失之者驕者矜高不肯下同民之好惡非絜矩之道也泰者侈肆必至於橫斂乎民之財用非絜矩之道也前兩言得失人心天命存亡之幾也此言得失吾心天理存亡之幾也章句此一幾字當與誠意章幾字參看 【備旨】觀於仁人如彼不仁之人如此得失之幾何遠也是故君子有修己治人之大道以平天下也非自外至而强爲之本乎一心而已必忠焉信焉能知千萬人卽一己之心以一己爲千萬人之心由是好惡則與民同欲而大道以之得矣否則驕焉泰焉一心之中莫非私意之充塞一膜之外便有人己之異觀由是好惡則不能與民同欲大道以之失矣然則平天下者可不格致誠正勉於忠信以求盡其所以絜矩者哉

生財ㅣ有大道ᄒᆞ니 生之者ㅣ衆ᄒᆞ고 食之者ㅣ寡ᄒᆞ며 爲之者ㅣ疾ᄒᆞ고 用之者ㅣ舒ᄒᆞ면 則財恒足矣리라 恒胡登反

財를生ᄒᆞ욤이큰道ㅣ이시니生ᄒᆞᆯ者ㅣ衆ᄒᆞ고食ᄒᆞᆯ者ㅣ寡ᄒᆞ며爲ᄒᆞᆯ者ㅣ疾ᄒᆞ며用

ᄒᆞᆯ者ㅣ舒ᄒᆞ면財곳ㅣ덧덧이足ᄒᆞ리라

呂氏曰（呂氏名大臨字與叔藍田人）國無遊民則生者、衆矣、朝（音潮）無幸位則食者、寡矣、不奪農時則爲之疾矣、量入爲出則用之舒矣、愚、按此因有土有財而言、以明足國之道在乎務本而節用、（新安陳氏曰務本謂生者衆爲者疾所以開財之源也節用謂食者寡用者舒所以節財之流也疾謂速舒謂緩）非必外本內末而後、財可聚也、自此、以至終篇、皆一意也、

陳氏曰此古人生財之政也蓋與後世異矣○雙峯饒氏曰財者末也財雖是末亦是重事若要生財亦自有箇大道理生衆至用舒此四者不可缺一乃生財之正路外此皆邪徑也○玉溪盧氏曰國無遊民而不奪農時民之財所以足朝無幸位而量入爲出國之財所以足○仁山金氏曰天地間自有無窮之利有國家者亦本有無窮之財但勤者得之怠者失之儉者裕之奢者耗之故傳之四語萬世理財之大法也[備旨]夫德爲本財爲末而財亦國家所急需者不可一日無也蓋自有正大之道可以生財焉不必以私意小智巧爲聚歛之術也財以生而裕使國無游民則生之者衆矣財以食而匱使朝無幸位則食之者寡矣又必不違農時則爲之者疾也量入爲出則用之者舒也夫如是則其來無窮其去有節自然下常給而上常餘百姓足而君亦足國家之財恒足矣大道之生財如此豈必外本內末而後財可聚乎

仁者는以財發身ᄒᆞ고不仁者는以身發財니라

仁ᄒᆞᆫ者ᄂᆞᆫ財로써몸을發ᄒᆞ고不仁ᄒᆞᆫ者ᄂᆞᆫ몸으로써財를發ᄒᆞᄂᆞ니라

發、猶起也、仁者、散財以得民、不仁者、亡身以殖（承職反）貨

朱子曰仁者不是特地散財買人歸己只是不私其有人自歸之而身自尊是言散財之效如此不仁者只務聚財不管身危亡也○雙峯饒氏曰財散民聚此以財發身財聚民散此以身發財○新安陳氏曰紂聚鹿臺之財以亡武散之以興卽其證也[備旨]惟仁者之人知生財大道不私其

有人自歸之而身自尊是以財而發身也若彼不仁者不知大道所在專務聚財不顧身之危亡是以身而發財也

未有上好仁而下不好義者也ㅣ니 未有好義오 其事不終者也ㅣ며 未有府庫財ㅣ 非其財者也ㅣ니라

上이 仁을 됴히 너기고 下ㅣ 義를 됴히 너기디 아닐 者ㅣ 잇디 아니니 義를 됴히 너기고 그 일이 ᄆᆞᆺ디 못ᄒᆞᆯ 者ㅣ 잇디 아니ᄒᆞ며 府庫의 財ㅣ 그 財ㅣ 아니니 잇디 아니ᄒᆞ니라

上好仁、以愛其下則下好義、以忠其上、所以事必有終而府庫之財、無悖出之患也

問如何上仁下便義朱子曰只是一箇道理在上便喚做仁在下便喚做義在父便謂之慈在子便謂之孝○陳氏曰惟上之人不妄取民則而所好在仁則下皆好義以忠其上矣下既好義則爲事無有不成遂者矣天下之人皆能成遂其上之事則府庫之財亦無悖出之患而爲我有矣非若不好仁之人財悖而入亦悖而出也○玉溪盧氏曰此所謂循天理則不求利而自無不利者也○新安陳氏曰此章自仁人放流之後言仁不一與此節皆當參玩

備旨 夫以身發財身亡則財亦失矣若以財發身身榮而財亦富兩得之道也此上下感應必然之理未有上之人崇本節用不妄取民財而所好在仁而爲下者不輸悃効忠好義以報其上者也下既好義則視君事如己事必爲之竭力圖成未有好義而從王之事不從者也且既好義則視君財如己財必爲之防護保守未有府庫之財仍有悖入悖出之患而不爲我有者也然則上安可不好仁而專利哉

孟獻子ㅣ 曰畜馬乘은 不察於鷄豚ᄒᆞ고 伐氷之家는 不畜牛羊ᄒᆞ고 百乘之家는 不畜聚斂之臣ᄒᆞᄂᆞ니 與其有聚斂之臣으론 寧有盜臣이라ᄒᆞ니 此謂國은 不以利爲利오 以義爲利也ㅣ니라

畜許六反乘斂幷去聲

孟獻子ㅣ갈오ᄃᆡ馬乘치ᄂᆞᆫ이ᄂᆞᆫ鷄와豚에ᄉᆞᆯ피디아니ᄒᆞ고氷을伐ᄒᆞᄂᆞᆫ집은牛와羊
을치디아니ᄒᆞ고百乘ㅅ家ᄂᆞᆫ聚斂ᄒᆞᄂᆞᆫ臣을치디아니ᄒᆞᄂᆞ니그聚斂ᄒᆞᄂᆞᆫ臣둠으로
더브러론찰하리盜臣을둘디라ᄒᆞ니이닐온나라ᄒᆞᆫ利로써利를삼디아니ᄒᆞ고義로
써利를삼오미니라

孟獻子、魯之賢大夫、仲孫蔑也、畜馬乘、士、初試爲大夫者也、伐氷之家、卿大夫
以上、(上聲)喪祭用氷者也、新安陳氏曰孔氏疏曰按書傳士飾車駢馬詩云四牡騑々大夫以上乃得乘四
馬今下云伐氷之家是卿大夫今別云畜馬乘故知士初試爲大夫者也左昭四
年大夫命婦喪浴用氷喪大記云士不用氷故知卿大夫也士若恩賜亦得用之但非其常故士喪禮賜氷則夷槃
可也○禮喪大計君設大槃造氷焉大夫設夷槃造氷焉士倂瓦槃無氷(造猶納也禮自仲春之後納氷槃中乃設
牀於其上而遷尸焉秋凉而止士不用氷以瓦爲槃倂以盛氷耳)○周禮天官凌人掌氷正歲十有二月令斬氷三
其凌春始治鑑凡內外饔之饍羞鑑焉凡酒漿之酒醴亦如之祭祀共氷鑑賓客共氷大喪共夷槃氷(凌
氷室也鑑知範大口以盛氷置食物于中以禦熱氣防失味變色也音緘今大瓦盆蜀鄭氏曰夷之言尸也
實氷槃中置於尸牀之下所以寒尸尸之槃曰夷牀移尸曰夷干堂皆依尸而言也)夷槃廣八尺長一丈二尺 百乘
之家、有采地者也、采(香菜采地臣之食邑也)君子、寧亡己之財、而不忍傷民之力故、寧有盜臣而不
畜聚斂之臣、此謂以下、釋獻子之言也、朱子曰如食祿之家又畜牛羊却是與民爭利便是不絜
矩所以道以義爲利者義以方外也○雙峯饒氏曰此段
大意任不畜聚斂之臣見用人與理財相關)○玉溪盧氏曰國不以利爲利以義爲利蓋古語觀此謂字可見引之
以證獻子之言也獻子嘗師子思能知義利之分故能知絜矩之道○東陽許氏曰言立之人當絜矩不可使下之
利雖養鷄豚之小利尙不可與民爭而況爲君者專事聚斂以虐民乎○以利爲利快目前之意而禍爲深以義爲
利儉目前之用而福自遠[illegible]夫不可專利之旨孟獻子亦嘗言之矣曰問大夫之富數馬以對畜馬乘則身爲大

夫矣而復察於鷄豚以較小利而失大體鄙而不可爲也大夫以上喪祭用氷謂之伐氷之家家有厚祿矣而乃畜牛羊以謀孳息之利貪孰甚焉不可爲也至於百乘卿家也又非畜馬乘伐氷者比苟一畜聚斂之臣則剝下以奉上䧟所不至矣奚可乎若與其有聚斂之臣寧可有盜臣蓋盜臣雖竊主之財以自私而不至殘民剝下其爲害猶輕也獻子之言如此豈猶爲有家者訓哉此謂有國者不當專其利於己以利爲利只當公其利於民以義爲利也

長國家而務財用者ᄂᆞᆫ 必自小人矣니 彼爲善之小人之使爲國家ㅣ면 菑害並至라 雖有善者ㅣ나 亦無如之何矣니 此謂國은 不以利爲利오 以義爲利也ㅣ니라

國家에長ᄒᆞ야財用을힘쓰ᄂᆞᆫ이ᄂᆞᆫ반다시小人으로브테니小人으로ᄒᆞ여곰國家를ᄒᆞ게ᄒᆞ면菑와害ㅣᄀᆞᆯ와니를디라비록어딘者ㅣ이시나ᄯᅩᄒᆞᆫ엇지려뇨홈이업ᄉᆞ리니이날온나라ᄒᆞᆫ利로써利를삼디아니ᄒᆞ고義로써利를삼오미니라

彼爲善之、此句上下、疑有闕文誤字、○自、由也、言由小人導之也、此一節、深明以利爲利之害、而重(直容反)言以結之、其丁寧之意、切矣、玉溪盧氏曰長家不國務絜矩而務財用小人導之也務絜矩者義也務財用者利也君子喩義人主用君子則能絜矩矣小人喩利人主用小人則不能絜矩矣此天下治亂之分也又曰財者天所生而民所欲事聚斂則失人心而干天怒故菑害並至菑由天降害自人作旣已並至此時雖用君子亦晩矣無救於禍矣所謂徇人欲則求利未得而害己隨之者此也國不以利爲利以義爲利上所引就理上說固足明絜矩之當務下所就利害上說才足明絜矩之不容不務言愈丁寧遏人欲而存天理之義愈深切矣自生財有大道以後凡四節前兩節自君身言後兩節自君之用人言進君子退小人乃與民同好惡之大者是又所以爲絜矩之要道也故此章言絜矩之道必以進君子退小人終焉旣致嚴於君子小人之辨復致嚴於義利理欲之辨者乃大學反本窮源之意即本心存亡之幾決天下亂治之幾正以明德新民皆當止於至善故也○勿軒熊氏曰指用人而言又結以務財用必自小人始而深致嚴於義利之辨用君子則自有義中之利用小人則利未得而害己隨之此章前以理財用人分爲二節後乃合而言之其實能用人則能理財不過一道而已○雲峯胡氏曰右第八節生財大道亦即絜矩之道能使天下之人皆務本而上之人自不節用非絜矩矣第六節言仁人此節言仁者皆因末矩而言也絜矩爲恕之事恕爲仁之方好惡不能恕安能如仁人能愛人能惡人財用不能恕安能如仁者以財發身末又擧獻子之言者用人亦當取其絜矩也於好惡不能絜矩者娼疾之人也於財用不能絜矩者聚斂之臣也皆小人不仁之甚者也故曰菑必逮身曰菑害並至皆指其不能絜矩之禍言之爲戒深矣義利之辨大學之書以此終孟子之書以此始導學之傳有自來矣○東陽許氏曰言有天下者當用善人若用惡人至於天災見於上人害生於下國勢將崩此時雖有聖賢欲來扶持亦不可爲再三戒用人之詳也○災如日食星變水旱蝗疫皆是害如民心怨叛寇賊姦究兵戈變亂皆是

右ᄂᆞᆫ傳之十章이니釋治國平天下ᄒᆞ니라

此章之義、務在與民同好惡而不專其利、皆推廣絜矩之意也、能如是則親賢樂利、各得其所而天下、平矣、朱子曰絜矩章專言財用繼言用人蓋人主不能絜矩者皆由利心之起故徇己欲而不知有人此所以專言財用也人才用舍最係人心向背若能以公滅私好惡從衆則用舍當於人心矣此所以繼言用人也○陳氏曰此章之義甚傳大意則在於絜矩其所以說絜矩之道在於分義利別好惡其所惡者利所好者義須是能公好惡別義利如此則天下均平而無一夫不遂其所矣○此章反覆援引出入經傳者幾千言意若不一然求其緖卒不過好惡義利之兩端又從而要其歸則亦不出於絜矩之道而已絜矩之道以己知彼以彼反己而好惡義利之理明矣○雙峯饒氏曰大學一書多說好惡誠意章說如好好色惡惡臭齊家章說好知其惡惡知其美所令反其所好平天下章說民之所好々之所惡惡之與好人所惡惡人所好畢竟天下道理不過善惡兩端初言格物致知時便要分別此二件分明自誠意章以後只是好其所當好惡其所當而惡己又曰此章大要不過理財用人二事自先愼乎德以下是說理財自秦誓以下是說用人自生財有大道以下又說理財二事反覆言之然所用者君子則君子之心公必能均其利於人所用者小人則小之人之心私必至專其利於己所以末後又說長國家而務財用必自小人矣如此則理財用人又只是一事〇玉溪盧氏曰絜矩所以明明德於天下親賢樂利各得其所而天下平則明德明於天下而無不止於至善矣〇東陽許氏曰此章大意治天下在乎惡矩而絜矩於用人聚財處爲要然得失之幾全在忠信驕泰上發於心者忠接於物者信則事皆務實好善惡々皆得其正而能盡絜矩之道存於心者矜驕行之以侈肆必不能絜矩則遠正人而讒諂聚斂之人進矣故忠信驕泰治亂之源也

凡傳十章、前四章、統論綱領旨趣、音娶 後六章、細論條目工夫、其第五章、乃明善之要、格物致知爲明善之要法 第六章、乃誠身之本、誠正修皆所以誠身而誠意爲之本始 在初學、尤爲當務之急、讀者、不可以其近而忽之也、

節齋蔡氏曰明善之要誠身之本朱子於篇末尤懇切爲學者言之何耶蓋道之浩々何處下手學者用工夫之至要者不過明善誠身而己明善卽致知也誠身卽力行也始而致知所以明萬理於心而使之無所疑終而力行所以得萬善於己而使之無不備知不以則眞是眞非莫辨而後何所從適行不力則雖精義入神亦徒爲空言此大學第五章之明善第六章之誠身所以爲學者用功之至切至要〇玉溪盧氏曰十章之傳綱目相維讀者須卽綱領而考其條目卽條目而貫諸綱領使一書之義了然於胸中庶幾有受用處第五章明善之要是明明德之端第六章誠身之本是明明德之實明善誠身之旨大學中庸所以相表裏者在此曾子子思所以授受者亦在此故朱子揭此以示學者急先之當務云〇雲峯胡氏曰明善誠身中庸言之孟子又言之其說元自大學致知誠意來章句之末擧此二者以見曾思孟三子之相授受焉備旨夫以利爲利果眞利乎哉大凡人君長國家而務財用者未必皆君之過必自小人導之矣彼人君不察而反以爲善之付以國家重任不知財者天所生民所欲若小人之使爲國家專事聚斂則下失人心而上干天怒勢必至天菑人害一時並至此時雖用君子亦已晚矣無救於禍矣善者亦將如之何哉求利未得而害己隨之如此此正謂長國家者不可以小人聚斂之利爲利而必以義之所安爲利也夫不專其利而

與民同好惡則絜矩之道得而孝弟慈之分
願各遂矣此所謂平天下者在治其國也

原本備旨大學章句大全終

原本備旨 中庸 (全)

中庸章句序

中庸은何爲去聲而作也오子思子ㅣ憂道學之失其傳而作也시니라 朱子曰曾子學於孔子而得其傳子思又學於曾子而得其所傳於孔子者旣而惟夫傳之久遠而或失其眞也於是作爲此書○雲峰胡氏曰唐虞三代之隆斯道如日中天中庸可無作也至孔子時始曰攻乎異端然其說猶未敢盛行至子思時則有可憂者矣憂異端之得肆其說所以憂道學之不得其傳也

盖自上古로聖神이繼天立極而道統之傳이有自來矣ㅣ라 道統二字爲此序綱領後面屢提掇照應 其見形甸反 於經則允執厥中者ᄂᆞᆫ堯之所以授舜也ㅣ오人心은惟危ᄒᆞ고道心은惟微ᄒᆞ니惟精惟一이라사允執厥中者ᄂᆞᆫ舜之所以授禹也ㅣ니堯之一言이至矣盡矣而舜이復扶又反又也後凡遇此字當釋爲又字之義者並同 益之以三言者ᄂᆞᆫ則所以明夫音扶序中除夫子之夫如字外並同音 堯之一言이必如是而後에可庶幾平聲也ㅣ라 朱子曰中只是箇恰好底道理允是眞箇執得堯告舜只一句舜已曉得所以不復更說舜告禹又添三句這三句是允執厥中以前事是舜教禹做工夫處便是怕禹尙未曉得故恁地說○舜禹相傳只就這心上理會也只在日用動靜之間求之不是去虛空中討一箇物事來○只是一箇心有道理底人心卽是道心○勿齋程氏曰人生而靜氣未用事未有人與道之分但謂之心而已感物而動始有人心道心之分焉精一執中皆是動時工夫○雲峯胡氏曰六經言道說之傳自虞書始不有論語表出堯曰允執其中則後世孰知舜之三言所以明堯之一言哉朱子於論語執中無明釋至孟子湯執中始曰守而不失意可見矣堯之執中不可以賢者之固執例論自堯之心推之則聖不自聖愈見堯之所以爲聖爾況中無定體儻不善執人將視之如風如影不可捕詰矣然執之工夫只在精一上堯授舜曰允執厥中如夫子語曾子以一貫舜授禹必由精一而後執中是猶曾子告門人必由忠恕而達於一貫也

盖嘗論之컨ᄃᆡ心之虛靈知覺이一而已矣로ᄃᆡ 勿齋程氏曰虛靈心之體知覺心之用○格庵趙氏曰知是識其所當然覺是悟其所以然 而以爲有人心道心之異者ᄂᆞᆫ則以其或生於形氣之私ᄒᆞ며或原於性命

之正ᄒᆞ니

問形氣是耳目口鼻四肢之屬未可便謂之私欲朱子曰但此數件事屬自家體段上便是私有底物不比道便公共故上面便有箇私底根本如飢飽寒煖之類皆生於吾之血氣形體而他人無與焉所謂私也亦未便是不好但不可一向徇之耳○形氣非皆不善只是靠不得蔡季通曰形氣之有善皆自道心出由道心則形氣善不由道心一付於形氣則爲惡形氣猶船也道心猶柁也船無柁縱之行有時入於波濤有時入於安流不可一定惟有一柁以運之則雖入波濤無害故曰天生烝民有物有則物乃形氣則乃理也○西山眞氏曰私猶言我之所獨耳今人言私親私恩之類非惡也如六經中遂及我私言私其縱此類以惡言之可乎○雲峰胡氏曰生是氣已用事時方生原是從大本上說來就氣之中指出不雜乎氣者言之○新安陳氏曰有形氣之私方有人心故曰生自賦命受性之初便有道心故曰原○東陽許氏曰人心發於氣如耳目口鼻四肢之欲是也然此亦是人身之所必有但有發之正不正爾非全不善故但云危謂易流入於不善而沒其善也道心發於理如惻隱羞惡辭遜是非之端是也亦存乎氣之中爲人心之危者晦之故微而難見心只是一箇心上加人字道字看便見不同若只順讀人心道心字却似有二心矣謂之道則是天理之公謂之人則是我身之私雖我身之私亦非全是不善因身之所欲者發而即令乎道而爲道心之用矣大抵人心可善可惡道心全善而無惡

而所以爲知覺者ㅣ不同ᄒᆞ야

朱子曰只是這一箇心知覺從耳目上去便是人心知覺從義理上去便是道心○新安陳氏曰前言虛靈知覺總心之體用而言此單言所以爲知覺者專以心之用言也體無不同用始有不同知覺從形氣之私而發者曰人心知覺從性命之正而發者曰道心所以此只言知覺而不及虛靈

是以로或危殆而不安ᄒᆞ고或微妙而難見耳라

朱子曰危未便是不好只是危險在欲墮未墮之間易流於不好耳微者難明有時發見些子使自家見得有時又不見了○雲峯胡氏曰朱子以前多便指人心爲人欲殊不知氣以成形是之謂人理亦賦焉是之謂道非人無以載此道故言道心必先言人心非道則其爲人不過血氣之軀爾故言人心必言道心如飮食男女人心也飮食男女之得其正道心也人心之發危而不安而發之正者又微而難見實非有兩心也

然이나人莫不有是形故로雖上智나不能無人心이오亦莫不有是性故로雖下愚나不能無道心ᄒᆞ니

朱子曰道心是義理上發出來底人心是人身上發出來底雖聖人不能無人心如飢食渴飮之類雖小人不能無道心如惻隱之心是

二者ㅣ雜於方寸之間而不知所以治之

陳氏曰人心道心二者無日無時不發見呈露非是判然不相交涉只在人別識之○新安陳氏曰不知所以治之者不知以精一之理治之也

則危者ㅣ愈危ᄒᆞ고微者ㅣ愈

微危愈危流於惡微愈微幾於無而天理之公이卒無以勝夫人欲之私矣ㅣ라朱子曰人心之危者人欲之萌也道心之微者天理之奧也○雲峰胡氏曰人心未便是人欲到不知所以治之方說得人欲上文形氣之私與性命之正對言私字未爲不好此云人欲之私與天理之公對言私字方是不好耳

精則察夫二者之間而不雜也ㅣ오一則守其本心之正而不離去聲也ㅣ니朱子曰精是精察分明一是要守得不離○陳氏曰要分別二者界分分明不相混雜專守道心之正而無以人心二之○雲峯胡氏曰孟子曰利與善之間所謂間者猶易剖析此所謂二者之間方雜於方寸非精以察之不可也本心之正即上文所謂原於性命之正者蓋其本也眞而靜其未發也五性具焉此所謂性命之正即吾心之正也形既生矣外物觸其形而動於中於其發也始有人心道心之異必能專一於道心是即守其本心之正而不離也

從事於斯ᄒᆞ야斯指精一無小間去聲斷ᄒᆞ야徒玩反必使道心으로常爲一身之主而人心이每聽命焉問人心可以無否朱子曰如何無復但以道心爲主而人心每聽道心之區處方可○有道心而人心爲所節制人心皆道心也○人心是此身有知覺嗜欲者豈能無但爲物誘而至於陷溺則爲害爾故聖人以爲此人心有知覺嗜欲然無所主宰則流而忘反不可據以爲安故曰危道心則是義理之心可以爲人心之主宰而人心據以爲準者也然道心却雜出於人心之間微而難見故必須精之一之而後中可執然此又非有兩心也只是義理與人欲之辨爾

則危者ㅣ安ᄒᆞ고微者ㅣ著而動靜云爲ㅣ自無過不及之差矣리라朱子曰不待擇於無過不及之間自然無不中矣○陳氏曰如此則日用之間無徃非中凡聲之所發便合律身之所行便合度凡由人心而出者莫非道心之流行○雲峰胡氏曰人心本危能收斂入來則危者安道心本微能充拓出去則微者著 中如何執只精一便是執之之工夫所以朱子於此不復釋執字然上文曰守其本心之正而不離下一守字便見得執中之功先在惟精而重在惟一○新安陳氏曰朱子引禹謨四句以見中庸之宗祖以標道統之淵源可謂考諸三王而不謬百世以俟聖人而不惑者矣

夫堯舜禹ᄂᆞᆫ天下之大聖也ㅣ시고以天下相傳ᄋᆞᆫ天下之大事也ㅣ니以天下之大聖으로行天下之大事ᄒᆞ샤而其授受之際에丁寧告戒ㅣ不過如此則天下之理ㅣ豈有以加於此哉리오雲峰胡氏曰天下之理豈有以加於此者中之一字聖聖相傳之道莫加於此也精一二

字聖、聖相傳之學莫加於此也自是以來로 聖聖이相承ᄒᆞ시니若成湯文武之爲君과皐陶伊傅周召音邵之爲臣이既皆以此而接夫道統之傳ᄒᆞ시고新安陳氏曰若孟子末章所標列聖之君聖賢之臣見而知之聞而知之者不過只是知此耳以此之此指三聖相授受之說道統二字再提出與前相照應 若吾夫子則雖不得其位나 而所以繼往聖開來學ᄒᆞ시니其功이反有賢於堯舜者나 雲峯胡氏曰未論六經之功有賢於堯舜只如此執中一語夫子不於論語之終發之孰知其爲堯之言不於堯曰執中之後而繼之湯武暨師之意與其施於政事者又孰知夫堯舜之授受者此中而湯武之征伐者亦此中也哉姑即此一號言之其功賢於堯舜可知矣 然이나當是時ᄒᆞ야 見而知之者는惟 顔氏曾氏之傳이得其宗ᄒᆞ시고 雲峰胡氏曰夫子以前傳道統者皆得君師之位而斯道以行夫子以後傳道統者不得君師之位而斯道以明故明堯舜禹湯文武之道者夫子六經之功而明夫子之道者曾子大學子思中庸之功也○新安陳氏曰顔子博文精也約禮一也曾子格致精也誠正一也 及曾氏之再傳ᄒᆞ야而復得夫子之孫子思ᄒᆞ니則去聖이遠而異端이起矣ㅣ라子思ㅣ懼夫愈久而愈失其眞也ᄒᆞ샤發首二意句 於是에推本堯舜以來相傳之意ᄒᆞ시고質以平日所聞父師之言ᄒᆞ야更平聲互演以淺反繹音亦ᄒᆞ야作爲此書ᄒᆞ샤以詔後之學者ᄒᆞ시니盖其憂之也ㅣ深故로其言之也ㅣ切ᄒᆞ고其慮之也ㅣ遠故로其說之也ㅣ詳ᄒᆞ니其曰天命率性則道心之謂也ㅣ오 雲峯胡氏曰性是心未發時此理具於心道是心已發時此心合乎理○新安陳氏曰上文云道心原於性命之正可見天命謂性率性謂道即是道心之謂○東陽許氏曰切言深要詳言周備憂深爲道之不明也故言之深而要慮遠恐久而復失也故說之周而備 其曰擇善固執則精一之謂也ㅣ오朱子曰擇善即惟精固執即惟一 其曰君子時中則執中之謂也ㅣ니朱子曰時中是無過不及底中執中亦然○雲峯胡氏曰執中二字堯言之時中二字夫子始言之道不合乎中異端之道非堯舜之道中不合乎時子莫之執中非堯舜之執中 世之相後ㅣ千有餘年이로ᄃᆡ而其言之不異ㅣ如

合符節이라歷選前聖之書ᄒᆞ야所以提挈結苦反綱維ᄒᆞ며開示蘊委粉於奧問二反ㅣ未有若是之明且盡者也ㅣ라自是而又再傳以得孟氏ᄒᆞ야爲能推明是書ᄒᆞ야以承先聖之統ᄒᆞ시고此統字又指道統言之○格庵趙氏曰中庸深處多見於孟子知道性善原於天命之性也存心收放心致中也擴充其仁義之心致和也誠者天之道思誠者人之道一章其義悉本於中庸尤足以見淵源之所自及其沒而遂失其傳焉新安陳氏曰惟精以審擇惟一以固守此自堯舜以來所傳未有他議論時先有此言聖人心法無以易此後來孔門敎人先後次第皆宗之中庸博學至明辨皆惟精也篤行惟一也明善精也誠身一也顏子擇中庸便是精得一善服膺便是一大學格物致知非惟精不可能誠意則惟一矣學只是學此孟子以後失其傳亦只是失此則吾道之所寄ㅣ不越乎言語文字之間ᄒᆞ고而異端之說이日新月盛ᄒᆞ야以至於老佛之徒ㅣ出則彌近理而大亂眞矣ㅣ라朱子曰便是他那道理也有相似處只是說得來別須是看得他那彌近理而大亂眞處始得○陳氏曰彌近理而大亂眞甚相似而絕不同也然非物格知至理明義精者不足以識破然而尙幸此書之不泯音閔故로程夫子兄弟者ㅣ出ᄒᆞ샤得有所考ᄒᆞ야以續夫千載上聲不傳之緖音序緖卽斯道之統緖ᄒᆞ시고得有所據ᄒᆞ야以斥夫二家似是之非ᄒᆞ시니老佛二家彌近理故似是大亂眞本全非也蓋子思之功이於是爲大而微程夫子면則亦莫能因其語而得其心也ㅣ리라惜乎ㅣ라其所以爲說者ㅣ不傳朱子曰明道不及爲書伊川雖言中庸已成書自以不滿其意而火之矣而凡石氏之所輯音集錄이卽石子重集解僅出於其門人之所記ᄒᆞ니是以로大義ㅣ雖明而微言이未析ᄒᆞ고至其門人之所自爲說則雖頗詳盡而多所發明이나然이나倍音佩其師說而淫於老佛者ㅣ亦有之矣ㅣ라熹自蚤與早通歲로卽嘗受讀而竊疑之ᄒᆞ야沈俗作沉非潛反復이芳最反亦作覆蓋亦有年이니一旦에恍然ᄒᆞ야似有

得其要領者[東陽許氏曰裳之要衣之領皆是總會處]然後에乃敢會衆說而折其衷ᄒᆞ야既爲[去聲]定著章句一篇ᄒᆞ야以俟後之君子而一二同志ㅣ復取石氏書ᄒᆞ야刪其繁亂ᄒᆞ야名以輯略ᄒᆞ고且記所嘗論辨取舍[上聲]之意ᄒᆞ야別爲或問ᄒᆞ야以附其後然後에此書之旨ㅣ支分節解ᄒᆞ고脉絡貫通ᄒᆞ야詳略相因ᄒᆞ고巨細畢擧而凡諸說之同異得失이亦得以曲暢旁通而各極其趣ᄒᆞ니[東陽許氏曰章句輯略或問三書既備然後中庸之書如支體之分骨節之解而脉絡却相貫穿通透]雖於道統之傳에不敢妄議나[雖謙言不敢與道統之傳實有不然容辭其責者]이나初學之士ㅣ或有取焉則亦庶乎行遠升高之一助云爾라[行遠自邇升高自卑引中庸以結中庸序尤切○雲峯胡氏曰學中不出性字故朱子於序言性詳焉中庸中不出心字故此序言心詳焉]淳熙己酉[公時年六十]春三月戊申에新安朱熹ᄂᆞᆫ序ᄒᆞ노라

讀中庸法

朱子、曰中庸一篇、某、妄以己意、分其章句、是書、豈可以章句、求哉、然、學者之於經、未有不得於辭而能通其意者、南軒張氏曰中庸一書聖學之淵源也體用隱顯成己成物備矣雖然學者欲從事乎此必知所從入而後可以馴致焉其所從入奈何子思以不睹不聞之訓著于篇首又於篇終發明尙絅之義且曰君子之所不可及者其惟人之所不見乎而推極夫篤恭之效其示來世可謂深切著明矣○勉齋黃氏曰中庸之書章句或問言之悉矣學者未有不曉其文而能通其義者也然此書之作脉絡相承首尾相應子思子之所述非若語孟問答之言章殊而指異也苟徒章分句析而不得一篇之大旨則亦無以得子思著書之意矣程子以爲始言一理中散爲萬事末復合爲一理朱子以誠之一字爲此篇之樞紐示人切矣○西山眞氏曰中庸始言天命之性終言無聲無臭宜若高妙矣然曰戒愼曰恐懼曰謹獨曰篤恭則皆示人以用力之方蓋必戒懼謹獨而後能全天性之善必篤而恭後能造無聲無臭之境未嘗使人馳心而冥而不踐其實也

又曰中庸、初學者、未當理會、○中庸之書、難看、中間、說鬼說神、都無理會、學者、須是見得箇道理了、方可看此書將來印證、○讀者之序、須是且著力去看大學、又著力去看論語、又著力去看孟子、看得三書了、這中庸、半截都了、不用問人、只略略恁看過、不可掉了易底、却先去攻那難底、中庸、多說無形影、說下學處、少、說上達處、多、若且理會文義則可矣、○讀書、先須看大綱、又看幾多間架、如天命之謂性率性之謂道脩道之謂教、此是大綱、夫婦所知所能、與聖人不知不能處、此類、是間架、譬人看屋 先看他大綱、次看幾多間、間內又有小間然後、方得貫通勉齋黃氏曰中庸自是難看石氏所集諸家說尤亂雜未易曉須是胷中有權衡尺度方始看得分明今驟取而讀之精神已先爲所亂却不若子細將章句研究令十分通曉俟首尾該貫後却取而觀之可也○中庸與他書不同

如論語是一章說一事大學亦然中庸則大片段須是衮讀方知首尾然後逐段解釋則理通矣今莫若且以中庸衮讀以章句子細一一玩味然後首尾貫通

又曰中庸、自首章以下、多對說將來、直是整齊、某、舊讀中庸、以爲子思做、又時復有箇子曰字、讀得熟後、方見得是子思、參夫子之說、著爲此書、自是、沈潛反覆、遂漸得其旨趣、定得今章句擺布得來、直恁麼細密、○近看中庸、於章句文義間、窺見聖賢述作傳授之意、極有條理、如繩貫棊局之不可亂、○中庸、當作六大節看、首章、是一節、說中和、自君子中庸以下十章、是一節、說中庸君子之道、費而隱以下八章、是一節、說費隱、哀公問政以下七章、是一節、說誠、大哉聖人之道以下六章、是一節、說大德小德、末章、是一節、復申首章之意、三山陳氏曰中庸三十三章其血脉貫通之處朱子旣爲之章句又提其宏綱如言某章是撥引先聖之言某章是子思發明之說具有次序○王氏曰是篇分爲四大支第一支首章子思立言下十一章引夫子之言以終此章之義第二支十二章子思之言下八章引夫子之言以明之第三支二十一章子思承上章夫子天道人道以立言下十二章子思推明此章之義第四支三十三章子思引前章極致之言反求其本復自下學立心之始推言戒懼愼獨之事以馴致其極

問中庸大學之別、曰如讀中庸、求義理、只是致知工夫、如謹讀脩省、亦只是誠意、問只是中庸、直說到聖而不可知處、曰如大學、裏也、有如前王不忘、便是篤恭而天下平底事、雙峯饒氏曰大學是說學中庸是說道理會得大學透徹則學不差理會得中庸透徹則道不差○東陽許氏曰中庸大學二書規模不同大學綱目相維經傳明整猶可尋求中庸贊道之極有就天言者有就聖人言者有就學者言者廣大精微開闔變化高下兼包巨細畢舉故尤不易窮究

中庸章句大全

中者、不偏不倚、無過不及之名、朱子曰名篇本是取時中之中然所以能時中者蓋有那未發之中在所以先說未發之中然後說君子之時中○北溪陳氏曰中和之中是專主未發而言中庸之中却是含二義有在心之中有在事物之中所以文公必合內外而言謂不偏不倚無過不及可謂確而盡矣○雲峯胡氏曰朱子於語孟釋中字但曰無過不及盖以用言中庸有所謂未發之中與時中故添不偏不倚四字兼體用言以釋名篇之義○新安陳氏曰不偏不倚未發之中以心論者也中之體也無過不及時中之中以事論者也中之用也

庸、平常也、朱子曰庸是依本分不爲恠異之事堯舜孔子只是庸夷齊所爲都不是庸了○北溪陳氏曰文公解庸爲平常非於中之外復有所謂庸只是這中底便是日用平常道理平常與恠異字相對平常是人所常用底恠異是人所不曾見忽然見之便恠異如父子之親君臣之義夫婦之別長幼之序朋友之信皆日用事便是平常底道理都無奇特底事如五穀之食布帛之衣可食可服而不可厭者無他只是平常耳

子程子、曰不偏之謂中、不易之謂庸、中者、天下之正道、庸者、天下之定理、問正道定理恐道是總括之名理是道裏面有許多條目朱子曰緊要在正字定字上中只是箇恰好道理爲不見得是亘古今不可變易底故更著箇庸字○東陽許氏曰程子謂不偏之謂中固兼舉動靜朱子不偏不倚則專指未發者

此篇、乃孔門傳授心法、北溪陳氏曰卑不失之汚賤高不溺於空虛眞孔門傳授心法也

子思、恐其久而差也、故、筆之於書、以授孟子、新安陳氏曰於七篇中觀其議論淵源所自則可知其以此授孟子矣

其書、始言一理、中散爲萬事、末復合爲一理、放之則彌六合、卷上聲之則退藏於密、其味、無窮、皆實學也、善讀者、玩索色窄反而有得焉、則終身用之、有不能盡者矣、朱子曰始言一理指天命謂性末復合爲一理指上天之載始合而開其開也有漸末開而合其合也亦有漸○中散爲萬事便是中庸所說許多事如知仁勇許多爲學底道理與爲天下國家有九經及祭祀鬼神許多事中間無些子罅隙句句是實○雲峯胡氏曰中庸全體大用之書首言一理中散爲萬事是由體之一而達於用之殊末復合爲一理是由

用之殊而歸於體之一放之則彌六合感而遂通天下之故心之用也卷之則退藏於密寂然不動心之體也此乃孔門傳授心法故於心之體用備焉

天命之謂性이오率性之謂道ㅣ오修道之謂教ㅣ니라

하ᄂᆞᆯ이命ᄒᆞ산거ᄉᆞᆯ닐온性이오性을率홀ᄉᆞᆯ닐온道ㅣ오道ᄅᆞᆯ닷글ᄉᆞᆯ닐온教ㅣ니라

●命、猶令也、朱子曰命如朝廷差除又曰命猶誥勅○北溪陳氏曰命如分付命令他一般性、即理也、朱子曰有是性便有許多道理總在裏許在心喚做性在事喚做理○北溪陳氏曰性即理也何以不謂之理而謂之性蓋理是泛言天地間人物公共之理性是在我之理只這道理受於天而爲我所有故謂之性天以陰陽五行、化生萬物、氣以成形而理亦賦焉、猶命令也、於是、人物之生、因各得其所賦之理、以爲健順五常之德、所謂性也、朱子曰伊川云天所賦爲命物所受爲性理一也自天所賦予萬物言之謂之命以人物所稟受於天言之謂之性○天命與氣質亦相衮同纔有天命便有氣質不能相離若闕一便生物不得既有天命須是有此氣方能承當得此理若無此氣則此理如何頓放天命之性本未嘗偏但氣質所稟却有偏處○天命謂性是就人身中指出這箇是天命之性不雜氣稟而言是專言理若云兼言氣便說率性之道不去如太極不離乎陰陽而亦不雜乎陰陽也○天命之謂性此只是從原頭說萬物皆只同這一箇原頭聖人所以盡己之性則能盡人之性由其同一原故也○若論本原即有理然後有氣若論稟賦則有是氣而後理隨以具故有是氣則有是理無是氣則無是理○問五常之德何故添却健順二字曰五行乃五常也健順乃陰陽二字既有陰陽須添此二字始得○健順之體即性也合而言之則曰健順分而言之則曰仁義禮智仁禮健而義智順也○北溪陳氏曰天固是上天之天要之即理是也然天如何而命於人蓋藉陰陽五行之氣流行變化以生萬物理不外乎氣氣以成形理亦賦焉便是上天命令之也○西山眞氏曰自昔言性者曰五常而已朱子乃益之以健順蓋陽之性健木火屬焉在人爲仁禮陰之性順金水屬焉在人爲義智土則二氣之冲和信亦兼乎健順陰陽不在五行外健順豈在五常外乎○東陽李氏曰仁之油然生意不可遏禮之粲然明盛不可亂健之爲也義不拂乎可否之宜知不外乎是非之別順之爲也若夫信則體是理而不易者健也循是理而無違者順也○雲峯胡氏曰孟子性善之論自子思此首一句來然須看開端一天字程子曰中庸始言一理末復合爲一理所謂一理者即此一天字又曰萬物各具一理萬理同出一原所謂一原者卽此一天字按朱子曰穀梁言天不以地對所謂天者理而已成湯所謂上帝降衷子思所謂天命之性是也是爲陰陽之本而其兩端循環不已者爲之化焉○東陽許氏曰人物之生雖皆出於天理而氣有通塞之不同則有人物之異氣通者爲人而得人之理氣塞者爲物亦得物之理雖曰有理然後有氣然生物之時其氣至而後理有所寓氣是載理之具也故章句先言氣以成形後言理亦賦焉○健順本上文陰陽而言也五常固已具健順之理分而言之仁禮爲陽爲健義智爲陰爲順信則冲和而兼健順也錯而言之則五常各有健順義斷智明非健乎仁不忍而用主於愛禮分定而節不可踰非順乎

率、循也、北溪陳氏曰循猶隨也道、猶路也、孟子曰夫道若大路然本此以釋道字人物、各循其性之自然、則其日用事物之間、莫不各有當行之路、是則所謂道也、朱子曰率性非人率之也率只訓循循萬物自然之性之謂道此率字不是用力字伊川謂便是仁者人也合而言之道也循字非就行道人說只是循吾本然之性便自有許多道理或以率性爲循性命之理則爲道如此却是道因人方有也○道之得名正以人生日用當然之理猶四海九州百千萬人當行之路爾○道卽理也以人所共由而言則謂之道以其各有條理而言則謂之理其目則不出乎君臣父子兄弟夫婦朋友之間而其實無二物也○性是箇渾淪底物循性之所有其許多分派條理卽道也性字通人物而言但人物氣稟有異不可道物無此理只爲氣稟遮蔽故所通有偏正不同然隨他性之所通道亦無所不在也○人與物之性皆同循人之性則爲人之道循牛馬之性則爲牛馬之道若不循其性使馬耕牛馳則失其性非牛馬之道矣○陳氏曰天命謂性是說渾淪一大本底率性謂道是就渾淪大本裏分別箇條貫脉絡處隨人物所得之性皆從大本中流出如天油然作雲沛然下雨此皆大化流行處隨他溪澗科坎小大淺深所得之雨便有許多脉絡之不齊皆是此雨水也○如隨物之性則牛可耕馬可乘鷄可司晨犬可司夜其所發皆有自然之理如隨草木之性則桑麻可衣穀粟可食春宜耕夏宜耘秋宜穫凡物皆有自然之理○潛室陳氏曰率性不要作工夫看人率循其人之性物率循其物之性此卽人物各各當行道理故謂之道○西山眞氏曰朱子於告子生之謂性章深言人物之異而於此章乃兼人物而言生之謂性以氣言者也天命之謂性以理言者也以氣言之則人物所稟之不同以理言之則天之所命一而已矣然則虎狼之搏噬馬牛之踶觸非道耶曰子思之所謂率性云者循其天命之性也若有搏噬踶觸則氣稟之所爲而非天命之本然矣豈獨物爲然凡人之爲善者皆循天命之性也其爲不善則發乎氣稟之性矣以是而觀則此章兼人物而言尙何疑哉○雙峯饒氏曰子思率性之謂道一語專爲訓道名義蓋世之言道者高則入於荒唐卑則滯於形氣入於荒唐則以爲無端倪之可測識老莊之論是也滯於形氣則以爲是人力之所安排告荀之見是也是以子思於此首指其名義以示人言道者非他乃循性之謂也○雲峯胡氏曰易曰一陰一陽之謂道繼之者善也成之者性也子思之論蓋本於此但易先言道而後言性此道字是統體一太極子思先言性而後言道此道字是各具一太極也

脩、品節之也、三山潘氏曰品節之者如親親之殺尊賢之等隨其厚薄輕重而爲之制以矯其過不及之偏者也雖若出於人爲而實原於命性道之自然本有者○雙峯饒氏曰修裁制之也聖人因人所當行者而裁制之以爲品節也

性道、雖同而氣禀、或異故、不能無過不及之差、聖人、因人物之所當行者而品節之、以爲法於天下則謂之敎、若禮樂刑政之屬、是也、問明道云道卽性也若道外尋性性外尋道便不是如此卽性是自然之理不容加工揚雄言學者所以修性故伊川謂揚雄爲不識性中庸却言修道之謂敎如何朱子曰性不容修修是揠苗道亦是自然之理聖人於中爲之品節以敎人耳○修道謂敎專就人事上言就物上亦有品節先王所以使鳥獸魚鱉咸若周禮掌獸掌山澤各有官周公驅虎豹犀象草木零落然後入山林昆蟲未蟄不以火田之類各有箇品節使萬物各得其所亦所謂敎也所以謂之盡物之性但於人較詳於物較略於人較多於物較少○黃氏曰修道二字須就道上及人氣禀上兼看道是大綱之名如孝是事父之道然孝中有多少曲折人氣禀不同柔者過於和剛者過於嚴則於孝道之曲折必有不中節者此所以著爲品節使之盡其道也○新安陳氏曰禮樂正是中和之敎刑所以弼敎政亦敎之寓○此章命性道敎皆當兼人物而言而必以人爲主然苟不兼及於物則道理便該不盡只以此篇後章證之盡己之性盡人之性必說到盡物之性則可見矣

蓋人、知己之有性、而不知其出於天、就性上移上一級說己性原於天命知事之有道、而不知其由於性、又就道上移上一級說道由於己之性知聖人之有敎、而不知其因吾之所固有者、裁之也、又就敎上移歸一步說因吾之所固有之道而裁之故、子思、於此、首發明之、而董子所謂道之大原、出於天、亦此意也、漢董仲舒策中此語大意亦可謂知道之原者故引以爲證○朱子曰子思此三句乃天地萬物之大本大根萬化皆從此出人若能體察方見聖賢所說道理皆從自己胷中流出不假他求○三山陳氏曰此章乃中庸之綱領此三句又一章之綱領

也聖賢敎人必先使之知道所自來而後有用力之地此三句蓋與孟子道性善同意○王氏曰此書皆言道之體用第一句天是體性是用第二句性是體道是用第三句道是體敎是用○雙峯饒氏曰性道敎道字重中庸一書大抵說道性原於天而流行於事物則謂之道修此道以敎人則謂之敎所以下文便說道也者如君子之道費而隱大哉聖人之道皆提起道字說以此見重在道字○雲峯胡氏曰開端雖不露出中字天命謂性卽未發之中因率性之道而品節之卽時中之中也○番易李氏曰大學入德之書學者事也故首曰大學之道而敎在其中中庸明道之書敎者事也故首曰修道之謂敎而學在其中中庸一書性道敎三者爲一篇之綱領而道之一字爲三言之綱領道由性而出言道而不言性則人不知道之本原而或索之於淺近道由敎而明言道而不言敎則人不知道之功用而或索之於高虛言性於道之先言敎於道之後而下卽繼之曰道也者不可須臾離也子思子立言之旨可得而識矣○新安陳氏曰道字上包性字下包敎字推其本原必歸之天命○朱子此總斷之語元本云蓋人之所以爲人道之所以爲道聖人之所以爲敎原其所自無一不本於天而備於我學者知之則其於學知所用力而自不能已矣故子思於此首發明之讀者所宜深體而默識也今以後來本校之踈密淺深大有間矣然無一不本於天而備於我此語亦包括要切或問所謂其本皆出乎天而實不外乎我與此語無異是仍存之於或問中矣他本多依元本祝氏附錄從定本耳蓋嘗論之前聖如舜首言道言敎而未言命性至商湯君臣始言天之明命又曰上帝降衷于民若有恒性克綏厥猷雖包涵命性道敎之意未始別白融貫言之至孔子傳易曰各正性命一陰一陽之謂道繼善成性習敎事敎思無窮然言命自命性自性道敎亦然至子思子始言性本於命道率乎性敎修乎道發前聖未發之蘊以開示後世學者於無窮朱子於此三言旣逐字逐句剖析於先復融貫會通於後元本含蓄未盡至定本則盡發子思之意無復餘蘊故今一遵定本云【備旨】子思子憂道學之失傳故述所傳之意以立言曰天下之人莫不知己之有性事之有道聖人之有敎矣亦知性道敎所由名乎自天以陰陽五行之理錫予於人而人得之爲健順五常之德是之謂性自人各率其性之自然以爲日用當行之路是之謂道自聖人因人所當行之道而品節之使過者俯而就不及者仰而企是之謂敎夫天命謂性則外鑠者非性矣率性謂道則强爲者非道矣修道謂敎則過不及乎道者非敎矣

道也者는不可須臾離也니可離면非道也라是故로君子는戒

愼乎其所不睹ᄒᆞ며恐懼乎其所不聞이니라 離去聲

道ᄂᆞᆫ可히須臾도離티못ᄒᆞᆯ새시니可히離ᄒᆞᆯ거시면道ㅣ아니라이런故로君子ᄂᆞᆫ그보디못ᄒᆞᄂᆞᆫ바에戒愼ᄒᆞ며그듯디못ᄒᆞᄂᆞᆫ바에恐懼ᄒᆞᄂᆞ니라

●道者、日用事物當行之理、皆性之德而具於心、上句言道之用下句言道之體無物不有、言道之大橫說無時不然、言道之久直說所以不可須臾離也、若其可離則豈率性之謂哉、新安陳氏曰元本作則爲外物而非道矣兩句宜兼存之云若其可離則爲外物而非道矣豈率性之謂哉如此尤爲明備是以、君子之心、常存敬畏、敬謂戒愼畏謂恐懼雖不見聞、亦不敢忽、所以存天理之本然、北溪陳氏曰未感物時渾是天理而不使離於須臾之頃也、朱子曰此道無時無之然體之則合背之則離也一有離之則當此之時失此之道矣故曰不可須臾離君子所以戒愼不睹恐懼不聞則不敢以須臾離也○可離與不可離道與非道各相對待而言離了仁便不仁離了義便不義公私善利皆然○戒愼恐懼不須說得太重此只是略略收拾來便在這裏伊川所謂道箇敬字也不大段用得力孟子曰操則存操字亦不是著力把持所不睹不聞不是閉耳合眼時只是萬事皆未萌芽自家便先恁地戒愼恐懼不睹不聞之時便是喜怒哀樂未發處常要提起在此心這裏防於未然所謂不見是圖也○戒愼恐懼是未發然只做未發也不得便是所以養其未發只是聳然提起在這裏這箇未發底便常在何曾發或問恐懼是己思否曰思又別思是思索了戒愼恐懼正是防閑其未發曰卽是持敬否曰亦是○北溪陳氏曰道是日用事物所當行之路卽率性之謂而得於天之所命者而其總會於吾心大而父子君臣夫婦長幼朋友微而起居飯食蓋無物不有自古及今流行天地之間蓋無時不然戒謹恐懼只是主敬是提撕警覺使常惺々則天命之本體常存在此若不戒懼則易至於離道遠也○潛室陳氏曰道只是當行底理天下事事物物與自家一身凡日用常行那件不各有當行底道理那曾一歇走離得纔離得便物非事事非物吾身日用常　者皆非是矣故道卽路之謂也之燕之越無非是路纔無路便是荊棘草莽聖人之道只是眼前當然底一時走離不得○問當不睹不聞而戒懼愚謂如鑑之照物當不照時光自常存不可欺以姸醜上蔡惺々法者豈謂此乎曰若如此說則是他自常存了何用戒愼恐懼道理固自常在但人須用提撕照管不可謂目無睹耳無聞一齊都放下須當此時常自惺々地也○問大學不要先有恐懼中庸却要恐懼何也西山眞氏曰大學之恐懼與中庸之恐懼不同中庸戒愼乎其所不睹恐懼乎其所不聞只是事物未形之時常常持敬令人不昏昧而已大學之恐懼只是俗語所謂怖畏之意自與中庸有異○雙峯饒氏曰君子常存敬畏雖當事物旣往思慮未萌目無所睹耳無所聞暫焉之頃亦不敢忽事物旣往是指前面底說思慮未萌是指後面底說不睹不聞正在此二者之時看上文道不可須與離則是自所睹所聞以至於所不睹不聞皆當戒懼而此不睹不聞在事物旣往之後看下文喜怒哀樂未發則此不睹不聞又在思慮未萌之前故須看此二句方說得上下文意貫串緊要在須與之頃四字於此見得子思所以發須與兩字之意【備旨】道旣原於天而率於性則是道也者散見於日用事物而具於方寸之間無物不有無時不然不可少有須與離也若其可離則是身外之物而非道矣是故由敎入道之君子知道之不可離而戒愼之心常存乎其所不睹之時則有睹者可知矣恐懼之心常存乎其所不聞之時則有聞者可知矣此平時存養之功也

莫見乎隱이며莫顯乎微니故로君子는愼其獨也ㅣ니라 見音現

隱만見ᄒᆞᆫ이업ᄉᆞ며微만顯ᄒᆞᆫ이업ᄉᆞ니故로君子ᄂᆞᆫ그獨을愼ᄒᆞᄂᆞ니라

●隱、暗處也、微、細事也、獨者、人所不知而己所獨知之地也、問謹獨莫只是十目所視十手所指處也與那暗室不欺時一般否朱子曰這獨也不只是獨自時如與衆人對坐自心中發念或正或不正此亦是獨處如一片止水中間有一點動處此最緊要著工夫處 言幽暗之中、細微之事、跡雖未形而幾平聲則已動、人雖不知而己獨知之則是天下之事、無有著見明顯而過於此者、朱子曰事之是與非衆人皆未見得自家自是先見得分明○三山陳氏曰曰隱曰微則此念已萌矣特人所未知隱而未見微而未顯耳然人雖未知而我已知之則固已甚見而甚顯矣此正善惡之幾也○三山潘氏曰幽暗之中細微之事其是非善惡皆不能逃乎此心之靈所以當此之時尤爲昭灼顯著也若其發之旣遠爲之旣力則在他人十目所視十手所指雖甚昭灼而在我者心意方注於事爲精神方運於酬酢其是非得失反有不自覺者矣○雙峯饒氏曰此又對上文而言隱暗之地雖人之所不睹微密之事雖人之所不聞然其幾旣動則必將呈露於外而不可掩昭晰於中而不可欺是道固不可須臾離而其形見明顯尤莫有甚於此者○子思云道也者提起道字見得下面莫見乎隱莫顯乎微見與顯皆是此道

是而、君子、旣常戒懼指上文一節而於此、尤加謹焉、指此一節所以遏人欲於將萌、新安陳氏曰未發之前私欲不萌只是存天理而已幾動之初天理人欲由此而分此處加謹則人欲將萌動便從而遏絕之矣而不使其潛滋暗長上聲於隱微之中、元本只云滋長定本加潛暗二字以至離道之遠也、朱子曰道不可須臾離是言道之至廣至大者莫見乎隱莫顯乎微是言道之至精至密者道不可離是說不可不存養是故以下是敎人戒懼做存養工夫莫見莫顯是說不可不省察故君子以下是敎人謹獨察私意起處防之只看兩故字可見○旣言道不可離只是精粗隱微之間皆不可離故言戒懼不睹不聞以該之若曰自其思慮未起之時早己戒懼非謂不戒懼乎所睹所聞而只戒懼乎不睹不聞也此兩句是結上文不可須臾離也之意下文又提起說無不戒懼之中隱微之間念慮之萌尤不可忽故又欲於其獨而謹之又結上文隱微意此分明是兩節事前段有是故字後段有故字且兩提起君子字若作一段說亦成是何文字問如此分兩節工夫則致中致和工夫方各有著落而天地位萬物育亦各有歸著曰是○問戒懼是體統做工夫謹獨是又於其中緊切處加工夫曰然○戒懼是防之於未然以全其體謹獨是察之於將然以審其幾○問戒懼者所以涵養於喜怒哀樂未發之前當此之時寂然不動只下得涵養工夫謹獨者所以省察於喜怒哀樂己發之時當此之時一毫放過則流於欲矣判別義利全在此時不知是如此否曰此說甚善○問涵養工夫實貫初終而未發之前只須涵養纔發處便須用省察工夫至於涵養愈熟則省察愈精矣曰是又問未發時當以義理涵養曰未發時著義理不得纔知有義理便是己發當此時有義理之源未有義理條件只一箇主宰嚴肅便有涵養工夫○存養是靜工夫省察是動工夫○陳氏曰雖是平時己常戒懼至此又當十分加謹則所發便都是善不加謹則所發便流於惡○潛室陳氏曰戒愼恐懼與謹獨是兩項地頭戒愼恐懼是自家不睹不聞之時謹獨是衆人不睹不聞之際○蛟峯方氏曰戒懼是保守天理愼獨是檢防人欲○雙峰饒氏曰戒愼恐懼便是愼獨之愼詳言之則曰戒愼恐懼約言之只是愼之一字道者率性之謂其體用具在吾身敬者所以存養其體省察其用乃體道之要也戒懼存養之事愼獨省察之事中庸始言戒懼愼獨而終之以篤恭皆敬也中庸以誠爲一篇之體要惟其敬故能誠○大學只言愼獨不言戒懼初學之士且合於動處做工夫○勿軒熊氏曰按大學誠意章言愼獨子思傳授蓋本於此○雲峯胡氏曰首三句重在一道字天命謂性是道之體修道謂敎是道之用所以於此獨提起道也者三字下文分爲兩節言之道也者不可須臾離所以君子必戒愼所不睹恐懼所不聞不睹不聞四字正是釋須臾二字人有目豈不睹有耳豈不聞不睹不聞特須臾之頃爾道也者莫見乎隱莫顯乎微所以君子必愼其獨此一獨字正是說隱微二字隱微却是人之所不睹不聞而我所獨睹獨聞之時之處也章句於大學曰審其幾此曰幾則已動一幾字是喫緊爲人處上文曰君子之心常存敬畏一敬字是敎人用工夫處戒懼不睹不聞是幾未動而敬愼獨則幾已動而敬也曰常存敬畏雖不見聞亦不敢忽當看常字與亦字曰君子旣常戒懼而於此尤加謹焉當看常字與尤字曰存天理之本然遏人欲於將萌當看存字與遏字然皆不離乎敬而已太抵君子之心常存此敬不睹不聞時亦敬獨時尤敬所以未發時渾是本然之天理此敬足以存之纔發時便有將然之人欲此敬足以遏之也朱子敬齋箴與此無不合戒懼是靜而敬愼獨是動而敬戒懼是惟恐須臾之有間愼獨是惟恐毫釐之有差【備旨】夫功旣密於存養而幾尤貴於省察一心之萌地雖至隱然至隱之中吾心所覺是天下之至見莫有見於隱者一念之動事雖至微然至微之內吾心自早是天下之至顯莫有顯於微者夫曰隱曰微即所謂獨也故君子旣常戒懼而於此獨知之地尤加謹焉以爲之防也此發念時省察之功也

喜怒哀樂之未發을謂之中이오發而皆中節을謂之和ㅣ니中也者는天下之大本也ㅣ오和也者는天下之達道也ㅣ니라 樂音洛中節之中去聲

喜와怒와哀와樂이發티아닌적을中이라니ᄅᆞ고發ᄒᆞ야다節에中홈을和ㅣ라니ᄅᆞᄂᆞ니中은天下에큰本이오和ᄂᆞᆫ天下에達ᄒᆞᆫ道ㅣ니라

●喜怒哀樂、情也、其未發則性也、無所偏倚故、謂之中、發皆中節、情之正也無所乖戾故、謂之和、大本者、天命之性、推本於天命之謂性一句天下之理、皆由此出、道之體也、達道者、循性之謂、推本於率性之謂道一句天下古今之所共由、道之用也、此言性情之德、中爲性之德和爲情之德以明道不可離之意、

延平李氏曰方其未發是所謂中也性也及其發而中節也則謂之和其不中節也則有不和矣和不和之異皆既發焉而後見之是情也非性也孟子故曰性善又曰情可以爲善其說蓋出於子思○朱子曰喜怒哀樂渾然在中未感於物未有倚著一偏之患亦未有過與不及之差故特以中名之而又以爲天下之大本程子所謂中者在中之義所謂只喜怒哀樂未發便是中皆謂此也林擇之謂在中之義是裏面底道理看得極仔細○喜怒哀樂未發如處室中東西南北未有定向不偏於一方只在中間所謂中也及其既發如已出門東者不復西南者不復北然各行所當然無所乖逆所謂和也○中和是承上兩句說中所以狀性之德而形道之體和所以語情之正而顯道之用子思欲學者於此識得心也心也者妙性情之德所以致中和立大本而行達道者也天理之主宰也○心包性情性是體情是用心字是一箇字母故性情皆從心○問中和者性情之德也寂感者此心之體用也此心存則寂然時皆未發之中感通時皆中節之和心有不存則寂然木石而已大本有所不立也感通馳騖而已達道有所不行也故動靜一主於敬戒謹恐懼而謹之於獨則此心存而寂感無非性情之德也曰是○問惻隱羞惡喜怒哀樂固是心之發曉然易見處如未惻隱羞惡喜怒哀樂之前便是寂然而靜時然豈得皆塊然如槁木其耳目亦必有自然之聞見其手足亦必有自然之擧動不審此時喚作如何曰喜怒哀樂未發只是這心未發耳其手足運動自是形體如此○靜而無不該者性之所以爲中也寂然不動者也動而無不中者情之發而得其正也感而遂通者也靜而常覺動而常正者心之妙也寂而感感而寂者也○北溪陳氏曰節者限制也其人情之準的乎只是得其當然之理無過不及與是理不相咈戾故曰和○情之中節是從本性發來其不中節是感物欲而動須有戒懼工夫方存得未發之中須有謹獨工夫方有已發之和○問發時有中節不中節之分未發時還有分別否潛室陳氏曰既有未發更有何物可分但有渾然之理在中不曾倚著耳○蒙齋袁氏曰喜怒哀樂未發則渾然在中及發則有中節不中節而惟中節者爲和○雙峯饒氏曰

四者皆中節方謂之和譬之四時三時得宜一時失宜亦不得謂之和矣○雲峯胡氏曰上文說君子主敬之功見人心之於道不可離此說在人性情之德又見道之在人心未不可離也發而中節之和即是無過不及之中故周子曰中也者和也中節也天下之達道也達道卽率性之道前言率性之道必自天命上說來此言達道必自大本說來體用一源非知道者孰能識之[備旨]夫道之所以不可離者匪獨君子於道有不可離之功而道之在人性情間者亦自有不可離之實也彼喜怒哀樂人之情也方其未發渾然在中何有偏倚斯謂之中及其已發而無過不及皆中節焉粹然至正不相乖戾斯謂之和是中也者卽天命之性萬理備具千變萬化皆由此出乃天下之大本而爲道之體也是和也者卽率性之謂四達不悖天下古今共由乎此乃天下之達道而爲道之用也夫道之體用不外吾心之性情如此而謂道其可須臾離哉

致中和ㅣ면天地ㅣ位焉ᄒᆞ며萬物이育焉이니라

中과和를닐위면天地ㅣ位ᄒᆞ며萬物이育ᄒᆞᄂᆞ니라

●致、推而極之也、位者、安其所也、育者、遂其生也、自戒懼而約之、以至於至靜之中、無所偏倚而其守、不失則極其中而天地、位矣、自謹獨而精之、以至於應物之處、無小差謬(靡幼反)而無適不然、則極其和而萬物、育矣黃氏曰章句無所偏倚無少差謬是橫致其守不失無適不然是直致橫致如一箇物打迸了四圍恁地潔淨相似直致則是今日如此潔淨後日亦如此以至無頃刻不如此○雲峯胡氏曰章句精之約之只是釋一致字約之則存養之功益密精之則省察之功益嚴至靜之中無少偏倚己是約之之至而其守不失所以約之者愈至應物之處無少差謬己是精之之至而無適不然所以精之者愈至此之謂中和之致也○新安陳氏曰收斂近裏貴乎約審察幾微貴乎精二字下得尤不苟○東陽許氏曰致中和是戒懼愼獨推行積累至乎極處則有天地位萬物育之效驗 蓋天地萬物、本吾一體、吾之心、正則(致中)天地之心、亦正矣、(天地位)吾之氣、順則(致和)天地之氣、亦順矣、(天地氣順則萬物育)故、其效驗、至於如此、此、學問之極功、聖人之能事、初非有待於外不出吾性之外而脩道之敎、亦在其中矣、陳氏曰致中卽天命之性致和卽率性之道及天地位萬物育則修道之敎亦在其中矣○雲峰胡氏曰致吾之中如何天地便位致吾之和如何萬物便育蓋以天地萬物本吾一體故也朱子此八字是從天命之性說來性一而已天地萬物與吾有二乎哉是其一體一用、雖有動靜之殊、然、必其體立而後、用、有以行則其實、亦非有兩事也、三山陳氏曰體之立所以爲用之行之地用之行所以爲體之立之驗○新安陳氏曰體靜用動分言也體立而後用行合言也致中則必能致和中和一理天地位則必萬物育位育一機非兩事也故、於此、合而言之、以結上文之意、

問致中和天地位萬物育與喜怒哀樂不相干朱子曰世間何事不係在喜怒哀樂上且如人君喜一人而賞之則千萬人勸怒一人而罰之則千萬人懼以至哀矜鰥寡樂育人材這便是萬物育以至君臣父子夫婦長幼相處相接無不是這箇卽這喜怒中節處便是實理流行○問致中和天地位萬物育此以有位者言如一箇之士如何得如此曰若致得一身中和便充塞一身致得一家中和便充塞一家若致得天下中和便充塞天下有此理便有此事有此事便有此理如一日克復如何便得天下歸仁爲有此理故也○問堯湯不可謂不能致中和而亦有水旱之灾曰經言其常堯湯遇非常之變也大抵致中和自吾一念之間培植推廣以至裁成輔相匡直輔翼無一事之不盡方是至處○致中和天地位焉萬物育焉便是形和氣和則天地之和應○天地位萬物育便是裁成輔相以左右民底工夫若不能致中和則山崩川渴者有矣天地安得而位胎夭失所者有矣萬物安得而育問如此則須專就人主身上說方有此工夫曰規模自是如此然人各須一箇地位去做不道人主致中和士大夫便不致中和○西山眞氏曰致中和之所以用功不過曰敬而已不睹不聞而戒懼靜時敬也謹獨動時敬也靜無不敬所以致中動無不敬所以致和自然天地位萬物育如洪範所謂肅乂哲謀聖而雨暘燠寒風之時若應之董仲舒所謂人君正心以正朝廷正百官正萬民而陰陽和風雨時諸福之物畢至皆是此理○雙峯饒氏曰致中和而能使天地位萬物育是有此理但所居位有高下則力之所至有廣狹如爲一家之主則能使一家之天地位萬物育爲一國之主則能使一國之天地位萬物育爲天下主則能使天地位萬物育父父子子夫夫婦婦此一家之天地位也妻子臣妾人人各得其所此一家之萬物育也一國亦然極而至於天下然後天地位萬物育始充其量如孔子在當時雖不見位育極功然道明於萬世能使三綱五常終古不墜是卽位育之極功也

○雲峰胡氏曰中和雖有體用動靜之殊然深觀其所從來則天地萬物之所以位育有不得而析者故曰必其體

立而後用有以行亦非有兩事也中庸一書本只言率性之道而必推原天命之性本只言時中之中而必推原未發之中皆謂體立而後用有以行也○新安陳氏曰由敎而入之學者其於致中和位育之事業雖未敢遽望及此然學問志向之初亦所當考而以之無標的也○東陽許氏曰位育以有位者言之固易曉若以無位者言之則一身一家皆各有天地萬物以一身言若心正氣順則自然睟面盎背動容周旋中禮是位育也以一家言以孝感而父母安以慈化而子孫順以弟友接而兄弟和以敬處而夫婦正以寬御而奴僕盡其職及一家之事莫不當理皆位育也但不如有位者所感大而全爾[備旨]然使靜而不知所以存則天理昧而大本不立動而不知所以節則人欲肆而達道不行惟君子約其戒懼之功自睹聞以至於不睹不聞無一毫偏倚而守之不失則極其中而大本之立日以固矣精其謹獨之學自隱微以至於應事接物無一毫差謬而無適不然則極其和而達道之行日以廣矣夫吾心之中和卽天地萬物同有之中和也中和既致吾之心正則天地之心亦正而天地位焉吾之氣順則天地之氣亦順而萬物育焉此則道無須臾之離而性自我盡道自我全敎亦自我立矣體道之功孰有加於此哉

右ㄴ第一章이라 子思、述所傳之意以立言、首明道之本原、出於天而不可易、首三句 其實、體備於己而不可離、道不可離可離非道二句 次言存養省悉井反察之要、戒懼愼獨二節 終言聖神功化之極、中和位育三句○黃氏曰此章字數不多而義理本原功夫次第與夫效驗之大無不該備 蓋欲學者、於此、反求諸身而自得之、以去上聲夫音扶外誘之私而充其本然之善、新安陳氏曰中之大本原於天命之性和之達道即率性之道也反求諸身身本有之自得之者卽曰得乎此也去外誘之私愼獨以遏人欲而己充本然之善致大本之中達道之和也 楊氏時 所謂一篇之體要、是也、陳氏曰此章乃子思總括一篇之義○新安陳氏曰中庸一書造聖道之閫奧其首章子思子自著之格言也首三句祖述湯誥惟皇上帝降衷于下民若有恒性克綏厥猷惟后之言而推明性道敎三字血脉貫通名義精當則實過之眞是發從古聖賢之所未發愼獨曾子雖嘗言之然只就意之動處言之耳前一截靜時工夫未之言也子思先就戒懼處言靜時之涵養方就愼獨處言動時之省察動靜相涵交致其力視曾子之言益加密焉亦本其所已發而盡發其所未發也自古書中多言無過不及之中中之用耳子思則先言未發之中以見中之體後言時中之中以見中之用言未發之中本體淵深除中庸外他固罕見豈非亦發前古聖賢之所未發乎

靜致其中動致其和極其功至於位天地育萬物參贊化育之大功其本原實自存養天理遏絶人欲者盡之精乎大哉一章大指有本原有工夫有功用歷選聖賢之書無能屑之者聖師有此賢孫其有功於道統之傳萬世實不可磨云

其下十章、蓋子思、引夫子之言、以終此章之義、雙峰饒氏曰首章論聖人傳道立敎之原君子涵養性情之要以爲一篇之綱領當爲第一大節

仲尼ㅣ曰君子는中庸이오小人은反中庸이니라

仲尼ㅣ골ᄋᆞ샤딕君子는中庸이오小人은中庸에反ᄒᆞᄂᆞ니라

● 中庸者、不偏不倚無過不及而平常之理、陳氏曰中庸只是一箇道理所以不析開說乃天命所當然精微之極致也、新安陳氏曰提掇篇首一句以爲綱領乃天命所賦當然之理所謂極至之德也 唯與惟通 君子、爲能體之、新安陳氏曰體之謂以身當而力行之如仁以爲己任之意小人、反是、雲峯胡氏曰第二章以下十章皆述夫子之說獨此章與第三十章揭仲尼二字仲尼曰仲尼之言也所言者中庸也仲尼祖述堯舜以下仲尼之行也所行者皆中庸也中和之論發於子思中庸之論本於仲尼然發而中節之和卽是時中之中子思中和二字亦只是說仲尼一中字故曰中庸之中兼中和之義而章句必先曰不偏不倚而後曰無過不及可謂精矣【備旨】此子思引夫子之言以釋首章之義也仲尼有曰中庸之道命於天率於性本人所同得者也然惟君子爲能體此中庸所存所發一依乎中庸之理若小人則反此中庸而所存所發皆違其本然之理焉

君子之中庸也는君子而時中이오小人之中庸也는小人而無忌憚也ㅣ니라

君子의中庸은君子ㅣ오時로中홈이오小人의中庸에反홈은小人이오忌憚홈이업
合이니라 王肅本作小人之反中庸

●王肅本、作小人之反中庸也、程子、亦以爲然、今從之、此是正解說上兩句 ○君子之所以爲
中庸者、以其有君子之德、而又能隨時以處上聲中也 小人之所以反中庸者、以其有
小人之心、而又無所忌憚徒案反也、程子曰可以仕則仕可以止則止可以久則久可以速則速此皆時也未嘗不合中故曰君子而時中君子之於中庸也無適而不中則
其心與中庸無異體矣小人之於中庸無所忌憚則與戒愼恐懼者異矣是其所以反中庸也○朱子曰君子只是
說箇好人時中只是說箇做得恰好底事○爲善者君子之德爲惡者小人之心君子而處不得中者有之小人而
不至於無忌憚者亦有之○當看而字旣是君子又要時中旣是小人又無忌憚又二字不用亦
可但恐讀者不覺故特下此字要得分明○新安陳氏曰朱子蓋就兩箇而字上咀嚼出意味來 蓋中無定體、
隨時而在、是乃平常之理也、問何謂時中程子曰猶之過門不入在禹之世爲中也時而居陋巷則過門不入非中矣居於陋巷在顏子之時爲中也時而當過門不入則居於
陋巷非中矣○朱子曰堯授舜舜授禹都是當其時合當如此做做得來恰好所謂中也中即平常也湯武亦然如
當盛夏時須要飮冷衣葛隆冬時須要飮湯重裘不如此便失其中便是差異矣○中庸之中本是無過不及之中
大旨在時中上若推其本則自喜怒哀樂未發之中而爲時中之中未發之中是體時中之中是用中字兼中和言
之○南軒張氏曰中字若統體看是渾然一理也若散在事物上看事事物物各有正理存焉君子處之權其所宜
悉得其理乃隨時以處中也○雙峰饒氏曰中庸之理卽率性之謂而天下之達道也惟君子爲能體之中庸之中
只是時中如舜用中于民亦只是中之用問言中而不及庸何也曰庸不在中之外惟其隨時處中所以可常行而
不可易也○東陽許氏曰旣曰隨時以處中又曰中隨時而在此隨時字含兩意謂君子每應事之時各隨其事以
處乎中是一日之間事事皆處乎中也又同此一事今日應之如此爲中他日應之乃如彼爲中凡一事各於時宜
不同者處乎中也 君子、知其在我故、能戒謹不覩、恐懼不聞、而無時不中、小人、不知有此則肆

欲安行而無所忌憚矣、蔡氏曰此章上二句孔子之言下四句乃子思釋孔子之言○三山潘氏曰君子致存養省察之功是以無時而不中小人放肆而無忌憚是以與中庸相反○新安陳氏曰前六句己正解此節文義明白此又推其本而以知此理爲重如論語三畏章君子惟知天命故畏天命小人惟不知天命所以不畏也君子惟知此理在我故能戒懼以存養此中之體而隨時以裁處此中之用戒懼即畏天命也小人惟不知有此理所以縱肆人欲而無忌憚無忌與戒愼反無憚與恐懼反是即不知天命而不畏者也⊙魯齋許氏曰時有萬變事有萬殊而中無定體當此事則此爲中於彼時則非中矣是以君子戒愼恐懼存於未發之前察於既發之際大本立而達道行故堯舜湯武之征讓不同而同於中三仁之生死不同顏孟之語默不同其同於中則一也明乎中則可論聖賢之時行矣[備旨]夫中庸之獨歸君子而反於小人者何也蓋君子之所以爲中庸者以其靜而存養動而省察既有君子爲善之德而凡應事接物之間又能隨時以處中此其所以中庸也小人之所以反中庸者以其靜不能存動不能察既有小人爲惡之心而凡應事接物之間罔顧其時之所安而無所忌憚也此其所以反中庸也君子小人只在敬肆之分而已

右는第二章이라　此下十章、皆論中庸、以釋首章之義、文雖不屬音燭而意實相承也。變和言庸者、游氏、曰以性情、言之曰中和、以德行、去聲言之則、曰中庸。是也、然、中庸之中、實兼中和之義、中庸之中兼已發未發二義○陳氏曰中和是分體用動靜相對說中庸是兼德性行事相合說○黃氏曰性情天生底德行人做底性情人々一般德行人人不同○雙峰饒氏曰中庸者道之準的古今聖賢所傳只是此理子思所作中庸亦只爲發明此二字首章中和是性情之德而中庸之根本蓋特推其所自來耳游氏所謂德即性情之德中和是也行即見諸行事者時中是也以中庸兼此二者而得名故曰中庸之中實兼中和之義然中和以性情言人心本然純粹之德也中庸以事理言天下當然之則不可過亦不可不及者也二者雖同此中理而所指各異故致中和者則欲其戒懼愼獨以涵養乎性情踐中庸者則欲其擇善固執以求合乎事理二者內外交相養之道也此下十章是聖人立中庸使過者俯而就不肖者企而及乃變化氣質之方也○新安倪氏曰惟君子能因性情之自然而致中和是以能全德行之當然而踐

中庸究其用功惟在主乎敬而已戒謹恐懼敬也擇善固執非主敬者能之乎若小人則全無主敬之功宜其無忌憚而反中庸也饒氏以中和中庸二者分析而論故今又以二者融貫而論之云

子ㅣ曰中庸은 其至矣乎ㄴ뎌 民鮮能이 久矣니라 鮮上聲下同

子ㅣᄀᆞᆯᄋᆞ샤ᄃᆡ 中庸은그 지극ᄒᆞᆫ뎌 民이 能ᄒᆞᆯ이 젹건디 오라니라

●過則失中、不及則未至故、惟中庸之德、爲至、然、亦人所同得、初無難事、但世敎、衰、民不興行去聲故、鮮能之、今已久矣、論語、無能字、北溪陳氏曰至者天下之理無以加之謂○仁壽李氏曰自物則言之則過與不及皆不可以言至自末世言之則過乎則者少不及乎則者多學者試以事君之敬事父之孝與人交之信反己而自省焉則其至與否可見矣○雙峯饒氏曰此章言中庸之道非特小人反之而衆人亦鮮能之以起下章之意○格庵趙氏曰此章無之爲德也四字故下句有能字意論語是夫子本文此是子思檃括○雲峯胡氏曰此比論語添一能字惟民氣質偏故鮮能知能行仍須看下章許多能字方見子思之意鮮能知味是不能知者不能期月守是不能行者中庸不可能非義精仁熟者不能知不能行惟聖者能之是專言聖人知之盡仁之至故獨能知能行至於人一能之己百之人十能之己千之果能此道矣雖愚必明雖柔必剛者是愚本不能知能百倍其功則能知柔者本不能行能百倍其功則能行後面至誠能盡其性是能知之盡能行之至唯至聖爲能聰明睿知是能知能寬裕溫柔以下是能行惟至誠爲能經綸天下之大經是能行非聰明聖知達天德者孰能知之又說能知看許多能字則子思此章添一能字固有旨哉【備旨】此承上章言中庸之道不特小人反之而民亦鮮能之也夫子有曰天下之理可增可損者皆非其至也惟中庸道理無過不及其至極而無以復加矣乎然此理人所同得但修道之敎既衰民不興行鮮能知行中庸之道亦已久矣不亦深可慨哉

右ᄂᆞᆫ第三章이라

子ㅣ曰道之不行也를 我知之矣로라 知者ᄂᆞᆫ 過之ᄒᆞ고 愚者ᄂᆞᆫ 不及

也니라 道之不明也를 我知之矣로라 賢者는 過之하고 不肖者는 不及也ㅣ니라 知者之知去聲

子ㅣ 골ᄋᆞ샤ᄃᆡ 道의 行티 몯홈을 내 아노라 知ᄒᆞᆫ 者ᄂᆞᆫ 過ᄒᆞ고 愚ᄒᆞᆫ 者ᄂᆞᆫ 及디 몯ᄒᆞᄂᆞ니라 道의 明티 몯홈을 내 아노라 賢ᄒᆞᆫ 者ᄂᆞᆫ 過ᄒᆞ고 不肖ᄒᆞᆫ 者ᄂᆞᆫ 及디 몯ᄒᆞᄂᆞ니라

●道者、天理之當然、中而已矣、雲峰胡氏曰只是一道字首章釋道也者曰道者事物當然之理皆性之德而具於心爲下文不可須臾離而言也此章釋道字曰道者天理之當然中而已矣爲下文過不及而言也然事物當然之理即是天理之當然性之德而具於心亦中而已矣特具於心者是不偏不倚之中此是無過不及之中章句錙銖不差也、知愚賢不肖之過不及、則生禀之異而失其中也、知者、知之過、既以道、爲不足行、愚者、不及知、又不知所以行、此、道之所以常不行也、賢者、行之過、既以道、爲不足知、不肖者、不及行、又不求所以知、此、道之所以常不明也三山陳氏曰世之高明洞達識見絕人者其持論常高其視薄物細故若浼焉則必不屑爲中庸之行如老佛之徒[illegible]知者也求以達理而反滅人類非過乎至於昏迷淺陋之人則又蔽於一曲而暗於天理是又不及矣二者皆不能行道世之刻意厲行勇於有爲者其操行常高其視流俗汚世若將浼焉則必不復求於中庸之理如晨門荷蓧之徒本賢者也果於潔身而反亂大倫非過乎至於闒茸卑汚之人則又安於故常而溺於物欲是又不及矣二者皆不能明道〇雙峰饒氏曰此章承上二章明小人所以反中庸與衆人所以鮮能中庸者皆以氣質之有偏以起下六章之意然專以過不及爲言似言中而不及庸蓋中卽所以爲庸非有二也或問愚者不及知此中不肖者不及行此中費隱章又云夫婦之愚不肖可以與知能行何也曰彼以夫婦之事言此以道之全體言問賢合屬行知合屬明夫子却交互說者何故曰如此則人皆曉得夫子何以曰我知之矣緣天下人皆不知此夫子所以有此嘆行不是說人去行道是說道自流行於天下明不是說人自知此道是說道自著明於天下人多差看了須要見得知行相因○新安王氏曰自世俗觀之過疑勝於不及自道言之其不合於中庸則一也○雲峰胡氏曰此章分道之不行不明而下章卽舜之知言道之所以明即行回之賢言道之所以明兼後面欲說知仁勇此章爲此三者發端而言知者知之過以道爲不足行不仁也賢者行之過以道爲不足知不智也愚不肖者安於不及不能勉而進不勇也○東陽許氏曰道不行者知之過與不及道不明者行之過與不及是固然矣然下乃結之曰人莫不飮食也鮮能知味也是又總於知蓋二者皆欠眞知爾若眞知理義之極至則賢者固無過知者亦必篤於行不徒知之而已矣【備旨】此承上章言民之所以鮮能中庸者由於氣稟之偏而不察也夫子有曰中庸之道之不行也我知其故矣蓋行由於明今則知者探深索微而知過乎中旣以道爲不足行矣愚者昏昧淺陋而知不及乎中又不知所以行也此道之所以常不行歟中庸之道之不明也我知其故矣蓋明由於行今則賢者矜奇炫異而行過乎中旣以道爲不足知矣不肖者卑汚苟賤而行不及乎中又不求所以知也此道之所以常不明歟

人莫不飮食也ㅣ언마은鮮能知味也ㅣ니라

사롬이飮食아니리업건마ᄂᆞᆫ能히맛알리젹으니라

【註】道不可離、人自不察、朱子曰以飮食譬日用味譬理是以、有過不及之弊、三山陳氏曰道爲嘗離人哉特百姓日用而不知耳○晏氏曰知者專於明道或怠於行道賢者專於行道或忽於明道鮮能知味以喩不能知道道旣不能明安能行乎末專言知味以明道爲先惟不明故不行也○新安陳氏曰道不可離又提此句以爲頭腦人自不察知飮食而不知味是以有過不及之弊又繳上前一節去知者氣淸而質欠粹故知之過而行不及賢者質粹而氣欠淸故行之過而知不及也【備旨】然道之所謂中者當然不易之理固不外人生日用之間特以習而不察而失之耳今夫人莫不飮食也鮮有能知其飮食之味也知味之正則必之而嗜不厭矣知道之中則必守之而不失矣其如此知愚賢不肖何哉

右ᄂᆞᆫ第四章이라

子ㅣ曰道其不行矣夫(音扶)ㄴ뎌

子ㅣ골ᄋᆞ샤ᄃᆡ道ㅣ그行티못ᄒᆞ린뎌

●由不明故、不行、雙峰饒氏曰此章承上章鮮能知味之知而言道由不明所以不行 備旨 道之不行由於智者過愚者不及夫子有曰道者固人之當行亦人之所能行但人之體道者不失之過則失之不及道其不行於天下矣夫然則夫子所謂道之不行者豈非由於不明之故哉

右ᄂᆞᆫ第五章이라 此章、承上章而擧其不行之端、以起下章之意、三山陳氏曰此一句自爲一章子思取夫子之言比而從之蓋承上章以起下章之義若曰道不遠人猶日用飲食也由而不知故鮮能知味耳惟其不知是以不行故以道其不行之言繼之蓋所以承上章之義也必如下章舜之事則知而行矣蓋又所以起下章之義○雲峰胡氏曰前章民鮮能是兼知行言鮮能知味是指知而言此章道其不行又指行而言

子ㅣ曰舜은其大知也與ㅣ신뎌 舜이好問而好察邇言ᄒᆞ샤ᄃᆡ隱惡而揚善ᄒᆞ시며執其兩端ᄒᆞ샤用其中於民ᄒᆞ시니其斯以爲舜乎ㅣ신뎌 知去聲與平聲好去聲

子ㅣ골ᄋᆞ샤ᄃᆡ舜은그큰知신뎌舜이무롬을됴히너기시고邇言ᄉᆞᆯ핌을됴히너기샤ᄃᆡ惡을隱ᄒᆞ시고善을揚ᄒᆞ시며그두그틀자브샤그中을빅셩의게쓰시니그이써舜되옴이신뎌

●舜之所以爲大知者、以其不自用而取諸人也、朱子曰舜本自知又能合天下之知爲一人之知而不自用其知此其知之所以愈大也若只據一己所有便有窮盡 邇言者、淺近之言、猶必察焉、其無遺善、可知、朱子曰雖淺近言語莫不有至理寓焉人之所忽而舜好察之非洞

見道體無精粗差別不能然也孟子曰自耕稼陶漁以至爲帝無非取諸人者又曰聞一善言見一善行若決江河沛然莫之能禦此皆好察邇言之實也伊川先生曰造道深後雖聞常人言語莫非至理然、於其

言之未善者則隱而不宣、其善者則播而不匿、其廣大光明、又如此則人孰不樂

音洛告以善哉、朱子曰言之善者播揚之不善者隱匿之則善者愈樂告以善而不善者亦無所愧而不惜言也求善之心廣大光明如此人安得不盡言來告而吾亦安得不盡聞人之言乎○新安陳氏曰隱

惡見其廣大能容揚善見其光明不蔽兩端、謂衆論不同之極致、蓋凡物、皆有兩端、如小大厚薄之類、於

善之中、又執其兩端而量度、徒浴反以取中然後、用之則其擇之審而行之至矣、然、非

在我之權度、精切不差、何以與音預此、此、知如字之所以無過不及而道之所以行也、朱子

曰執其兩端而用其中如天下事一箇人說東一箇說西自家便把東西來斟酌看中在那裏○兩端只是箇起止二字猶云起這頭至那頭也自極厚以至極薄極大以至極小極重以至極輕於此厚薄大小輕重之中擇其說之

是者而用之乃所謂中若但以極厚極薄爲兩端而中摺其中間以爲中則是子莫執中矣中間如何見得便是中蓋極厚者說是則用極厚之說極薄者說是則用極薄之說厚薄之中說是則用厚薄之中之說輕重大小莫不皆

然蓋惟其說之是者用之不是察其兩端不用而但取兩頭之中者用之也且如有功當賞或說合賞萬金或說合賞千金或說百金或說十金萬金至厚十金至薄也則執其兩端自至厚至至薄而情權其厚薄之中合賞萬金便

賞萬金合賞十金也只得賞十金合賞千金百金皆然若然若但去兩頭只取中間則這頭重那頭輕這頭偏多那少是乃所謂不中矣或說孔子曰所謂兩端與此同否曰竭其兩端是自精至粗自大至小自上至下都與他說無

一毫之不盡執兩端是取之於人者自精至粗自大至小總括以盡無一善之或遺又問所謂衆論不同都是善一邊底曰惡底己自隱而不宣了○葉氏曰兩端非如世俗說是非善惡之兩端乃是事己是而不非己善而非惡己

皆當爲之事自斯道之不明往往以是非善惡爲兩端而執其中則半是半非半善半惡之論與君子不必爲十分君子小人不必爲十分小人乃鄉原賊德之尤者也可不辨哉○雙峯饒氏曰中無定體隨時而在如萃之時用大

牲吉則中在那極厚處如損之時二簋可用享則中在那極薄處他可類推執是執其言用亦是用其言執其兩端則有以見其寬弘博大兼總衆善而無遺用其中則有以見其精密詳審極於至當而無偏○黃氏曰因道之不行

起於知者之過愚者之不及故必知如大舜而後可以望斯道之行○雲峯胡氏曰知仁勇學者入德之事下章回之仁子路之勇皆學者事大舜之知自是聖人事姑借以爲言耳故章句於回與由則曰擇曰守於舜則曰擇之審而行之至不以守言也然此章正是學者用力之始正當以聖人自期擇之審舜之精也行之至舜之一也此所以爲舜之中也顏淵曰舜何人也予何人也有爲者亦若是此章言舜而下章言回學者正好將顏淵之語以通看二章云備旨承上章言道旣不行必知如大舜而後可望斯道之行也夫子有曰人非知無以見道然知有大小稽古帝舜其爲大知也與何以見之天下之理無窮一人之識有盡自用非大知也舜則凡事必孜孜然訪問於人而於問所得之言即極淺近者亦必孜々然審察其言中之理其言之不當於理而惡者則隱之而其言之當於理而善者則揚之然善者爲善而或過或不及不同之極致有兩端焉則執其兩端而寬弘博大兼總衆善而無遺至於一致之歸確不可易有其中焉則用之於民而精密詳審極於至當而無偏所謂合天下之知以爲知而舜之所以爲舜者其眞不可及乎吁天下有大知如舜而道其行矣

右ᄂᆞᆫ第六章이라 此章言知之事

子ㅣ曰人皆曰予知로ᄃᆡ驅而納諸罟擭陷阱之中而莫之知辟也ᄒᆞ며人皆曰予知로ᄃᆡ擇乎中庸而不能期月守也ㅣ니라 予知之知去聲罟音古擭胡化反阱才性反辟避同期居之反

子ㅣᄀᆞᄅᆞ샤ᄃᆡ사ᄅᆞᆷ이다ᄀᆞᆯ오ᄃᆡ내知호라호ᄃᆡ驅ᄒᆞ야罟와擭와陷阱ㅅ가온ᄃᆡ納호ᄃᆡ辟ᄒᆞᆯ줄을아디못ᄒᆞ며사ᄅᆞᆷ이다ᄀᆞᆯ오ᄃᆡ내知호라호ᄃᆡ中庸을ᄀᆞᆯᄒᆡ여能히期月도ᄃᆞᆨ희디못ᄒᆞᄂᆞ니라

●罟、網也、擭、機檻也、陷阱、坑坎也、皆所以掩取禽獸者也、格菴趙氏曰此擇乎中譬禍機所伏

庸、辨別彼列反衆理、以求所謂中庸、即上章好去聲問用中之事也、期月、匝、作答反一月也

新安陳氏曰匝周也期年是周一年期月是周一月 言知禍而不知辟、以況能擇而不能守、皆不得爲知也、仁壽李氏曰中不可不擇又不可不守擇而不守終非己物能擇能守然後可以言知夫子嘗因仁以言知矣曰擇不處仁焉得知擇而不處謂之知不可也孟子嘗因仁義以言知矣曰知之實知斯二者弗去是也知而去之謂之知不可也夫子之所謂處孟子之所謂弗去中庸之所謂守其義一也○雙峯饒氏曰知屬貞貞者正而固正固二字方訓得貞字知得雖是正了仍舊要固守所以說貞者事之幹又曰分而言之則擇固謂之知然能擇而不能守亦不得謂之知此章雖引起下章仁能守之說然仍舊重在知字○新安陳氏曰此章知詩之有興借上一事譬喩以引起下一事也[illegible]道固由智而行而道之不明又由於賢者過不肖者不及夫子有曰今人皆曰予知蓋自以爲能知禍機之伏也乃爭驅逐而納諸罟擭陷阱中而莫知所避行險取敗是其心有所蔽也安得爲知乎亦猶今人皆曰予知蓋自以爲能擇中庸之所在也然擇乎中庸而不能期月守擇非己有是其知有未知也又安得爲知乎此道之所以不明也

右는第七章이라

承上章大知而言、又擧不明之端、以起下章也 雲峯胡氏曰此章兩人字蓋借知禍而不知辟之人以況能擇而不能守之人也上章言舜聖人下章言回賢人此因兩人字衆人也上章舜能擇爲知起下章回能守爲仁此章結上章之所謂知起下章之所謂仁

子ㅣ曰回之爲人也ㅣ擇乎中庸ᄒᆞ야得一善則拳拳服膺而弗失之矣니라

子ㅣᄀᆞᆯᄋᆞ샤ᄃᆡ回ㅣ사ᄅᆞᆷ이론디中庸을ᄀᆞᆯ희야ᄒᆞᆫ善을어드면拳拳히膺에服ᄒᆞ야일티아니ᄒᆞᄂᆞ니라

●回、孔子弟子顏淵、名、拳拳、奉持之貌、服、猶著陟略切也、膺、胷也、奉持而著之心胸之間、言能守也、顏子、蓋眞知之故、能擇能守如此、此、行之所以無過不及而道之所以明也、程子曰大凡於道擇之則在乎知守之則在乎仁斷之則在乎勇⊙朱子曰舜大知章是行底意多回擇中章是知底意多用其中者舜也擇乎中庸得一善拳拳服膺而不失者顏子也夫顏子之學所以求爲舜者亦在乎精擇而敬守之耳盖擇之不精則中不可得守不以敬則雖欲其一日而有諸己且將不能尙何用之可致哉○雙峯饒氏曰每得一善則著之心胷之間而不失不是只守一善亦不是著意去守這一善○黃氏曰道之不明起於賢者之過不肖者之不及故必賢如顏子而後可以望斯道之明⊙雲峯胡氏曰舜達而在上擇乎中庸而用之民聖人之道所以行也顏淵窮而在下擇乎中庸而不失於己聖人之學所以傳也子思以回繼舜之後其意深矣【備旨】承上章言道既不明必仁如顏子而後可望斯道之明也夫子有曰天下當然之理具在人心若回之爲人也凡遇事物之來必於天理同源異派處分別精詳以求其所謂中庸者及隨所擇而得一中庸之善則躬行實踐拳拳然服膺而不復失之矣回之擇而能守如此吁天下有能行如回而道其明矣

右는第八章이라 新安陳氏曰此章言仁之事擇中庸知之意弗失勇之意也

子ㅣ曰天下國家도可均也ㅣ며爵祿도可辭也ㅣ며白刃도可蹈也ㅣ로되中庸은不可能也ㅣ니라

子ㅣᄀᆞᆯᄋᆞ샤ᄃᆡ天下國家도可히均ᄒᆞᆯ새시며爵祿도可히辭ᄒᆞᆯ새시며白刃도可히蹈ᄒᆞᆯ새시로ᄃᆡ中庸은可히能티못ᄒᆞᄂᆞ니라

●均、平治也、三者、亦知仁勇之事、天下之至難也、陳氏曰可均似知可辭似仁可蹈似勇然、皆倚於一偏故、資之近而力能勉者、皆足以能之、至於中庸、雖若易去聲下同能天下之至難也以下元本云然不必其合於中

庸則賢之近似者皆能以力爲之若中庸則雖不必皆如三者之難然、非義精仁熟而無一毫人欲之私者、不能及也、三者、難而易、中庸、易而難、此民之所以鮮上聲能也、朱子曰中庸便是三者之間非是別有一箇道理只於三者做得恰好處便是中庸○三者亦就知仁勇上說來蓋賢者過之之事只是就其所長處著力做去而不擇乎中庸耳○三者也是知仁勇之事只是不合中庸若合中庸便盡得知仁勇○問中庸如何不可能曰只是說中庸之難行急些子便過慢些子便不及所以難也○北溪陳氏曰三者似知仁勇然亦不必泥說知仁勇大意只謂國家至大難治也而資禀明敏者能均之爵祿人所好難却也而資禀廉潔者能辭之白刃人所畏難犯也而資禀勇敢者能蹈之是三者雖難而皆可以力爲至於中庸乃天命人心之當然不可以資禀勉强力爲之須是學問篇至到那義精仁熟眞有以自勝其人欲之私方能盡得此所以若易而實難也○雲峯胡氏曰即論語中如管仲一匡天下是天下國家可均也如晨門荷蕢之徒是爵祿可辭也如召忽死子糾之難是白刃可蹈也然夫子則以爲民鮮能於中庸久矣蓋深嘆夫中庸之不可能也饒氏謂章句言義精仁熟似欠勇字意竊謂擇之審者義精也行之至者仁熟也不賴勇而裕如者也學者於義必精之於仁必熟之便是知仁中之勇故章句於此釋中庸之不可能曰非義精仁熟無一毫人欲之私者不能及於下章言勇處則曰此則所謂中庸之不可能者非有以自勝其人欲之私者不能擇而守之反復細玩朱子之意可見矣

備旨 承上章言知必如舜而後道可行仁必如回而後道可明可見中庸之難能矣夫子有曰至難均者天下國家然資之近乎知者可勉力而均也至難辭者爵祿然資之近乎仁者可勉力而辭也至難蹈者白刃然資之近乎勇者可勉力而蹈也至於中庸之理無或過無或不及苟一毫之私意有所未盡則雖欲擇而守之而擬議之間忽已失於過與不及而不自知矣此其所以不可勉力而能也然則欲能中庸者信不可無自强之學矣

右는第九章이라 亦承上章、以起下章、

子路ㅣ問强대ᄒᆞᆫ

子路ㅣ强을묻ᄌᆞ온ᄃᆡ

●子路、孔子弟子仲由也、子路、好去聲勇故、問强、 備旨 承上章言中庸不可能必如夫子告子路之勇而後可能也昔子路好勇故問强於

夫子蓋徒知有血氣之剛而未知德義之勇也

子ㅣ曰南方之强與아北方之强與아抑而强與아 與平聲

子ㅣᄀᆞᆯ으샤ᄃᆡ南方의强가北方의强가네의强가

●抑、語辭、而、汝也、 新安王氏曰夫子嘗患不得中行而與之師堂堂曾晳嘐々子路行々皆不合乎中庸夫子於門人一言一藥如子路者嘗以好勇過我儆之以兼人抑之以不得其死戒之以死而無悔責之然其習氣融釋不盡以强爲問則行行之勇猶在也夫子是以設三端問之○新安陳氏曰汝之强謂學者之强也下文四强哉矯照應結束此句 備旨 夫子答之曰强有不同不可不先致審也汝有志於强猶是風氣所囿爲南方之强與爲北方之强與抑不囿於南不囿於北爲而自有之强與

寬柔以教ㅣ오不報無道는南方之强也ㅣ니君子ㅣ居之니라

寬ᄒᆞ며柔ᄒᆞ야ᄡᅥᄀᆞᄅᆞ치고道업ᄉᆞ니이ᄅᆞᆯ갑디아니홈은南方의强이니君子ㅣ居ᄒᆞᄂᆞ니라

●寬柔以敎、謂含容巽順、以誨人之不及也、不報無道、謂橫去聲逆之來、直受之而不報也、南方、風氣柔弱故、以含忍之力、勝人爲强、君子之道也、朱子曰此雖未是理義之强然近理也人能寬柔以敎不報無道亦是箇好人故爲君子之事○三山陳氏曰旣曰寬柔何强之云蓋守其氣質而不變是亦强也○雲峰胡氏曰此君子是泛說下文君子和而不流是說成德之君子如論語首章不亦君子乎是說成德後章君子不重則不威是泛說也 備旨 以南方之强言之如人有不及處亦不過於刻責只寬容柔順以誨人之不及甚至人有橫逆之加我直受之而不報復其無道此南方風氣柔弱以含忍之力勝人爲强也猶近乎忠厚之道故君子居之此强之不及乎中非汝所當强者也

衽金革ᄒᆞ야死而不厭은北方之弱也ㅣ니而强者ㅣ居之니라

金과革을衽ᄒᆞ야주거도厭티아니홈은北方의强이니强ᄒᆞᆫ者ㅣ居ᄒᆞᄂᆞ니라

●衽、而審反席也、金、戈兵之屬、革、甲冑直又反之屬、衽金革如云枕戈○三山陳氏曰臥席曰衽○倪氏曰衽衣衽也金鐵也革皮也聯鐵爲鎧甲被之於身如衣衿然故曰衽 北方、風氣剛勁故、以果敢之力、勝人爲强、强者之事也、雙峰饒氏曰陽剛陰柔理之常也而南方風氣反柔弱北方風氣反剛勁何也蓋陽體剛而用柔陰體柔而用剛如坤至柔而動也剛便見得陰體柔而用剛矣才說風便是用了陽主發生故其用柔陰主肅殺故其用剛也問一味含忍何以爲强曰固是含忍然却以此勝人所謂柔能勝剛也此亦未是中道若是中道則無道當報亦只著報所謂以直報怨是也○雲峰胡氏曰南北之强固皆非中然以含忍勝人猶不失爲君子之道以果敢勝人不過爲强者之事道與事二字下得有輕重然南方豈無果敢者北方豈無含忍者亦不過舉其風氣之大槪而言耳要之氣質之用小學問之功大南北之强氣質之偏也下文四者之强學問之正所以變化其氣質者也 備旨 以北方之强言之金革凶氣也彼則恬然安之衽席乎金革焉雖戰鬪以死於金革而不厭惟此北方風氣則勁以果敢之力勝人爲强也是純任乎血氣之勇而惟强者居之此强之過乎中非汝所當强者也

故로君子는和而不流ᄒᆞᄂᆞ니强哉矯여中立而不倚ᄒᆞᄂᆞ니强哉矯여國有道에不變塞焉ᄒᆞᄂᆞ니强哉矯여國無道에至死不變ᄒᆞᄂᆞ니强哉矯여

故로君子ᄂᆞᆫ和호ᄃᆡ流티아니ᄒᆞᄂᆞ니强ᄒᆞ다矯홈이여中立ᄒᆞ야倚티아니ᄒᆞᄂᆞ니强

ᄒᆞ다矯홈이여나라히道ㅣ이숌애塞을變티아니ᄒᆞᄂᆞ니强ᄒᆞ다矯홈이여나라히道ㅣ업슴애주금애니르러도變티아니ᄒᆞᄂᆞ니强ᄒᆞ다矯홈이여

●此四者、汝之所當强也、新安陳氏曰此乃君子之事中庸之道是汝之所當强應抑而强與一句 矯、擧小反 强貌、詩、曰矯矯虎臣、是也、詩泮水篇云明明魯侯克明其德旣作泮宮淮夷攸服矯矯虎臣在泮獻馘傳云矯矯武貌○朱子曰强哉矯贊歎之辭 倚、偏著直略反 也、塞、悉則反 未達也、國有道、不變未達之所守、國無道、不變平生之所守也、此則所謂中庸之不可能者、非有以自勝其人欲之私、不能擇而守也、君子之强、孰大於是、陳氏曰此君子指成德之君子與前泛言者不同 夫子、以是、告子路者、所以抑其氣血之剛、而進之以德義之勇也、朱子曰和便易流若是中便自不倚何必又說不倚蓋柔弱底中立則必歌倒若能中立而不倚方見硬健問和而不流中立而不倚夷惠正是如此曰是時惠和而不流甚分明夷如何是中立不倚處曰如文王善養老他便來歸及武王伐紂他又自不從而去只此便是他中立不倚處○人多有所倚靠如倚於勇倚於智皆是中道而立初縱無倚把捉不住久處畢竟又靠取一偏此所以要硬在中立而無所倚也○問此四者勇之事必如此乃能擇中庸而守之乎曰此乃能擇後工夫大智之人無俟乎守只是安行賢者能擇能守無俟乎强勇至此樣資質人則能擇能守後須用如此自勝方能徹頭徹尾不失○陳氏曰和則易至於流和光同塵易太軟而流蕩和而不流方謂之雖中立在無所依倚弱則易至倒東墜西惟剛勁底人則能獨立於中而無所倚也國有道達而在上則不變未達時所守是富貴不能淫國無道窮而在下守死而不變平生所守是貧賤不能移威武不能屈○雙峰饒氏曰四者亦有次第一件難似一件中立不倚難於和而不流國有道不變塞又難於上二者國無道至死不變即所謂遯世不見知而不悔唯聖者能之此是最難處南北方之强皆是氣之偏處是要勝人下面君子之强是能自勝其氣質之偏○雲峯胡氏曰流字倚字變字皆與强字相反不流不倚不變三不字有骨力是之謂自强南北以勝人爲强也囿於風氣之中君子以自勝爲强其自强也純乎義理而出乎風氣之外此變化氣質之功所以爲大也 [備旨]故君子自有義理之强焉如處衆貴和然和者易至於流君子和以處衆卻能自守以正必不違理以徇人而至於流是能擇乎處衆之理而守以自勝也不亦强哉其矯乎處己貴乎中立然中立易至於倚君子中立以自處卻能貞以有恒必不易方以隨俗而至於倚是能擇乎處己之理而守以自勝也不亦强哉其矯乎達而志每易喪其所守君子當國有道必行道濟時而不至驕盈以變其未達時之所守是能擇乎處達之理而守以自勝也不亦强哉其矯乎窮而處困每不終其所守君子當國無道必守義安命雖艱苦至死而不變其平生之所守是能擇乎處窮之理而守以自勝也不亦强哉其矯乎此四者皆君子之强汝之所當强也夫子之告子路者如此學者體之以自强又何中庸之不可能哉

右ᄂᆞᆫ第十章이라 此章言勇之事

子ㅣ曰素隱行怪를後世에有述焉ᄒᆞ나니吾弗爲之矣로라

子ㅣ가ᄅᆞ샤ᄃᆡ隱을素ᄒᆞ며怪ᄅᆞᆯ行홈을後世예述ᄒᆞ리인ᄂᆞ니내ᄒᆞ디아니ᄒᆞ노라

● 素、按漢書、當作索、山客反 蓋字之誤也、前漢藝文志孔子索隱行怪後世有述焉吾不爲之矣顔師古曰索隱求索隱暗之事 索隱行怪、言深求隱僻之理而過爲詭古委切異之行去聲也、朱子曰深求隱僻如戰國鄒衍推五德之事後漢讖緯之書便是○三山陳氏曰詭異之行如荀子所謂苟難者於陵仲子申屠狄尾生之徒是也○格庵趙氏曰深求隱僻之理是求知乎人之所不能知過爲詭異之行是求行乎人之所不能行 然、以其足以欺世而盜名故、後世或有稱述之者、此、知之過而不擇乎善、行之過而不用其中、不當强而强者也、聖人、豈爲之哉、朱子曰索隱是知者過之行怪是賢者過之 備旨 子思引夫子之言以結上數章曰天下之理易知而易能也今有人焉知必素求隱僻而知人之所不能知行必過爲詭異而行人之所不能行蓋欲以其術欺世盜名也人情厭常喜新故後世或有稱述之者焉此失之太過而爲所不當爲者也吾寧無述於後世而弗爲素隱行怪之事矣

君子ㅣ遵道而行ᄒᆞ다가半塗而廢ᄒᆞᄂᆞ니吾弗能已矣로라

君子ㅣ이를조차行ᄒᆞ다가塗에半만ᄒᆞ야廢ᄒᆞᄂᆞ니내能히마디못ᄒᆞ노라

●遵道而行則能擇乎善矣、半塗而廢則力之不足也、此、其知、雖足以及之而行有不逮、當强而不强者也、雙峯饒氏曰此智足以擇乎中庸而仁不足以守之蓋君子而未仁者也冉求自謂說夫子之道而力有不足正夫子之所謂畫者○雲峯胡氏曰此君子亦是泛說下文君子依乎中庸方是說成德 已、止也、聖人、於此、非勉焉而不敢廢、蓋至誠無息、自有所不能止也、問半塗而廢可謂知及之而仁不能守朱子曰只爲知處不親切故守得不曾安穩所以半道而廢若大智之人一下知了千了萬當所謂吾弗能己者只是見到了自住不得耳 備旨 中庸之道恒久而不息也若勉然之君子能擇乎中庸之道而遵行之但其力有不足行至半塗而廢焉此又失之不及而已所不當已者也吾則行必有終而弗能已於半塗矣

君子ᄂᆞᆫ依乎中庸ᄒᆞ야遯世不見知而不悔ᄒᆞᄂᆞ니唯聖者아ᅵ能之니라

君子ᄂᆞᆫ中庸을依ᄒᆞ야世예遯ᄒᆞ야알옴을보디못ᄒᆞ야도뉘웃디아니ᄒᆞᄂᆞ니오직聖者ㅣ아能ᄒᆞᄂᆞ니라

●不爲索隱行怪則依乎中庸而已、不能半塗而廢、是以、遯世不見知而不悔也、程子曰索隱行怪是過者也半塗而廢是不及者也不見知不悔是中者也○朱子曰此兩句結上文意依乎此、中庸便是吾弗爲之意遯世不見知而不悔便是吾弗能己之意○陳氏曰不見知而或悔則將半塗而廢矣 中庸之成德、知去聲之盡、仁之至、不賴勇而裕如者、正吾夫子之事而、猶不自居也、故、曰唯與惟通後倣此聖者、能之而已、雙峯饒氏曰旣曰君子依乎中庸又曰唯聖者能之何也蓋言君子之依乎中庸未見其爲難遯世不見知而不悔方是難處故曰唯聖者能之聖人德盛禮恭雖處旣聖之地未嘗有自聖之心也○蔡氏曰此再辨知仁勇而總結之索隱之知非君子之知行怪之行非君子之仁半塗而廢非君子之勇君子之知仁勇則依乎中庸遯世不見知而不悔者是也○雲峯胡

氏曰第五章爲知仁勇開端則言知者賢者之過愚者不肖者之不及此章結之則言聖者之中庸首尾相應如此兼之前此說鮮能不能不可能此則結之唯聖者能之又以見中庸非終不可能也 夫子不爲於彼便自不能已於此卽此弗能已處便見非夫子不能○新安陳氏曰依乎中庸知仁兼盡不見知而不悔不待勇而自裕如也【備旨】夫太過不及皆非中庸也至若體道不息之君子不爲素隱行怪其所知所行一依乎中庸之理又不能半塗而廢雖至遯世不見知於人而其依乎中庸者自如初無悔於心焉此蓋無過不及純乎天而盡乎人君子也與哉唯德造其極之聖者能之耳吾亦弗爲弗已而勉以幾之焉矣然則夫子所謂民鮮能不可能者必歸諸是人也此中庸之極則也

右는第十一章이라 子思所引夫子之言、以明首章之義者、止此、蓋、此篇大旨、以知去聲下同仁勇三達德、爲入道之門故、於篇首、卽以大舜顏淵子路之事、明之、舜、知也、顏淵、仁也、子路、勇也、三者、廢其一則無以造七到反道而成德矣、餘見形甸反第二十章、 三山潘氏曰中庸之道至精至微非知者不足以知之至公至正非仁者不足以體之其爲道也非須臾可離非一蹴可到故唯勇者然後有以自强而不息焉大抵知仁勇三者皆此性之德也中庸之道卽率性之謂者也非有是德則無以體是道○雲峯胡氏曰自第二章至此大要欲人由知仁勇以合乎中知則能知此中仁則能體此中勇則能勉而進於此中然夫子於舜之知讚之也於回之仁許之也於由之勇抑而進之也○雙峯饒氏曰以上十章論道以中庸爲主而氣質有過不及之偏當爲第二大節

君子之道는費而隱이니라 費符味反

君子의道는費호되隱ᄒᆞ니라

●費、用之廣也、雲峯胡氏曰費字當讀作費用之費芳味反說文散財用也 隱、體之微也、朱子曰道者兼體用該費隱而言也費是道之用隱是道之所以然而不見處○或

說形而下者爲費形而上者爲隱曰形而下者甚廣其形而上者實行乎其間而無物不具無處不有故曰費就其中形而上者有非視聽所及故曰隱○陳氏曰此章就費隱上說申明首章道不可離之意○雙峯饒氏曰首章由體以推用故先中而後和此章由用以推體故先費而後隱蓋中間十章極論君子中庸之事皆道之用故也○新安陳氏曰斯道廣大之用昭著於可見而其體藏於用之中者則隱微而不可見【備旨】子思自立言曰道原於天而盡於君子故爲君子之道是道也其當然之用則充周不窮固若是其費矣而就其費之所以原於天命者則又隱焉

夫婦之愚로도可以與知焉이로딕及其至也ᄒᆞ야ᄂᆞᆫ雖聖人이라도亦有所不知焉ᄒᆞ며夫婦之不肖로도可以能行焉이로딕及其至也ᄒᆞ야ᄂᆞᆫ雖聖人이라도亦有所不能焉ᄒᆞ며天地之大也애도人猶有所憾이니故로君子ㅣ語大ㄴ댄天下ㅣ莫能載焉이오語小ㄴ댄天下ㅣ莫能破焉이니라 與去聲

夫婦의愚로도可히써與ᄒᆞ야알오딕그지극홈애밋처ᄂᆞᆫ비록聖人이라도또ᄒᆞᆫ아디못ᄒᆞᄂᆞᆫ배이시며夫婦의不肖로도可히써能히行호딕그지극홈애밋처ᄂᆞᆫ비록聖人이라도또ᄒᆞᆫ能티못ᄒᆞᄂᆞᆫ배이시며天地의큼애도사ᄅᆞᆷ이오히려憾ᄒᆞᄂᆞᆫ배인ᄂᆞ니故로君子ㅣ大를닐올딘댄天下ㅣ能히載티못ᄒᆞ고小를닐올딘댄天下ㅣ能히破티못ᄒᆞᄂᆞ니라

●君子之道、近自夫婦居室之間、遠而至於聖人天地之所不能盡、其大無外、其小無內、可謂費矣、然、其理之所以然則隱而莫之見也、朱子曰莫能載是無外莫能破是無內如物有至小而可破作兩者是中著得一物在若曰無內則是至小更不容破了○勿軒熊氏曰此章有大小費隱四字大處有費隱小處亦有費隱○新安陳氏曰全段皆是說費在不言之表而不可見者爲隱 蓋可知可能者、道中之一事、及其至而聖人不知不能則擧全體而言、聖人、固有所不能盡也、朱子曰人多以至爲道之精妙處若是精妙處有所不知不能便與庸人無異何足爲聖人這至只是道之盡處不知不能是沒緊要底事他大本大根處元無欠缺只是古今事變禮樂制度便也須學○夫婦之與知能行是萬分中有一分聖人不知不能是萬分中欠一分○陳氏曰可知可能道中之一事是就日用間一事上論如事親事長之類○東陽許氏曰聖人不能知行非就一事上說是就萬事上說如孔子不如農圃及百工技藝細瑣之事聖人豈盡知盡能若君子之所當務者則聖人必知得徹行得極 侯氏曰聖人所不知、如孔子問禮問官之類、家語觀周篇孔子謂南宮敬叔曰吾聞老聃博古知今則吾師也今將往矣敬叔與俱至周問禮於老聃○左傳昭公十七年秋郯子來朝公與之宴昭子問焉曰少昊氏鳥名官何故也郯子曰吾祖也我知之昔者黃帝氏以雲紀故爲雲師而雲名炎帝氏以火紀故爲火師而火名共工氏以水紀故爲水師而水名太皥氏以龍紀故爲龍師而龍名我高祖少昊摯之立也鳳鳥適至故紀於鳥爲鳥師而鳥名自顓頊以來不能紀遠乃紀於近爲民師而命以民事則不能故也仲尼聞之見於郯子而學之旣而告人曰吾聞之天子失官學在四夷猶信 所不能、如孔子、不得位、堯舜、病博施去聲之類、問以孔子不得位爲聖人所不能祿位壽乃在天者聖人如何能必得朱子曰中庸明說大德必得其位孔子有大德而不得其位如何不是不能 愚、謂人所憾、胡暗反 於天地、如覆敷救反蓋也後凡當釋爲覆蓋之義者並同 載生成之偏、及寒暑災祥之不得其正者、朱子曰道無所不在無窮無盡聖人亦做不盡天地亦做不盡此是此章緊要意思○雙峰饒氏曰此章就夫婦所知所能而推之以至於天地之大先語小而後語大也大哉聖人之道章從發育萬物峻極于天而歛歸禮儀三百威儀三千先語大而後語小也○新安陳氏曰天覆而生物地載而成物以天地之無私而生成之物或有偏而不均者當寒而寒當暑而暑作善降祥作不善降

灾正也乃有當寒而不寒當暑而不暑善而不祥不善而不灾者是不得其正也是皆人所不能無憾於天地者

【備旨】何以見其費也彼夫婦中之愚者於道宜若無所知矣然良知不以其愚而遺之也即日用居室之一端可以與知焉及其道之全體而至也則雖生知之聖人宜無所不知而或時與地隔耳目有限亦有所不盡知焉夫婦中之不肖者於道宜若無所能矣然良能不以不肖而遺之也即日用居室之一端可以能行焉及其道之全體而至也則雖安行之聖人宜無所不能而或數與勢阻心力不逮亦有所不盡能焉豈惟聖人即以天地如此其大也然或覆載不相兼運化不能齊人猶有所憾夫道無可憾而天地有可憾於天地亦未足以盡道矣故君子之道語其大至聖人天地所不能盡而道無不包天下莫能有出其外而載之者焉語其小愚不肖夫婦與知與能而道無不體天下莫能有入其內而破之者焉道之極於小大如此可謂費矣而隱不即在其中哉

詩云鳶飛戾天이어늘 魚躍于淵이라ᄒᆞ니 言其上下察也ㅣ니라 鳶余傳反

詩예닐오ᄃᆡ 鳶은 飛ᄒᆞ야 天애 戾ᄒᆞ거ᄂᆞᆯ 魚ᄂᆞᆫ 淵에서 躍ᄒᆞ다ᄒᆞ니 그 上下애 察ᄒᆞᆷ을 닐ᄋᆞ니라

●詩、大雅旱麓音鹿之篇、鳶、鴟處脂反類、戾、至也、察、著也、雙峯饒氏曰察是自然昭著便是誠之不可揜子思、引此詩、以明化育流行、上下昭著、莫非此理之用、所謂費也、然、其所以然者則非見聞所及、所謂隱也、問鳶飛魚躍必氣使之然朱子曰所以飛所以躍者理也氣便載得許多理出來若不就鳶飛魚躍上看如何見得此理問子云若說鳶上面更有天在說魚下面更有地在是如何先生默然微誦曰天有四時春秋冬夏風雨霜露無非教也地載神氣神氣風霆風霆流形庶物露生無非教也便覺有竦動人處○鳶飛可見魚躍亦可見而所以飛所以躍果何物也○鳶飛魚躍費也必有一箇什麽物事使得它如此此便是隱○問許多都說費處却不說隱處所謂隱者只在費中否曰惟是不說乃所以見得隱在其中舊來多將聖人不知不能處做隱說覺得下面都說不去且如鳶飛天魚躍淵亦何嘗隱來○鳶飛魚躍無非道體之所在猶言動容周旋無非至理出入語默然非妙道言其上下察也此一句只是言上面察者著也言其昭著徧滿於天地之間非察察之察詩中之意本不爲此中庸借此兩句形容道體○事地察天地明察與此上下察察乎天地皆明著之意○三山陳氏曰有一物必有一理有已然者必有所以然者鳶則天而不能淵魚則淵而不能天此其用也已然者也是必有所以然者以爲之體然體之隱初不離於用之顯也○溍陵陳氏曰中庸之道只在日用之間而不可他求雖曰日用之間而有至微至隱者存焉亦猶鳶魚之飛躍皆在目前初不離性分之內○潛室陳氏曰凡說道之費處其體之隱則在其中矣故不言隱非於費之外別有所謂隱也使有隱可見有隱可言則非體用一源顯微無間矣○雙峯饒氏曰此兩句引得妙若以人來證也證不得若引植物來證也證不得蓋人有知識物不動須以動物證之且如鳶魚何嘗有知識但飛則必戾天躍則必于淵自然如此又不是人敎他要必有使之然者須於此默而識之○問子思如何獨與鳶魚而言蛟峯方氏曰只且提起一二以示人天下萬物皆如此何獨鳶魚○雲峰胡氏曰中庸言道字皆自率性之道說來費用之廣也是說率性之道隱體之微也是說天命之性纔說費隱卽在其中纔說率性之道天命之性卽在其中非有二也故近自夫婦居室之間遠而至於聖人天地之所不能盡而道無不在卽朱子所謂天下無性外之物而性無不在者也饒氏謂無性外之物是萬物統體一太極性無不在是一物各具一太極是也性無不在費也而性之所以爲性則隱也如鳶率鳶之性必飛魚率魚之性必躍於此見物物有自然之天物物有天命之性首章言天命之性率性之道自第二章以至第十章無非率性之道亦無非因其天命之性也天地間無非是此性之著見處造端乎夫婦則是盡性之始事朱子曰幽暗之中衽席此上或褻而慢之躍天命有所不行非知性命之理者不足與語此○新安陳氏曰鳶飛魚躍天機自動鳶飛天見此理之著於上魚躍淵見此理之著於下詩人此二句與體也本以與君子之作成人才也子思引之借以言此理之昭著非與也亦非比喩也理無形體於有形體之物上見得無形體之理偶引詩以鳶魚二物指言之耳拾鳶魚而言固不可泥鳶魚而言亦不可充滿天地無一物不可見此理之昭著如程子於子在川上章論道體言日往月來寒往暑來水流物生皆道體之顯然者是也此察字實對首句隱字體之隱者於此物上昭著出來則隱而不可見者於此著察而可見矣然其所以然之妙則終非見聞所及雖察也而實隱也

故、程子、曰此一節、子思、喫緊（居忍反）爲（去聲）人處活潑潑（普活反）地、讀者、其致思焉。

朱子曰喫緊爲人處是製人就此瞥地使見箇天理全體活只是不滯於一隅○潛室陳氏曰大要不欲人去昏默窈冥中求道理處處平平會得時多少分明快活○問如何是喫緊爲人處雙峯饒氏曰以道體示人也觀鳶魚而知道之費而隱猶觀川流而知道體之不息○雲峯胡氏曰道體每於動處見本自活潑潑地聖賢敎人每欲人於動處用功亦是活潑潑地鳶飛魚躍道之

自然本無一毫私意勿忘勿助學者體道之自然亦著不得一毫私意○新安陳氏曰章句引程子說蓋前面已說得文意分曉了恐人只容易讀過故引此語使讀者更加涵泳又恐枝葉太繁則本根漸遠故引而不發使學者於此致思焉【備旨】道固無不在矣其流行活潑之機則何如大雅旱麓之詩有云鳶飛則戾於天魚躍則在於淵詩非徒爲鳶魚咏也蓋言天地間何物非道鳶率飛之性而戾天是其道之上察也而凡親乎上者可知矣魚率躍之性而于淵是其道之下察也而凡親乎下者可知矣道誠大莫載小莫破也不亦費而隱乎

君子之道는造端乎夫婦니及其至也하야는察乎天地니라

君子의道는端이夫婦에造하나니그지극홈애미처는天地에察하나니라

●結上文 朱子曰君臣父子人倫日用間無所不該特擧夫婦而言以見其尤切近處○夫婦人倫之至親至密者也人之所爲蓋有不可以告其父兄而悉以告其妻者人事之至近而道行乎其間非知幾謹獨之君子其孰能體之○新安陳氏曰總結上文謂君子之道始乎夫婦居室之間及其極至則昭著乎天高地下之大造端夫婦結夫婦與知能行及語小莫能破數句察乎天地結聖人不能知行及語大莫能載包到鳶魚上下察處該括盡矣人苟知道造端乎夫婦則見道之不可離而男女居室之間有不敢忽者矣【備旨】合而言之君子之道語其一節則託始乎夫婦居室之間而愚不肖可以與知與能及其全體至極也則昭著乎天地之大而天地聖人有所不能盡道之費而隱如此此道之所以不可須臾離也是以君子貴存養省察而無須臾之間焉

右는第十二章이라 子思之言、蓋以申明首章道不可離之意也、其下八章、雜引孔子之言、以明之、

雙峰饒氏曰始言中和以見此道管攝於吾心次言中庸以見此道著見於事物此言費隱以見此道充塞乎天地知道之管攝於吾心則存養省察之功不可以不盡故以戒懼謹獨言之知道之著見於事物則致知力行之功不可以不加故以知仁勇言之知道之充塞乎天地則致知力行之功不可以不周故自違道不遠以極於達孝又曰費隱是申道不可離之意然道不可須臾離是無時不然君子之道費而隱是無物不有無時不然故德欲其久無物不有故業欲其廣德欲其久故敬以直內之功由動而靜由靜而動不可有須臾間斷戒謹不睹恐懼不聞而愼獨是也業欲其廣故義以方外之功自近而遠若小若大不可毫髮放過造端夫婦至達乎諸侯大夫及士

庶人是也○此章論道之費隱小大以爲下七章之綱領

子ㅣ曰道不遠人ᄒᆞ니人之爲道而遠人이면不可以爲道ㅣ니라

子ㅣ ᄀᆞᆯᄋᆞ샤ᄃᆡ 道ㅣ 사ᄅᆞᆷ의게 머디 아니ᄒᆞ니 사ᄅᆞᆷ이 道를 호ᄃᆡ 사ᄅᆞᆷ의게 멀리ᄒᆞ면 可히 써 道ㅣ라 ᄒᆞ디 못ᄒᆞ리니라

●道者、率性而已、固衆人之所能知能行者也、故、常不遠於人、若爲道者、厭其卑近、以爲不足爲而反務爲高遠難行之事、則非所以爲道矣 朱子曰此三句是一章之綱下面三節只是解此三句然緊要處又在道不遠人一句人之爲道之爲如爲仁由己之爲不可以爲道如克己復禮爲仁之爲○黃氏曰率性之謂道道何嘗遠人此人字兼人己而言自己觀之便具此道自人觀之人亦具此道也又曰此指爲道之人己身而言己之身便具此道又豈可遠此身以爲道○陳氏曰此道常昭著於日用人事之間初無高遠難行之事若欲離人事而求之高遠便非所以爲道如老莊言道在太極先之類無非高遠此三句語脈猶道不可離可離非道之謂○雙峯饒氏曰道不遠人以道言也人之爲道而遠人不可以爲道以學道者言也遠人之人是指衆人人之爲道之人是指爲道之人○雲峰胡氏曰上章言性無不在其廣大也如此此章言率性只在人倫日用之間其篤實也又如此○東陽許氏曰人之爲道而遠人此爲字重猶言行道不可以爲道此爲字輕猶言謂之道 備旨 子思引夫子之言以明費之小也夫子有曰道昭著於人倫日用之間初無難知難行之事何嘗遠人若人之爲道者厭其卑近而求諸高遠則知行皆失於過豈所謂道哉

詩云伐柯伐柯ㅣ여其則不遠이라ᄒᆞ니執柯以伐柯호ᄃᆡ睨而視之ᄒᆞ고猶以爲遠ᄒᆞᄂᆞ니故로君子ᄂᆞᆫ以人治人ᄒᆞ다가改而止니라 睨研計反

詩예 닐오ᄃᆡ 柯를 버힘이여 柯를 버힘이여 그 則이 머디 아니타 ᄒᆞ니 柯를 잡아 써 柯를

버휴ᄃᆡ睨ᄒᆞ야보고오히려써멀리너기ᄂᆞ니故로君子ᄂᆞᆫ사ᄅᆞᆷ으로써사ᄅᆞᆷ을다ᄉᆞ리다가改커든止ᄒᆞᄂᆞ니라

●詩、豳(悲巾反)風伐柯(音哥)之篇、柯、斧柄、則、法也、睨、邪視也、言人、執柯伐木、以爲柯者、彼柯長短之法、在此柯耳、然、猶有彼此之別(彼列反下同)故、伐者、視之、猶以爲遠也、若以人治人則所以爲人之道、各在當(去聲)人之身、初無彼此之別故、君子之治人也、即以其人之道、還治其人之身、其人能改、即止不治、蓋責之以其所能知能行、非欲其遠人以爲道也、張子所謂以衆人望人則易(去聲)從、是也、程子曰執柯伐柯其則不遠人猶以爲遠君子之道本諸身發諸心豈遠乎哉道初不遠於人之身人之爲道而不近求之於其身尙何所爲道故有伐柯睨視之譬知道之不遠人則人與己本均有也故以人治人○朱子曰緊要處全在道不遠人一句言人人本自有許多道理只是不曾依得這道理却做從不是道理處去如人之孝他本有此孝他却不曾行得這孝却亂行從不孝處去君子治之非是別討箇孝去治他只是與他說你這箇不是你本有此孝却如何錯行從不孝處去其人能改即是孝矣不是將別人底道理治他我但因其自有者還以治之而已及我自治其身亦不是將他人底道理來治我亦只是將我自有底道理自治我之身而已所以說執柯伐柯其則不遠執柯以伐柯不用更別去討法則只那手中所執者便是則然執柯以伐柯睨而視之猶以爲遠若此箇道理人人具有纔要做底便是初無彼此之別故中庸一書初間便說天命之謂性率性之謂道只是說人人各具此箇道理無有不足故耳從上頭說下來只是此意○君子以人治人改而止如水本東流失其道而西流從西邊遮障得歸來東邊便了○陳氏曰能改即止不以高遠難行底責他只把他能知能行底去治他○蒙齋袁氏曰不曰我治人而曰以人治人我亦人耳道不離吾身亦不離各人之身吾有此則人亦有此則以則取則天則自然非彼柯假此柯之比也人有過焉能改則止若責人已甚違天則矣故忠恕違道不遠○潛室陳氏曰衆人即天生烝民凡厥庶民之謂只將他共有底道理治他乃天理人倫之類若以蠢蠢昏昏者爲衆人非張子意○雲峰胡氏曰衆人同此性即同此當然之則以衆人望人不敢遽以聖人責人也章句分三節皆提起不遠人以爲道一句第一節言以人治人皆欲其不遠人以爲道第二節言己之施於人者不遠人以爲道第三節言雖聖人所以責之己者亦不遠人以爲道也○東陽許氏曰柯有彼此之異尙猶是遠道在人身而不可離又非柯之比故敎者只消就衆人自身所有之道而治之耳行道者不假外求治人者無可外加

[備旨]何以見道之不遠人也以治人言之豳風伐柯之詩有云人之伐柯也人之伐柯也其尺度長短之則取之當前固不遠矣然即詩言思之執己成之柯以伐未成之柯自伐柯者邪目而視之不免有彼此之別猶以爲遠若道則各在當人之身取之己而自足與伐柯之則在彼不在此者不同矣故君子之立敎以治人也即以其人良知良能之道還治其人之身而責其知且能焉其人能率吾敎而改圖則君子必止而不治不復以難知難能責之矣是道不遠於人身而不欲遠人以爲道也

忠恕ㅣ違道不遠ᄒᆞ니施諸己而不願을亦勿施於人이니라

忠과恕ㅣ道에違홈이머디아니ᄒᆞ니己에施ᄒᆞ야願티아니홈을또ᄒᆞᆫ사ᄅᆞᆷ의게施티마롤디니라

●[註]盡己之心、爲忠、推己及人、爲恕、違、去也、如春秋傳、去聲齊師、違穀七里之違、言自此至彼、相去不遠、非背音佩而去之之謂也左傳哀公二十七年晉荀瑤帥師伐鄭次于桐丘鄭駟弘請於齊乃救鄭及留舒齊地違穀七里穀人不知及濮水名智伯聞之乃還曰我卜伐鄭不卜齊伐智伯智襄子也即荀瑤道即其不遠人者、是也、此章以道不遠人爲綱領故章句節節提掇施諸己而不願、亦勿施於人、忠恕之事也、朱子曰忠者盡己之心無少僞妄只是盡自家之心不要有一毫不盡須是十分盡得方始是盡若七分盡得三分未盡也是不忠恕者推己及物各得所欲知得我是要恁地想人亦要恁地而今不可不敎他恁地三反五折便是推己及物○問此只是恕如何作忠恕說曰忠恕兩箇離不得方忠時未見得恕及至恕時忠行乎其間施諸己而不願亦勿施於人非忠者不能也○北溪陳氏曰忠是就心說是盡己之心無不眞實者恕是就待人接物處說只是推己心之眞實者以及人物而已○東陽許氏曰行道之方惟在忠恕自此行之則可至中庸之道故曰違道不遠施諸己而不願亦勿施於人推己之恕也然非忠爲本則亦無可推者矣蓋忠以心之全體言恕就事上言所接之事萬有不同皆自此心而推然應一事時盡己之心推之則心之全體却又只在此故恕非忠無以本忠非恕不能行二者相須缺一不可所以經以施諸己兩句總言忠恕而章句亦曰施諸己而不願亦勿施於人忠恕之事也

以己之心、度(徒洛反)人之心、未嘗不同則道之不遠於人者、可見故、己之所不欲、則勿以施於人、亦不遠人以爲道之事、黃氏曰此即己之身而得待人之道待人之道不必遠求不過推己以及人而己 張子所謂以愛己之心、愛人則盡仁、是也、問論語中庸言忠恕不同朱子曰盡己推己此言違道不遠是也是學者事忠恕工夫到底只如此曾子取此以明聖人一貫之理耳若聖人之忠恕只說得誠字與仁字盡字推字用不得若學者則須推故程子曰以己及物仁也推己及物恕也違道不遠是也自是兩端說此只說下學而上達是子思掠下敎人處論語則曰一以貫之又曰勿者禁止之辭豈非學者事論語分明言夫子之道豈非聖人事○問到得忠恕己是道如何云違道不遠曰仁是道忠恕正是學者下工夫處施諸己而不願亦勿施於人子思之說正是工夫夫子之道忠恕而已矣却不是恁地曾子只是借這箇說維天之命於穆不已乾道變化各正性命便是天之忠恕純亦不已萬物各得其所便是聖人之忠恕施諸己而不願亦勿施於人便是學者之忠恕○凡人責人處急責己處緩愛己則急愛人則緩若拽轉頭來便自道理流行○潛室陳氏曰此因恕而言仁耳恕是求仁之事推愛己之心以愛人恕者之事也以愛己之心愛人仁者之事也忠恕違道不遠轉一過卽仁矣故張子以仁言○雙峰饒氏曰道是天理忠恕是人事天理不遠於人人事盡則可以至天理故曰忠恕違道不遠其理甚明

備旨 以施人言之道本根於人心但人爲私意所間惟知有己不知有人故施之於人者多不得其當而去道日遠若本乎忠而行之以恕雖曰出於勉强未能與道爲一然由此而行心公理得其去道也不遠矣忠恕之事如何不過推己之心以及人耳如人以無道施諸己此己所不願也則以己之心度人之心亦勿以施於人焉可見忠恕之事亦我之所能知能行道豈遠於人哉

君子之道ㅣ四에 丘未能一焉이로니 所求乎子로 以事父를 未能

也ᄒᆞ며所求乎臣으로以使君을未能也ᄒᆞ며所求乎弟로以事兄을未能也ᄒᆞ며所求乎朋友로先施之ᄅᆞᆯ未能也ㅣ로니庸德之行ᄒᆞ며庸言之謹ᄒᆞ야有所不足이어든不敢不勉ᄒᆞ며有餘ㅣ어든不敢盡ᄒᆞ야言顧行ᄒᆞ며行顧言이니君子ㅣ胡不慥慥爾리오(子臣弟友四字絕句)

君子의道ㅣ네헤丘ㅣᄒᆞ나도能티못ᄒᆞ노니아ᄃᆞᆯ의게求ᄒᆞ는바로써아비셤김을能티못ᄒᆞ며신하의게求ᄒᆞ는바로써님금셤김을能티못ᄒᆞ며아의게求ᄒᆞ는바로써兄셤김을能티못ᄒᆞ며벗의게求ᄒᆞ는바로몬져施홈을能티못ᄒᆞ노니庸ᄒᆞᆫ德을行ᄒᆞ며庸ᄒᆞᆫ言을謹ᄒᆞ야不足ᄒᆞᆫ배잇거든敢히勉티아니티아니ᄒᆞ며有餘ᄒᆞ거든敢히盡티아니ᄒᆞ야말이ᄒᆡᆼ실을도라보며ᄒᆡᆼ실이말을도라볼디니君子ㅣ엇디慥慥티아니ᄒᆞ리오

●求、猶責也、道不遠人、凡己之所以責人者、皆道之所當然也、故、反之以自責而自脩焉、(黃氏曰此卽人之身而得治己之道治己之道初不難見觀其責人者而已)庸、平常也、行者、踐其實、謹者、擇其可、德不足而勉則行益力、言有餘而訒(忍也難也)則謹益至、謹之至則言顧行(去聲行顧言行之行同)矣、行之力則行顧言矣、慥慥、篤實貌、言君子之言行、如此、豈不慥慥乎、贊美之也、凡此皆不遠人以爲道之事、三山陳氏曰人之言常有餘行常不足言顧行則言之有餘者將自損行顧言則行之不足者將自勉此章語若雜出而意脈貫通反復於人己之間者詳盡明切而有序其歸不過致謹於言行以盡其實耳張子所謂以責人之心、責己則盡道、是也、朱子曰未能一焉固是謙辭然亦可見聖人之心有未嘗滿處所求乎子以事父未能也每常人責子必欲其孝於我然不知我之所以事父者曾孝否乎以我責子之心而反推己之所以事父此便是則也所求乎臣以事君未能也常人責臣必欲其忠於我然不知我之所以事君者盡忠否乎以我責臣之心而反之於我則其則在此矣又曰事父未能須要如舜之事父方盡得子之道事君未能須要如周公之事君方盡得臣之道若有一毫不盡便是道理有所欠缺便非子與臣之道矣無不是如此只緣道理當然自是住不得○南軒張氏曰此章大意謂道雖不遠人而其至則聖人亦有所不能而實亦不遠於人故君子只於言行上篤實做工夫此乃實下手處○格庵趙氏曰我之所望於人者即我所當自盡之則不是將他人道理來治我蓋以得於天之所同然者而自治其身耳○雙峯饒氏曰施諸己而不願二句是恕之事君子道四一節是忠之事所以爲恕之本者也忠爲恕之本先論勿施於人而後反之以責其所以盡己者語意尤有力大學自明明德於天下而反推之至於誠意致知中庸自獲上治民而反推之至於誠身明善皆此意○朱氏伸曰言未能者欲先盡己也能盡乎己則恕可推矣○雲峰胡氏曰論語說忠恕是曾子借此二字形容聖人至妙處此則是子思就此二字說歸聖道至實處推愛己之心愛人推己及物之恕也而忠即行乎其間以責人之心責己發己自盡之忠也而恕即不外乎此君臣父子兄弟朋友之倫人人性分之所固有者而曰丘未能一焉亦曰吾之反求諸己未能如其所以責人者爾學者之心常如聖人以爲未能則必深體而力行之惟恐庸言之不謹而言未能顧其行惟恐庸德之未行而行未能顧其言此皆盡己之心而恕之本也饒氏謂夫子責己以勉人前四語是責己庸德以下是勉人【備旨】且以責己言之丘固學爲君子者也君子盡倫之道有四丘尙未能一焉四者維何如吾所責乎子者孝然反求我所以事父者未能盡孝也吾所責乎臣者忠然反求我所以事君者未能盡忠也吾所責乎弟者恭然反求我所以事兄者未能盡恭也吾所責乎朋友者信然反求我所以先施於友者未能盡信也君子之道吾所未能如此然丘所未能者皆君子所己能也君子以子臣弟友之道體於身庸德也則行之而踐其實以子臣弟友之道宣於口庸言也則謹之而擇其可行易至於不足則不敢不勉以自力謹猶恐其有餘則不敢盡以自嚴如是則所言皆必其所行而顧行所行必逮其所言而顧言君子胡不德皆實踐言皆篤論而慥々矣乎吾當以是爲則而自勉矣夫此子臣

弟友之道我與人之所共知共能者道不遠人不益明哉

右ᄂᆞᆫ第十三章이라 道不遠人者、夫婦所能、丘未能一者、聖人所不能、皆費也、而其所以然者則至隱、存焉、下章、放(上聲)與此、倣同 雙峰饒氏曰此章實承上章上章說道如此費恐人以瀾遠求道故此章說道不遠人上章以費隱明道之體用而此章以忠恕違道不遠繼之以明學者人道之方蓋即夫子告曾子以一貫而曾子告門人以忠恕之意也意子思得其傳於曾子而於此發明之歟〇新安陳氏曰丘未能一固聖人謙辭然實足以見聖人愈至而愈不自至之誠如朱子所謂必如舜之事父周公之事君方爲盡道語其極誠聖人所不敢自以爲能也

君子ᄂᆞᆫ素其位而行이오不願乎其外니라

君子ᄂᆞᆫ 그 位에 素ᄒᆞ야셔 行ᄒᆞ고 그 밧글 願티 아니ᄒᆞᄂᆞ니라

●素、猶見(形甸反下同)在也、(如今人言素來之意)言君子、但因見在所居之位、而爲其所當爲、無慕乎其外之心也、此二句 一章之綱下文分應之〔備旨〕子思自立言以明費之小也曰凡人所處之位不同莫不各有當盡之道君子但因見在所居之位而行未嘗於位之外別有所願慕蓋本分內其道不可不盡而本分外皆非道之當然也

素富貴ᄒᆞ얀行乎富貴ᄒᆞ며素貧賤ᄒᆞ얀行乎貧賤ᄒᆞ며素夷狄ᄒᆞ얀行乎夷狄ᄒᆞ며素患難ᄒᆞ얀行乎患難이니君子ᄂᆞᆫ無入而不自得焉이니라 難去聲

富貴에 素ᄒᆞ얀 富貴에 行ᄒᆞ며 貧賤에 素ᄒᆞ얀 貧賤에 行ᄒᆞ며 夷狄에 素ᄒᆞ얀 夷狄에 行ᄒᆞ며 患難에 素ᄒᆞ얀 患難에 行ᄒᆞᄂᆞ니 君子ᄂᆞᆫ 든ᄃᆡ마다 스스로 得디 아니ᄒᆞᆯᄃᆡ 업ᄂᆞ니

라

●此ㆍ言素其位而行也ㆍ北溪陳氏曰素富貴行乎富貴如舜之被袗衣皷琴若固有之是也素貧賤行乎貧賤如舜之飯糗茹草若將終身是也行乎夷狄如孔子欲居九夷曰何陋之有是也行乎患難如孔子曰天未喪斯文匡人其如予何是也蓋君子無所往而不自得惟爲吾之所當爲而已○雙峯饒氏曰四者之中只有富貴是順境三者皆逆境問上言四事下文在上位以下只暗說富貴貧賤如何曰人之處世不富貴則貧賤如夷狄患難不常有之素夷狄謂適然陷於夷狄如蘇武洪忠宣事問入字是入四者之中否曰入字濶上四者特擧其槪隨其所在而樂存焉○倪氏曰順居一逆居三以見人少有不經憂患者君子居易俟命以能視順逆爲一也【備旨】素位而行何以見之如見在富貴之位則行乎富貴所當行之道見在貧賤之位則行乎貧賤所當行之道見在夷狄之位則行乎夷狄所當行之道見在患難之位則行乎患難所當行之道道隨往而在心隨往而樂君子蓋無入而不自得焉所謂素位而行如此

在上位ᄒᆞ야不陵下ᄒᆞ며在下位ᄒᆞ야不援上이오正己而不求於人이면則無怨이니上不怨天ᄒᆞ며下不尤人이니라 援平聲

웃位예이셔아래를陵티아니ᄒᆞ며아래位예이셔우흘援티아니ᄒᆞ고몸을正히ᄒᆞ고사ᄅᆞᆷ의게求티아니ᄒᆞ면怨이업ᄉᆞ리니우흐로하ᄂᆞᆯ을怨티아니ᄒᆞ며아래로사ᄅᆞᆷ을尤티아니ᄒᆞᄂᆞ니라

●此ㆍ言不願乎其外也ㆍ陳氏曰吾居上位則不陵忽乎下吾居下位則不攀援於上惟反自責於己初無求取於人之心自然無怨蓋有責望於天而不副所望則怨天有求取於人而不我應則尤人君子無責望於天之心無求取於人之意又何怨尤之有此處見君子胷中多少灑落明瑩眞如光風霽月無一點私累【備旨】不願乎外何以見之吾居上位則下爲其外而不作威以陵下吾居下位則上爲其外而不附勢以援上夫陵下不得申己之勢必怨其下援上不得遂己之欲必怨其上今惟正其在上在下之己而初無求

乎人則自然無怨其中心泰然上無責望於天之意雖不得於天而不怨天下無求取於人之意雖不合夫人而不尤人所謂不願乎外如此

故로君子ᄂᆞᆫ居易以俟命ᄒᆞ고小人은行險以徼幸이니라 易去聲

故로君子ᄂᆞᆫ易에居ᄒᆞ야써命을기ᄃᆞ리오고小人은險에行ᄒᆞ야써幸을徼ᄒᆞᄂᆞ니라

●易、平地也、易與險對 居易、素位而行也、俟命、不願乎外也、問君子居易俟命與大易樂天知命相似否潛室陳氏曰居易俟命學者事樂天知命聖人事○格菴趙氏曰君子胷中平易所居而安素位而行也富貴貧賤惟聽天之所命不願乎外也 徼、堅堯反 求也、幸、謂所不當得而得者、朱子曰言强生意智取所不當得○朱氏伸曰易者中庸也俟命者待其分之所當得故無怨尤險者反中庸也徼幸者求其理之所不當得故多怨尤【備旨】惟素其位而不願外故君子心中平易所處而安至於窮通得喪唯聽天之所命也若小人則騁私智行乎傾險之塗以徼求苟得之幸而已

子ㅣ曰射ㅣ有似乎君子ᄒᆞ니失諸正鵠이오反求諸其身이니라 正音征鵠工毒反

子ㅣᄀᆞᄅᆞ샤ᄃᆡ射ㅣ君子ᄀᆞᆺ탐이인ᄂᆞ니正과鵠에失ᄒᆞ고도라그몸애求ᄒᆞᄂᆞ니라

●畫胡卦反 布曰正、棲皮曰鵠、皆侯之中、射之的也、詩傳侯張布而射之者也正設的於侯中而射之者也大射則張皮侯而設鵠賓射則張布侯而設正○雙峰饒氏曰正乃是鴊字小而飛最疾最難射所以取爲的鵠取革置於中正則畫於布以爲的 子思、引此孔子之言、以結上文之意、陳氏曰射有不中只是自責如君子行有不得反求諸己蓋以證上文正己而不求於人是亦不願乎其外之意也【備旨】孔子有言曰凡人之射有似乎君子之道何則射而失諸正與鵠則反求於吾身以爲內志未正外體未直而初無尤人之心也觀於此言而君子之素位而行不願乎外何以異哉

右ᄂᆞᆫ第十四章이라 子思之言也、凡章首、無子曰字者、放此、雙峰饒氏曰上章道不遠人是就身上說此章素位而行是就位上說此身放開一步然位是此身所居之地猶未甚遠下章言行遠登高卑近可以至於高遠遞漸放開去

君子之道ᄂᆞᆫ辟如行遠必自邇ᄒᆞ며辟登高必自卑니라

君子의道ᄂᆞᆫ辟컨댄먼ᄃᆡ行ᄒᆞ리반ᄃᆞ시갓가온ᄃᆡ로브터홈ᄀᆞᆺᄐᆞ며辟컨댄노픈ᄃᆡ오ᄅᆞ리반ᄃᆞ시ᄂᆞᄌᆞᆫᄃᆡ로브터홈ᄀᆞᆺᄐᆞ니라

●辟、譬同、新安陳氏曰承上章言道無不在而進道則有序以君子之道提起言凡君子之道皆當如此也 [備旨]子思自立言以明費之小也曰君子之道雖無所不在而其進爲則有序盡性至命必本於人倫日用之常精義入神必基於灑掃應對之末辟如行遠者不自遠始而必自邇辟如登高者不自高始而必自卑求道者可不知所從事哉

詩曰妻子好合이如鼓瑟琴ᄒᆞ며兄弟既翕ᄒᆞ야和樂且耽이라宜爾室家ᄒᆞ며樂爾妻帑ㅣ라ᄒᆞ야ᄂᆞᆯ

好去聲耽詩作湛亦音耽樂音洛

詩예ᄀᆞᆯ오ᄃᆡ妻子의好ᄒᆞ며合홈이琴과瑟을鼓홈ᄀᆞᆺᄐᆞ며兄과弟ㅣ이믜翕ᄒᆞ야和ᄒᆞ며樂ᄒᆞ고ᄯᅩ耽ᄒᆞᆫ디라네의室家를宜케ᄒᆞ며네의妻와帑를樂케ᄒᆞ라ᄒᆞ야ᄂᆞᆯ

●詩、小雅常棣之篇、鼓瑟琴、和也。翕、亦合也、耽、亦樂也、帑、與孥通子孫也、[備旨]且擧倫常中一事言之詩小雅棠棣之篇曰妻子情好契合如鼓瑟琴和之至也兄弟友愛既翕和樂且耽樂之極也如是則有以宜爾之室家而胥淪洽矣如是則有以樂爾之妻帑而卜悠長矣詩之所言如此

子ㅣ曰父母는 其順矣乎ㅣ신뎌

子ㅣ골ᄋᆞ샤ᄃᆡ 父母ᄂᆞᆫ 그 順ᄒᆞ시린뎌

●夫子、誦此詩而贊之曰人能和於妻子、宜於兄弟、如此則父母、其安樂音洛之矣、子思、引詩及此語、以明行遠自邇登高自卑之意、三山陳氏曰行遠自邇登高自卑凡君子之道其推行之序皆然引詩以明之特擧一事而言耳○雙峰饒氏曰行遠自邇登高自卑說得闊只引詩來形容却是切惟妻子好合如鼓瑟琴故能宜爾室家惟兄弟既翕和樂且耽故能樂爾妻孥室家宜妻孥樂皆下面事父母順是上面事欲上面順須下面和始得即行遠自邇登高自卑之意○新安陳氏曰兄弟妻子之間日用常行之事道無不在不可忽其爲卑近雖高遠實自於此堯舜之道孝弟而已正此意也子思引詩及夫子贊詩語蓋偶指一事而言非以自邇自卑之義爲止於此詩所云而已也[備旨]孔子讀此詩而慨然曰妻子不和兄弟不宜皆貽父母之憂人能和妻子宜兄弟如此則父母其安樂而無不順矣乎由詩及聖言觀之必能和妻子宜兄弟而後父母順是亦行遠自邇登高自卑之一事也然則學者之於道忽意卑邇而馳心高遠其能至乎哉

右는第十五章이라 雙峯饒氏曰自道不遠人而下至此凡三章皆近裏就實學者所當用功○東陽許氏曰此章專言行道必自近始夫有目前日用細微處不合道而於遠大之事能合道者也君子之道其理勢必當如此故於費隱之後三章先言修己治人必恕以行之而謹其庸德庸言次十四章則言正己不求於外此章則言自近及遠是言凡行道皆當如是也引詩本是比喩說然於道中言治家則次序又如此

子ㅣ曰鬼神之爲德이 其盛矣乎ㅣ신뎌

子ㅣ골ᄋᆞ샤ᄃᆡ 鬼神의 德이로옴이 그 盛ᄒᆞᆫ뎌

●程子曰、鬼神、天地之功用而造化之迹也、朱子曰功用只是論發見者如寒來暑往日往月來春生夏長皆是○風雨霜露日月晝夜此鬼神之迹

也○造化之妙不可得而見於其氣之往來屈伸者足以見之微鬼神則造化無迹矣問何謂迹曰鬼神是天地間造化只是二氣屈伸往來神是陽鬼是陰往者屈來者伸便有箇迹恁地○北溪陳氏曰造化之迹以陰陽流行著見於天地間者言之

張子、曰鬼神者、二氣之良能也、

朱子曰良能是說往來屈伸乃理之自然非有安排措置二氣則陰陽良能是其靈處○鬼神論來只是陰陽屈伸之氣謂之陰陽亦可也然必謂之鬼神者以其良能功用而言也○屈伸往來是二氣自然能如此一伸去便生許多物事一屈來便無了一物便是良能功用便是陰陽往來○雙峰饒氏曰造化之迹指其屈伸者而言二氣良能指其能屈能伸者而言程子只說他屈伸之迹不說他靈處張子說得精

愚、謂以二氣言則鬼者、陰之靈也、神者、陽之靈也、

朱子曰二氣謂陰陽對待各有所屬如氣之呼吸者爲魂魂則神也而屬乎陽耳目口鼻之類爲魄魄即鬼也而屬乎陰○北溪陳氏曰靈只是自爲屈伸往來恁地活爾

以一氣、言則至而伸者爲神、反而歸者、爲鬼、其實、一物而已、

張子曰物之初生氣日至而滋息物生既盈氣日反而遊散至之謂神以其伸也反之謂鬼以其歸也天地不窮寒暑耳衆動不窮屈伸耳鬼神之實不越乎二端而已矣○朱子曰二氣之分實一氣之運以二氣言陰之靈爲鬼陽之靈爲神以一氣言則方伸之氣亦有伸有屈其方伸者神之神其既伸者神之鬼既屈之氣亦有屈有伸其既屈者鬼之鬼其來格者鬼之神○天地間如消底是鬼息底是神生底是神死底是鬼四時春夏爲神秋冬爲鬼人之語爲神默爲鬼動爲神靜爲鬼呼爲神吸爲鬼○新安陳氏曰二氣以陰陽之對待者言一氣以陰陽之流行者言

爲德、猶言性情功效、

朱子曰性情乃鬼神之情狀能使天下之人齊明盛服以承祭祀便是功效○視不見聽不聞是性情體物而不可遺是功效○性情便是二氣之良能功用便是天地之功用人須是於良能功用上認取其德鬼神之德言鬼神實然之理○蛟峰方氏曰性情言其體功效言其用易曰鬼神之情狀情即性情狀即功效也鬼神生長斂藏是孰使之然是他性情如此若生而成春長而成夏斂而成秋藏而成冬便是鬼神之功效【備旨】子思引夫子之論鬼神以明道之兼費隱包小大也夫子有曰天地間屈伸往來總是陰陽之氣而氣之靈者則謂之鬼神其爲德也流行乎天地至無而含至有至虛而統至實其盛而不可加矣乎

視之而弗見ᄒᆞ며聽之而弗聞이로ᄃᆡ體物而不可遺ㅣ니라

視호려ᄒᆞ야도見티못ᄒᆞ며聽호려ᄒᆞ야도聞티못호ᄃᆡ物에體ᄒᆞ야可히遺티못ᄒᆞᄂᆞ니라

●鬼神、無形與聲、然、物之終始、莫非陰陽合散之所爲、新安陳氏曰陰陽之合爲物之始陰陽之散爲物之終是其爲物之體、而物之所不能遺也、其言體物、猶易所謂幹事、問體物而不可遺朱子曰只是這一箇氣入毫釐絲忽裏去也是這陰陽包羅天地也是這陰陽有是理便有是氣有是氣便有是理無非實者○天下豈有一物不以此爲體天地之升降日月之盈縮萬物之消息變化無一非鬼神之所爲者是以鬼神雖無形聲而遍體乎萬物之中物莫能遺也○此三句指鬼神之德而言視不見聽不聞無形聲臭味之可聞可見也然却體物而不遺則其昭然而不可揜也所謂體物者固非先有是物而後體之亦非有體之者而後有是物萬物之體即鬼神之德猶云即氣而不可離也可離則無物矣所謂不可遺者猶云無闕遺滲漏蓋常自洋洋生活不間乎晦明代謝也物之聚散始終無非二氣之往來伸屈是鬼神之德爲物之體而無物能遺之也○不見不聞此正指隱處如前後章只與費以明隱○雙峯饒氏曰前章詳於費而不及隱引而不發之意也此章推隱而達於費以發前章未發之意也然弗見弗聞已足以形容其隱矣而復以體物而不可遺言者明隱非空無之謂也故下文言微之顯而復以誠之不可揜申之明隱之所以不能不費者正以其實理之不可揜故也又曰道是形而上者鬼神是形而下者此章即鬼神之費隱以明道之費隱言觀鬼神之體至隱而其用至費如此則道之用所以至費者豈非有至隱以爲之體乎○朱氏伸曰視弗見聽弗聞德之微也體物不可遺德之顯也○新安陳氏曰鬼神爲物之體故此曰體物猶貞爲事之幹故乾卦文言曰貞固足以幹事張子曰天體物而不遺猶仁體事而無不在也味其語意可互相發明[備旨]何以見其德之盛也蓋凡物之有形者視之可見也鬼神無形視之而弗見焉凡物之有聲者聽之可聞也鬼神無聲聽之而弗聞焉然鬼神雖無形聲而實遍體乎形聲之中陰陽一合而物以之始陰陽一散而物以之終物自不可得而遺焉其德之盛也爲何如哉

使天下之人으로齊明盛服ᄒᆞ야以承祭祀ᄒᆞ고洋洋乎如在其上ᄒᆞ며

如在其左右ㅣ니라 齊側皆反

天下읫사ᄅᆞᆷ으로ᄒᆡ여곰齊ᄒᆞ며明ᄒᆞ며服을盛히ᄒᆞ야써祭祀를承케ᄒᆞ고洋洋히그上에인ᄂᆞᆫ듯ᄒᆞ며그左右에인ᄂᆞᆫ듯ᄒᆞ니라

● 齊音齋下其齊同之爲言、齊也、所以齊不齊而致其齊也、出禮記祭統篇謂齊其不齊之思慮以極致其齊也 明、猶潔也、明潔其心○陳氏曰齊明是肅於內盛服是肅於外內外交致之功也 洋洋、流動充滿之意、能使人、畏敬奉承而發見形甸反下同昭著、如此、乃其體物而不可遺之驗也、問洋洋如在其上如在其左右似不是感格意思是自然如此 朱子曰固是然亦須自家有以感之始得○雙峰饒氏曰使天下之人使字最好看見得他靈處○陳氏曰承祭祀如天子祭天地諸侯祭社稷大夫祭五祀士祭其先之類隨所當祭者誠敬以集自家精神則彼之精神亦集便洋洋流動充滿如神在焉○新安陳氏曰此章自體物而不可遺以上所說鬼神所包甚濶凡天地造化日月風雨霜露雷霆四時寒暑晝夜潮水消長草木生落人生血氣盛衰萬物生死無非鬼神自使人齊明以下方是就無所不包之鬼神中提出所當祭祀之鬼神來說見得鬼神隨祭而隨在流動充滿昭著發見無所不在所謂體物而不可遺者豈不可驗之於此哉○東陽許氏曰如在上如在左右此是於祭祀時見體物不可遺處所以章句言乃其體物不可遺之驗○前以天地造化二氣一氣言是言鬼神之全後所謂承祭祀者如天神地祇人鬼及諸祀亦皆鬼神却是從全體中指出祭祀者使人因此識其大者 孔子、曰其氣、發揚于上、爲昭明焄音熏蒿悽愴、初亮反此、百物之精也、神之著也、禮記祭義篇孔子答宰我問鬼神之語 正謂此爾、朱子曰鬼神之露光景是昭明其氣蒸上感觸人者是焄蒿使人精神凜然竦然如漢書所謂神君至其風颯然之意是悽愴○問鬼神章首尾皆主二氣屈伸往來而言而中間洋洋如在其上乃引其氣發揚于上爲昭明焄蒿悽愴此乃人物之死氣似與前後意不合何也曰死便是屈感召得來便是伸祖宗氣只存在子孫身上神祀時只是這氣便自然又伸自家極其誠敬肅然如在其上是甚物那得不是伸此便是神之著也 〔備旨〕何以驗其體物而不可遺也且以顯然易見者言之鬼神之靈能使天下之人各隨所當祭者內齊明以潔其心外盛服以潔其體以奉承祭祀焉斯時也吾見洋洋乎流動充滿如在其上而上皆鬼神也如在其左右而左右皆鬼神也其發見昭著如此所謂體物不可遺者於此驗矣

詩曰神之格思를不可度思ㅣ온矧可射思아 度待洛反射音亦詩作斁

詩에ᄀᆞᆯ오ᄃᆡ神의格홈을可히度디몯ᄒᆞ곤ᄒᆞ믈며可히射ᄒᆞ랴

●詩、大雅抑之篇、格、來也、矧、況也、射、厭也、言厭怠而不敬也、思、語辭、陳氏曰言神明之來視不見聽不聞皆不可得而測度矧可厭斁而不敬乎【備旨】大雅抑之詩有言曰神之來格思在彼在此不可得而測度思是雖極其誠敬猶懼有失矧可厭射思而不敬乎夫此屋漏之地且曰不可度則信乎洋洋如在者無定迹矣曰不可射則信乎必齊明盛服以承祭祀矣鬼神體物不遺之驗夫豈誣也哉

夫微之顯이니誠之不可揜이如此夫니뎌 夫音扶

微ᄒᆞᆫ거시顯ᄒᆞ니誠의可히揜티몯홈이이ᄀᆞᄐᆞᆫ뎌

●誠者、眞實無妄之謂 此誠字指鬼神之實理而言 陰陽合散、無非實者故、其發見之不可揜、如此、延平李氏曰中庸發明微顯之理於承祭祀時爲言者只謂於此時鬼神之理昭然易見令學者有入頭處爾○朱子曰鬼神只是氣之屈伸其德則天命之實理所謂誠也○鬼神主乎氣爲物之體物主乎形待氣而生蓋鬼神是氣之精英所謂誠之不可掩者誠實也言鬼神是實有者也屈是實屈伸是實伸合散無非實者故其發見昭々不可掩如此○上下章恁地說忽插一段鬼神洋々如在其上如在其左右在這裏也是鳶飛魚躍意思所以末梢只說微之顯誠之不可掩如此夫○陳氏曰此理雖隱微而甚顯以陰陽之往來屈伸皆是眞實而無妄所以發見之不可揜如此詩云三句視弗見聽弗聞意微之顯誠之不可揜說如在上在左右意○雙峰饒氏曰中庸誠之一字方見於此蓋爲自此以後言誠張本也後章誠字即此章誠字但此章誠字是費之所以然處以理言也後章誠字是以貫衆費而有諸己處以德言也皆所謂隱也○雲峯胡氏曰誠者中庸一書之樞紐而首於此章見

之謨儒皆不識誠字宋李邦直始謂不欺之謂誠徐仲車謂不息之謂誠至子程子始曰無妄之謂誠子朱子又加以眞實二字誠之說盡矣六經言誠自商書始書但言鬼神享人之誠而中庸直言鬼神之誠其旨微矣鬼神者造化陰陽之氣誠者卽造化陽陰之理也實有是理則實有是氣其體甚微其用甚顯視不見聽不聞微也前之所謂隱也體物而不可遺顯也前之所謂費也前言君子之道以人道言此言鬼神之德以天道言人道其用也故先言用之費而體之隱者卽在費之中天道其體也故先言體之微而用之顯者亦不出乎微之外言固各有當也體物而不可遺章句以爲體物猶易所謂幹事木非幹不立槃非幹易傾幹字釋體字最有力此是指鬼神之顯處以示人人之齊明盛服鬼神未嘗使之而若有使之者洋々如在鬼神精爽直與人之齊明相接章句謂此卽其體物而不可遺之驗也蓋則此所謂鬼神無所不包此又就無所不包之中提出當祭祀之鬼神來說是又指鬼神之最顯處示人然此其顯也必有所以顯者末斷之曰微之顯誠之不可掩如此夫鬼神無聲無形於天下之物如之何其體之於天下之人又如之何其使之顯然一至誠之不可掩如此也凡物之終始莫非陰陽合散之所爲而陰陽合散莫非眞實無妄之理後世此理不明有顚鬼神於佛老而競爲淫祀以徼福者一何怪誕不絕至此哉嗚呼使天下後世而皆知天命之性則知佛氏之空者非性矣皆知率性之道則知老氏之無者非道矣皆知鬼神之誠則知後世淫祀之幻妄者非誠矣朱子以爲憂之也深而慮之也遠信哉○新安陳氏曰末二句又該貫上章首五句去雖因祭祀而發不止爲祭祀言也視弗見聽弗聞鬼神之妙雖無形而難知其爲體物而不可遺則顯著而可見微字與誠字對顯字與不可掩對自其妙言之曰微自其實言之曰誠鬼神之德誠而已矣實有是理故實有是陰陽之氣實有是氣則實有是鬼神其所以爲物之體而不可遺其所以洋々如在之發見顯著而不可掩者無非以其實故也鬼神之德豈有出於誠之外者哉【備旨】夫鬼神不見不聞則微矣而乃體物不遺若是其顯而不可揜何哉蓋鬼神是氣之屈伸而其爲德天命之實理所謂誠也一誠之始一誠之終故發見流行於萬物之間而不可揜有如此夫鬼神之德爲何如哉知此則知道之所以費而隱矣人其可須臾離道乎哉

右는第十六章이라 不見不聞、隱也、體物如在、則亦費矣、此前三章、以其費之小者而言、此後三章、以其費之大者而言、此一章、兼費隱包大小而言、

胡氏曰此前三章說費之小處言日用之間道無不在此後三章說費之大處言道之至近而放乎至遠中間此一章以鬼神之微顯明道之費隱而包大小之義所以發上章未發之蘊而貫前後六章之指且爲下

文諸章之論誠者張本也○新安陳氏曰前章非小也以後章校之則前章之身位與家比後章之大關天下萬世則爲小耳包大小者體物而不可遺總而言之所該甚大卽一物言之亦鬼神實爲之體玆非小歟以承祭祀天子祭天地大也士庶所祭亦是祭祀又非小歟

子ㅣ曰舜은 其大孝也與ㅣ신뎌 德爲聖人이시고 尊爲天子ㅣ시고 富有四海之內ᄒᆞ샤 宗廟饗之ᄒᆞ시며 子孫保之ᄒᆞ시니라 與平聲

子ㅣᄀᆞᄅᆞ샤ᄃᆡ舜은그큰孝ㅣ신뎌德은聖人이되시고尊은天子ㅣ되시고富는四海人內를두샤宗廟를饗ᄒᆞ시며子孫을保ᄒᆞ시니라

●子孫、謂虞思陳胡公之屬、舜子孫不止乎此故以之屬二字該之○左傳哀公元年夏后少康逃奔有虞々思於是妻去聲之以二姚二女也姚虞姓而邑諸綸邑名有田一成方十里有衆一旅五百人○襄公二十五年曰子產之言昔虞閼父爲周陶正以服事我先生我先王賴其利器用也與其神明之後也庸以元女大姬配胡公庸用也元女武王之長女也胡公閼父之子滿也而封諸陳以備三恪周封夏殷二王後又封舜後皆以示敬而已故謂之三恪則我周之自出至于今是賴○西山眞氏曰舜以聖德居尊位其福祿上及宗廟下延子孫所以爲大孝舜所知孝而已祿位名壽天實命之非舜有心得之也○宣氏曰書孟子論舜之孝言孝之始事親之實也中庸言孝之終發明其功用之大也○新安陳氏曰孟子稱舜爲大孝以親底豫天下化言此稱舜爲大孝以德爲聖人尊然天子富有四海之內宗廟饗之子孫保之言何也常人使人稱願然曰幸哉有子如此尙謂之孝舜德爲聖人而能尊富饗保如此豈不可爲大孝乎 備旨 子思引夫子之稱舜以明費之大也夫子有曰凡事親者皆當孝然惟古帝舜其誠大孝也與夫爲人子者非德不足以顯親舜則生知安行德爲聖人非貴不足以榮親舜則受堯之禪尊爲天子非富不足以養親舜則富有四海之內又且上而宗廟享其祀而爲親光榮於前下而子孫保其業而爲親垂裕於後此其孝實出人情願望之外者大何如哉

故로 大德은 必得其位ᄒᆞ며 必得其祿ᄒᆞ며 必得其名ᄒᆞ며 必得其壽ㅣ니라

故로큰德은반드시그位를어드며반드시그祿을어드며반드시그名을어드며반드시그壽를언ᄂᆞ니라

【註】舜、年百有十歲、書舜典舜生三十徵庸三十在位五十載陟方乃死○問大德者必得位祿名壽乃理之當然獨孔子有德而不得位祿與壽惟得聖人之名耳此乃氣數之變仁山金氏曰此所謂聖人所不能也然爲敎無窮而萬世享之子孫保之此又大德必得之驗也【備旨】舜之德福兼隆固所以爲大孝然德爲福之本福乃德之驗故有是聖人之大德而德極其至必然貴爲天子而得其位必然富有四海而得其祿且必然人人稱頌而得其名必然多歷年所而得其壽乃本分當然不求而自應者

故로天之生物이必因其材而篤焉ᄒᆞᄂᆞ니故로栽者를培之ᄒᆞ고傾者를覆之니라

故로하ᄂᆞᆯ의物을生홈이반드시그材를因ᄒᆞ야篤ᄒᆞᄂᆞ니故로栽ᄒᆞᆫ者를培ᄒᆞ고傾ᄒᆞᆫ者를覆ᄒᆞᄂᆞ니라

【註】材、質也、篤、厚也、栽、植也、氣至而滋息、爲培、氣反而游散則覆、朱子曰因其材而篤焉是因其材而加厚○物若扶植種在土中自然生氣湊泊他若已傾倒則生氣無所附著從何處來相接如人疾病若自有生氣則藥力之氣依之而生氣滋長若已危殆則生氣流散而不復相湊矣○永嘉薛氏曰天人之應至難言也而聖賢常若有可必之論曰積善之家必有餘慶積不善之家必有餘殃今曰大德而謂之必得其位必得其祿與名壽聖賢何若是爲必然之論而亦豈能盡取必於天哉天之生物必因其材質而加厚焉其本固者雨露必滋培之其本傾者風雨必顚覆之其培之也非恩之也其覆之也非害之也皆理之必然者也○新安陳氏曰以理言則必然以數言則或不必然理者其常而數者其變也【備旨】德至而福自應凡此皆天意所在也故天之生物也必因其本然之材質而加篤焉故物之栽者根本純固便從而培養之物之傾者根本搖動便從而覆敗之天非有私意於其間

因其物之自取耳

詩曰嘉樂君子의 **憲憲令德**이 **宜民宜人**이라 **受祿于天**이어ᄂᆞᆯ **保佑命之**ᄒᆞ시고 **自天申之**라ᄒᆞ니라

詩예ᄀᆞᆯ오ᄃᆡ嘉樂ᄒᆞᆫ君子의顯ᄒᆞ며顯ᄒᆞᆫ令德이民에宜ᄒᆞ며人에宜ᄒᆞᆫ디라祿을하ᄂᆞᆯ쎄受ᄒᆞ거ᄂᆞᆯ保ᄒᆞ며佑ᄒᆞ야命ᄒᆞ시고하ᄂᆞᆯ로브터申라ᄒᆞ니라

●詩、大雅假樂音洛之篇、假、當依此作嘉、憲、當依詩作顯、申、重去聲也、雙峰饒氏曰栽培傾覆只將天之生物喩天之眷聖人嘉樂君子憲憲令德便是栽受祿保佑申之便是培○東陽許氏曰可嘉可樂之君子其令善之德顯顯昭著宜於人民故受天之祿而爲天下之主旣受天祿矣而天又保之佑之命之申之其所以反覆眷顧之者如此又重明上文大德必得四者之一節也 備旨 不觀之詩乎詩有曰可嘉可樂之君子有是顯顯之令德旣宜於在下之民又宜於在位之人以此能受祿于天而保其身佑藎行命爲天子又自天申之而保佑命之不已焉使長享福祿於無窮也

故로 **大德者**는 **必受命**이니라

故로큰德은반ᄃᆞ시命을受ᄒᆞᄂᆞ니라

●受命者、受天命爲天子也、問舜之大德受命正是爲善受福中庸却言天之生物栽培傾覆何也朱子曰只是一理此亦非有物使之然但物之生時自節節長將去恰似有物扶持他及其衰也則自節節消磨將去恰似有物推倒地理自如此惟我有受福之理故天旣佑之又申之董仲舒曰爲政而宜於民固當受祿于天他說得自有意思○陳氏曰孔子德與舜同而名位祿壽乃與舜反何也蓋有舜之德而必得其應者理之常有孔子之德而不得其應者理之不得其常也大抵聖人之生實關天地大數天地

之氣自伏羲至堯舜正是長盛時節堯舜禀氣淸明故爲聖人又得氣之高厚所以得位得祿又得氣之長遠所以得壽周衰以至春秋天地之大氣數已微雖孔子亦禀氣淸明本根已栽植然適當氣數之衰雖培壅之而不可得所以不得祿位僅得中壽蓋理之不得其常也○雲峰胡氏曰前言父母之順在於宜兄弟樂妻孥不過目前之事費之小者也此言孝之大在於宗廟饗子孫保則極其流澤之遠費之大者也前言費之小則曰居易以俟命學者事也此言費之大則曰大德必受命聖人事也栽者培之是言有德者天必厚其福可爲居易者勸傾者覆之是言不德者天必厚其毒可爲行險者戒矣所引詩專爲栽者培之而言也○新安陳氏曰必者決然之辭必得其位至必受命六必字皆是常理之必然者此一句總結上文意○東陽許氏曰自舜其大孝至子孫保之一節言舜之事實自故大德至必得其壽一節泛言理之必然自故天之生物至覆之一節言善惡之應所必至後引詩又證有德之應如此故以大德者必受命結之【備旨】由天意觀之故有大德者必然受上天申重之命而爲天子以示篤厚之意而享位祿名壽之至固理之必然而無疑者然則舜以聖人之德而合尊富饗保以成大孝非古今所不可及與

右ᄂᆞᆫ第十七章이라　此、由庸行(去聲)之常、推之、以極其至、(孝也)新安陳氏曰大孝也德爲聖人以下皆是推極其至

見道之用、廣也、而其所以然者則爲體、微矣、後二章、亦此意、

子ㅣ曰無憂者ᄂᆞᆫ其惟文王乎ㅣ신뎌以王季爲父고ᄒᆞ시以武王爲子ᄒᆞ시니父ㅣ作之어시ᄂᆞᆯ子ㅣ述之ᄒᆞ시니라

子ㅣᄀᆞᆯᄋᆞ샤ᄃᆡ근심업ᄉᆞ니ᄂᆞᆫ그오직文王이신뎌王季로써父삼으시고武王으로써子삼으시니父ㅣ作ᄒᆞ야시ᄂᆞᆯ子ㅣ述ᄒᆞ시니라

●此、言文王之事、書、言王季、其勤王家、盖其所作、亦積功累(魯水反)仁之事也、(海陵胡氏)曰舜禹父則瞽蘇堯舜子則朱均所以惟文王爲無憂○兼山郭氏曰憂勤者文王也無憂者後人之言文王也○雲峯胡氏曰文王父作子述人倫之常也舜之父子人倫之變也舜惟順於父母可以解憂此所以曰無憂者其惟

文王也 [備旨]子思引夫子之美文武周公者以明費之大也夫子有曰自古帝王際天倫之極盛而無憂者其惟文王乎文王以王季之賢而爲之父以武王之聖而爲之子父焉克勤王家而作於前子焉丕承厥志而述於後前後皆得其人作述皆有所賴夫何憂也

武王이纘大王王季文王之緒ᄒᆞ샤壹戎衣而有天下ᄒᆞ샤ᄃᆡ身不失天下之顯名ᄒᆞ샤尊爲天子ㅣ시고富有四海之內ᄒᆞ샤宗廟饗之ᄒᆞ시며子孫保之ᄒᆞ시니라 大音泰下同

武王이大王과王季와文王의緖를니으샤ᄒᆞᆫ번戎衣ᄒᆞ샤天下를두샤ᄃᆡ몸애天下읫顯ᄒᆞᆫ일홈을일티아니ᄒᆞ샤尊은天子ㅣ되시고富ᄂᆞᆫ四海ㅅ內를두샤宗廟를饗ᄒᆞ시며子孫을保ᄒᆞ시니라

[註]此、言武王之事、纘、作管反 繼也、大王、王季之父也、書、云大王、肇基王迹、詩、云至于大王、實始翦商、書武成篇王若曰嗚呼群后惟先王建邦啓土公劉克篤前烈至于大王肇基王迹王季其勤王家○詩閟宮篇后稷之孫實維大王居岐之陽實始翦商至于文武纘大王之緒致天之届于牧之野 緒、業也、戎衣、甲冑之屬、壹戎衣、武成文、言壹著陟略反戎衣以伐紂也、問身不失天下之名與必得其名須有些等級不同朱子曰看來也是有些異如堯舜與湯武眞箇爭分數有等級只看聖人說謂韶盡美矣又盡善也謂武盡美矣未盡善也處便見○三山陳氏曰周家之業自大王遷岐從如歸市是時人心天意已有爲王之基武王一擐戎衣以有天下此蓋天命人心之極不得而辭者○蔡氏曰大王雖未有翦商之志然大王始得民心王業之成實基於此○問孔子於舜言必得其名於武王言身不失天下之顯名語意似有斟酌雙峯饒氏曰反之不若性之之純征伐不若揖遜之順 [備旨]以武王子述之事言之太王肇基王迹王季其勤

王家文王三分有二我周世業也惟武王克纘之其纘緒也本不期於有天下到後來紂惡不悛不得已一著戎衣以伐紂而奄有天下夫以臣伐君宜失其名然天下諒其順天應人之擧咸稱頌之而其身不失忠孝之顯名於是變候爲王而尊爲天子化國爲天下而富有四海之內宗廟享之而七廟巍然子孫保之而卜年方永此皆武王之纘緒而述文王者也文何憂哉

武王이末受命이어시늘周公이成文武之德ᄒᆞ샤追王大王王季ᄒᆞ시고上祀先公以天子之禮ᄒᆞ시니斯禮也ㅣ達乎諸侯大夫及士庶人ᄒᆞ니父爲大夫ㅣ오子爲士ㅣ어든葬以大夫ㅣ오祭以士ᄒᆞ며父爲士ㅣ오子爲大夫ㅣ어든葬以士ㅣ오祭以大夫ᄒᆞ며期之喪은達乎大夫ᄒᆞ고三年之喪은達乎天子ᄒᆞ니父母之喪은無貴賤一也ㅣ니라 (追王之王去聲)

武王이末애命을受ᄒᆞ야시늘周公이文武ㅅ德을일오샤大王과王季를조초王ᄒᆞ시고우ᄒᆞ로先公을祀ᄒᆞ샤ᄃᆡ天子ㅅ禮로써ᄒᆞ시니이禮ㅣ諸侯와태우와밋士와庶人의게達ᄒᆞ니父ㅣ대위되고子ㅣ士ㅣ되얏거든葬호ᄃᆡ태우로써ᄒᆞ고祭호ᄃᆡ士로써ᄒᆞ며父ㅣ士ㅣ되고子ㅣ대위되얏거든葬호ᄃᆡ士로써ᄒᆞ고祭호ᄃᆡ대우로써ᄒᆞ며期ㅅ喪은대우에達ᄒᆞ고三年ㅅ喪은天子에達ᄒᆞ니父母ㅅ喪은貴ᄒᆞ며賤ᄒᆞ니업시ᄒᆞᆫ가지니라

(註) 此、言周公之事、末、猶老也、追王、蓋推文武之意、以及乎王迹之所起也、新安陳氏曰蓋

者疑辭以意推之觀武成稱大王王季文王可見矣先公、組音祖紺古暗反以上至后稷也、史記周本紀后稷別姓姬氏后稷卒子不窋立不窋卒子鞠陶立鞠陶卒子公劉立公劉卒子慶節立國於豳慶節卒子皇僕立皇僕卒子差弗立差弗卒子毀隃立毀隃卒子公非立公非卒子高圉立高圉卒子亞圉立亞圉卒子公叔祖類立公叔祖類卒子古公亶父立組紺即公叔祖類乃大王之父也

上祀先公以天子之禮、又推大王王季之意、以及於無窮也、問組紺以上祀先公以天子之禮所謂葬以士祭以大夫之義朱子曰然周禮祀先王以袞冕祀先公以鷩冕則祀先公依舊止用諸侯之禮鷩冕諸侯之服但乃是天子祭先公之禮耳蓋不敢以天子之服臨其先公鷩冕旒玉與諸侯不同天子之旒十二玉雖諸侯同是七旒但天子七旒十二玉諸侯七旒七玉耳○新安陳氏曰無窮謂自大王以上及乎前無窮盡直至於后稷也

制爲禮法、以及天下、使葬用死者之爵、祭用生者之祿、喪服、自期居之反以下、新安陳氏曰上言葬祭禮此言喪服禮諸侯、絕、大夫、降而父母之喪、上下同之、推己以及人也、朱子曰夏商而上只是親親長長之意到周又添得許多貴貴底禮數如始封之君不臣諸父昆弟封君之子不臣諸父而臣昆弟期之喪天子諸侯絕大夫降然諸侯大夫尊同則亦不絕不降姊妹姪在諸侯者亦不絕不降此皆貴貴之義上世想皆簡略未有許多降殺貴貴底禮數凡此皆天下之大經前世所未備到得周公搜剔出來立爲定制更不可易○陳氏曰周公推文武大王王季之意追尊其先王先公又設爲禮法通行此意於天下所謂推己以及人也此章言文武周公能盡中庸之道○山陰陸氏曰經不言追王文王者以上言周公成文武之德追王之意文王與焉故也○新安陳氏曰追王之禮夏商未有武王晚而受命初定天下追王及於文考至周公因文王之志武王之志追王上及大王王季不言武王追王者禮制定於周公故也大王以上追王不及而武成稱后稷爲先王蓋史官刪潤之辭然追王止於三王而祀用天子之禮則上及先公蓋喪從死者祭從生者天下之達禮也父爲大夫子爲士葬以大夫而祭以士非貶也父爲士子爲大夫葬以士而祭以大夫非僭也武王爲天子則祭先公用天子之禮其義當然祭禮殺於下而上致其隆喪禮詳於下而上有所略若夫父母之喪則自天子至於庶人賤無加隆貴無降殺孟子所謂三代共之者也○潛室陳氏曰伸情於父母獨三年之喪上達於天子其他各有限節等衰不可盡伸也○雲峰胡氏曰周家自大王以至周公世世修德古所無也周公追王之禮特以義起古所無也所以中庸特表而出之此段須看章句推字與及字周公推文武之意以及大王王季於是始行追王之禮又推大王之意以及組紺以至后稷於是祀以天子之禮又推此及諸侯

大夫士庶人使各得以行喪祭之禮 孝心上下融徹禮制上下通行此周公所以謂之達孝也此章之末數達字所以有下章之首一達字○新安陳氏曰三年之喪自庶人上達於天子蓋以子於父母喪服無貴賤之分一而已末二句只是申明上二句父母之喪卽三年之喪朱子謂中庸之意只是主父母而言未必及其他者也【備旨】武王當此受命爲天子時蓋已末年矣凡所以述文王者尙未及備周公乃成文武之德展其欲展之孝思廣其未廣之恩意近而追古公爲太王公季爲王季不正其身而王其號焉遠而自組紺以上至后稷皆祀以天子之禮不王其封而王其享焉斯禮也乃人情之至豈獨爲天子設己哉下而達乎諸候與大夫及士與庶人使皆得緣分以自盡如父爲大夫子爲士葬則以大夫而祭則以士非貶也如父爲士子爲大夫葬則以士而祭則以大夫非僭也葬從死者祭從生者天下之達禮也乃更有喪服之制期之喪自庶人上達乎大夫止耳親不敵貴也三年之喪自庶人上達乎天子蓋以子於父母喪服無貴賤之分一而己貴不敵親也祭禮殺於下而上 致其隆喪禮詳於下而上有所略此皆周公之成德而述武之未盡述者也文又何憂哉觀此而道之費隱可見矣

右는第十八章이라

子ㅣ曰武王周公은其達孝矣乎ㅣ신뎌

子ㅣ골ᄋᆞ샤ᄃᆡ武王과周公은그達ᄒᆞᆫ孝ㅣ신뎌

●達、通也、承上章而言武王周公之孝、乃天下之人、通謂之孝、猶孟子之言達尊也、西山眞氏曰人君以光祖宗遺後嗣爲孝舜之孝如天之不可名故曰大武王周公之孝天下稱之無異辭故曰達○江陵項氏曰舜爲人道之極萬世仰之不可加也周爲王制之備萬世由之不能易也此蓋古之盡倫盡制者故舉之以爲訓也○雙峯饒氏曰達孝是承上章三達字而言言其孝不特施之家又能達之天下如斯禮達乎諸候大夫及士庶人是自上達下期之喪至達乎天子是自下達上能推吾愛親之心而制爲喪祭之禮以通乎上下使人人得致其孝故謂之達孝如所謂德敎加於百姓刑于四海此天子之孝是也【備旨】子思引夫子辭武周之孝以明費之大也夫子有曰人君以光祖宗貽後嗣爲孝惟我武王周公之孝其天下稱之無有異者稱乎

夫孝者ᄂᆞᆫ善繼人之志ᄒᆞ며善述人之事者也ㅣ니라

孝ᄂᆞᆫ사ᄅᆞᆷ의ᄯᅳᆺ을善히繼ᄒᆞ며사ᄅᆞᆷ의일을善히述홈이니라

●上章、言武王、纘大王王季文王之緒、以有天下、而周公、成文武之德、以追崇其先祖、此、繼志述事之大者也、下文、又以其所制祭祀之禮、通于上下者言之、西山眞氏曰當持守而持守固繼述也當變通而變通亦繼述也○新安陳氏曰祖父有欲爲之志而未爲子孫善繼其志而成就之祖父有已爲之事而可法子孫善因其事而遵述之[備旨]夫所謂孝者何哉凡前人有志未逮而成就之爲繼不必前人在日有此志而吾之所存合天則隔世相感是爲善繼人之志前人有事可法而遵行之爲述不必前人在日有此事而吾之所爲當可則易地皆然是爲善述人之事也武周非達孝而何

春秋에修其祖廟ᄒᆞ며陳其宗器ᄒᆞ며設其裳衣ᄒᆞ며薦其時食이니라

春秋에그祖廟ᄅᆞᆯ修ᄒᆞ며그宗器ᄅᆞᆯ陳ᄒᆞ며그裳衣ᄅᆞᆯ設ᄒᆞ며그時食을薦ᄒᆞᄂᆞ니라

●祖廟、天子、七、諸侯、五、大夫、三、適音的士、二、官師、一、禮記王制天子七廟三昭三穆與太祖之廟而七諸侯五廟二昭二穆與太祖之廟而五大夫三廟一昭一穆與太祖之廟而三士一廟此謂諸侯之中士下士名曰官師者若上士則二廟庶人祭於寢○祭法適士二廟一壇曰考廟曰王考廟享嘗乃止顯考無廟官師一廟曰考廟王考無廟○問官師一廟得祭父母而不及祖無乃不盡人情耶朱子曰位卑則流澤淺其理自然如此又問今士庶人家亦祭之○却是違禮曰雖祭三代却無廟亦不可謂之僭古所謂廟體面甚大皆具門堂寢室非如今人但以一室爲三代官師謂諸有司之長止及禰却於禰廟併祭祖適士二廟祭祖祭禰皆不及高曾大夫一昭一穆與太祖之廟而三大夫亦有始封之君如魯季氏則公子友仲孫氏則公子慶父叔孫氏則公子牙是也王制天子七廟三昭三穆與太祖之廟而七諸侯大夫士降殺以兩而祭法又有適士二官師一廟之文大抵士無太祖而皆及其祖考也○新安陳氏曰先王先公有廟有祧廟則有司修除祧則守祧黝堊此修其祖廟也 宗器、先

世所藏之重器、若周之赤刀大訓天球音求河圖之屬也、書顧命越玉五重陳寶赤刀大訓弘璧琉璃在西序大玉夷玉天球河圖在東序赤刀赤削也武王誅紂時以赤爲節大訓三皇五帝之書訓誥亦在爲文武之訓亦曰大訓天球鳴球玉磬也河圖伏羲時龍馬負圖出於河 裳衣、先祖之遺衣服、祭則設之、以授尸也、授尸使神依焉 時食、四時之食、各有其物、如春行羔豚膳膏香之類、是也、周禮天官冢宰庖人凡用禽獸春行羔豚膳膏香夏行腒鱐膳膏臊行猶用也腒音渠乾雉也鱐音胰乾魚也臊犬膏治腒鱐以犬膏也秋行犢麛膳膏腥冬行鱻羽膳膏羶犢牛子麑音迷鹿子腥雞膏鱻音鮮魚也羽鴈也羶羊脂也又禮記內則篇亦云○格庵趙氏曰四時之食各有其物以奉人者薦神蓋以生事之也羔稚羊豚稚豕嫩而肥故春用之香謂牛膏也調膳之物各以物之所便而和之○朱氏伸曰此下併前章論喪藏之禮修道之教也嗚呼然繼述之善豈徒纘先緒成先德已哉以其祀典之通於上者言之時維春秋祀事肇舉於是修飭其所祭之祖廟致嚴潔也陳列其先世所藏之宗器示能守也至若先祖所遺有裳與衣則設其裳衣以授尸不惟使神有所依亦以繫如在之思也四時之食各有物則薦其時食以告虔不惟使神有所享亦以告時序之變也武周之因時盡禮何莫非禮先王之志事而繼述之哉

宗廟之禮는所以序昭穆也ㅣ오序爵은所以辨貴賤也ㅣ오序事는所以辨賢也ㅣ오旅酬에下ㅣ爲上은所以逮賤也ㅣ오燕毛는所以序齒也ㅣ니라 昭如字爲去聲

宗廟ㅅ禮는써昭와穆을序ᄒᆞ는배오爵을序홈은貴와賤을辨ᄒᆞ는배오事를序홈은써賢을辨ᄒᆞ는배오모다酬홈애下ㅣ上을爲홈은써賤에밋치는배오燕에毛로홈은써齒를序ᄒᆞ는배니라

●宗廟之次、左爲昭、右爲穆而子孫、亦以爲序、有事於太廟則子姓兄弟、羣昭羣穆、咸在而不失其倫焉、格庵趙氏曰左昭右穆者死者之昭穆也群昭群穆者生者之昭穆也宗廟之禮非特序死者之昭穆亦所以序生者之昭穆○新安陳氏曰主制所謂三昭三穆昭在左左爲陽昭者陽明之義穆在右右爲陰穆者陰幽之義以周言之書於文王曰穆考文王詩於武王曰率見昭考父穆則子昭父昭則子穆也子孫亦以爲序祭統所謂昭與昭齒穆與穆齒是也爵、公侯卿大夫也、事、宗祝有事之職事也、新安陳氏曰宗宗伯宗人之屬祝大祝小祝也並見周禮祭祀以任職事爲賢次序與祭之職事所以辨其人之賢也旅、衆也、酬、導飲也、旅酬之禮、賓弟子兄弟之子、各擧觶音至器也飲於其長上聲下同而衆相酬、祭將畢時行衆相酬之禮蓋宗廟之中、以有事爲榮故、逮及賤者、使亦得以申其敬也、朱子曰旅酬禮下爲上交勸先一人如鄕吏之屬升觶或二人擧觶獻賓賓不飲却以獻執事執事一人受之以獻於長以次獻至于沃盥者所謂逮賤也○問酬導飲也曰主人酌以獻賓賓酌主人曰酢主人又自飲而復飲賓曰酬其主人又自飲者是導賓使飲也賓受之奠於席前至旅而後擧主人飲二杯賓只飲一杯雖後世所謂主人倍食於賓者此也燕毛、祭畢而燕則以毛髮之色、別彼列反長幼、爲坐次也、齒、年數也、雲峰胡氏曰序爵所以貴貴賤者宜在所略旅酬下爲上賤者亦得以伸其敬矣序事所以賢賢老者若在所簡燕毛則於老者獨加敬矣禮意周浹如此亦通乎上下而言也○新安陳氏曰辨貴賤以爵序也辨賢以德序也序齒以齒序也達尊三亦見於祭禮中者如此○東陽許氏曰祭畢而燕今不知其儀亦於楚茨之詩見其大義云皇尸載起神保聿歸然後言諸父兄弟備言燕私下章曰樂具入奏說者謂祭時在廟燕當在寢故祭時之樂皆入奏於寢也所謂燕禮其可知之彷彿若此○宗廟之禮一節五事禮意至爲周密序昭穆旣明同姓之尊卑序爵是合同姓異姓之貴賤蓋皆指助祭陪位者而言至於序賢則分別群臣之賢否廟中奔走執事必擇德行之優威儀之美趨事之純熟者爲之賢者旣有事則不賢者亦自能勸雖然旣以有事爲榮則事不及之者豈不有耻則又有序爵以安其心執事者旣榮無事有爵而在列者及賤而役於廟中者得皆與旅酬至此賢不賢皆恩禮之所逮然此合同姓異姓而通言至祭禮已畢尸旣出異姓之臣皆退獨燕同姓是親親之禮又厚於疏遠者見制禮之意文理密察思意周備仁至義盡而文章粲然備[illegible]又以其祀典之

通於下者言之祭於宗廟同姓畢集其班次之禮乃所以序其孰爲昭孰爲穆親親使不紊也至於異姓助祭外服
公侯伯子男內服卿大夫士序之以爵乃所以辨其孰爲貴孰爲賤貴貴使不越也同姓異姓各有職事序以所司
乃所以辨其德行威儀與駿奔之能賢賢使不掩也迨祭將畢飮福酒同姓兄弟獻異姓賓賓酢兄弟又復酬衆人
交錯以徧是爲旅酬則賓兄弟在下之子弟各爲在上者舉觶乃所以逮及賤者幼幼使伸敬也祭已畢異姓賓退
獨燕同姓於私寢以示恩惠此時不論爵之崇卑但以毛髮辨位次所以於昭穆中各序年齒老老以加敬也武周
之因禮盡制又何莫非禮先王之志事而繼述之哉

踐其位ᄒᆞ야行其禮ᄒᆞ며奏其樂ᄒᆞ며敬其所尊ᄒᆞ며愛其所親ᄒᆞ며事死如事生ᄒᆞ며事亡如事存이孝之至也ㅣ니라

그位를踐ᄒᆞ야그禮를行ᄒᆞ며그樂을奏ᄒᆞ며그尊ᄒᆞ더신바를공경ᄒᆞ며그親ᄒᆞ더신바를ᄉᆞ랑ᄒᆞ며주근이셤김을산이셤김ᄀᆞᆺ티ᄒᆞ며업ᄉᆞᆫ이셤김을인ᄂᆞᆫ이셤김ᄀᆞᆺ티홈이孝의지극홈이니라

●踐、猶履也、其、指先王也、所尊所親、先王之祖考、子孫、臣庶也、始死、謂之死、既葬則曰反而亡焉、皆指先王也、朱子曰記曰反哭升堂反諸其所作也主婦入于室反諸其所養也須知得這意則所謂踐其位行其禮等事行之自安方見得繼志述事之事○陳氏曰事死如生居喪時事事亡如存葬祭時事 此、結上文兩節、皆繼志述事之意也、雙峰饒氏曰踐其位三句是善繼志○述事敬所尊二句是善

新安陳氏曰善繼志述事至於如此所以爲孝之至也備旨由此而觀可以知其繼述之善矣蓋先王對越祖考必有位至武周之時候王不同位矣然踐其所當踐是即踐先王之位先王祼獻祖考必有禮至武周之時候王不同禮矣然行其所當行是即行先王之禮先王殷薦祖考必有樂至武周之時候王不同樂矣然奏其所當奏是即奏先王之樂先王之所尊者祖考也武周則奉秩備舉用致誠恪以敬先王之所尊先王之所親者子孫臣庶也武周

則宗廟大享合展歡心以愛先王之所親是先王雖死而武周事之如生焉先王雖亡而武周事之如存焉眞可謂善繼善述而爲孝之至者也非達孝而何

郊社之禮는所以事上帝也오宗廟之禮는所以祀乎其先也ㅣ니明乎郊社之禮와禘嘗之義면治國은其如示諸掌乎ㄴ뎌

郊와社ㅅ禮는써上帝를셤기는배오宗廟ㅅ禮는써그先을祀ᄒᆞ는배니郊와社ㅅ禮와禘와嘗ㅅ義예ᄇᆞᆰ으면나라다ᄉᆞ림은그掌을봄ᄀᆞᆺᄐᆞᆫ뎌

●郊、祭天、社、祭地、不言后土者、省文也、(朱子曰周禮只說祀昊天上帝不說祀后土先儒說祭社便是如郊特牲而社稷大牢又如用牲于郊牛二乃社于新邑此乃明驗五峯言無北郊只社便是祭地此說却好○新安陳氏曰首句提郊與社則次句宜云所以事上帝后土也今不然乃省文)禘、天子宗廟之大祭、追祭太祖之所自出於太廟而太祖、配之也、(詳見語問禘章太祖卽始祖也)嘗、秋祭也、四時皆祭、擧其一耳、禮必有義、對擧之互文也、示、與視同、視諸掌、言易(去聲)見也、此與論語文意、大同小異、記有詳略耳、(此申言武王與周公能盡中庸之道○朱子曰游氏說郊社之禮所謂惟聖人爲能饗帝禘嘗之義所謂惟孝子爲能饗親意思甚周密○譚氏曰治道不在多端在夫致敬之間而已當其執圭幣以事上帝之時其心爲何如當其奠祭以事祖宗之時其心爲何如是心也擧皆天理無一毫人僞介乎其間鬼神之情狀天地萬物之理聚見於此推此心以治天下何所往而不當○雙峯饒氏曰序昭穆序爵序事序齒下爲上此親親長長貴貴尊賢慈幼逮賤之道便是治天下之經敬其所尊愛其所親仁也事死亡如生存誠也盡是三者孝也仁孝誠敬指心而言是又治天下之本一祭祀之間而治天下之道具於此故結之曰明乎此者治國其如示諸掌乎○雲峯胡氏曰上文孝之至也已結了達孝二字此又別是一意蓋上章與此章上文專以宗廟之禮言此則兼以郊禘之禮言周公制爲禮法未嘗不通上下之情亦未嘗不嚴上下之分)

祭祀之禮通上下得行事上帝惟天子得行之故特先後而言之曰此所以事上帝也此所以祀乎其先也名分截然不可犯也明乎郊社之禮胡爲先郊而後社郊祭天惟天子得行之社則自侯國以至於庶人各有社上下可通行也明乎禘嘗之義胡爲先禘而後嘗禘大祭惟天子得行之嘗宗廟之秋祭上下可通行也前章末言三年之喪庶人得以通乎天子必有父也此章末言郊禘之祭諸侯不得以通乎天子必有君也但言周公之制禮如此而不足於魯之郊禘非禮其意自見於不言之表此所以爲聖人之言也○張氏存中曰禮記王制天子諸侯宗廟之祭春曰礿夏曰禘秋曰嘗冬曰烝此蓋夏殷之祭名周則改之春曰祀夏曰礿秋冬同詩小雅曰禘祀烝嘗于公先王此乃周四時祭宗廟之名也祭統所載與王制同礿禴同【備旨】然武周所制祭祀之禮不但此也統而言之有郊社之禮焉冬至祀於圜丘夏至祀於方澤果何爲哉蓋所以事上帝與后土而答其生成之恩也有宗廟之禮焉五年尊遠而禘三月分薦而嘗果何爲哉蓋所以祀乎其先而報其功德之隆也斯禮也與義也惟聖人制之亦惟聖人明之苟能明於郊社所以事上帝之禮與禘嘗所以祀先之義則理無不明誠無不格治國其如示諸掌乎蓋幽明一理而幽爲難知神人一道而神爲難格既能通於幽而感於神則明而治人又何難之有此武周制作之精所以益見其善繼善述而爲孝之達也道之費也何如

右는第十九章이라 雙峯饒氏曰以上八章自第十二章至此皆以道之費隱言當爲第三大節

哀公이 問政ᄒᆞᆫ대

哀公이 政을묻ᄌᆞ온대

●哀公、魯君、名、蔣【備旨】子思引夫子告哀公之書蓋包費隱兼小大也昔魯哀公問政於夫子

子ㅣ 曰文武之政이 布在方策ᄒᆞ니 其人이 存則其政이 擧ᄒᆞ고 其人이 亡則其政이 息이니라

子ㅣ 갈ᄋᆞ샤ᄃᆡ 文武의政이方과策애布ᄒᆞ야이시니그사ᄅᆞᆷ이이시면그政이擧ᄒᆞ고

그사ᄅᆞᆷ이업ᄉᆞ면그政이息ᄒᆞᄂᆞ니라

●方、版也、策、簡也、葉氏少蘊曰木曰方竹曰策策大而方小聘禮束帛加書百名以上書於策不及百名書於方既夕禮書賵於方書遣於策蓋策以衆聯方一而已 息、猶滅也、有是君有是臣則有是政矣、備旨告之曰政莫備於文武文武之政布列在方策之間迄今昭然可考也但政必待人而行苟世有文武之君臣而其人存則其政因之而舉若無文武之君臣而其人亡則其政亦因之以息矣夫政之舉息係於人之存亡如此公有志於政尙其法文武焉可也

人道는敏政ᄒᆞ고地道는敏樹ᄒᆞ니夫政也者는蒲盧也ㅣ니라 夫音扶

人의道ᄂᆞᆫ政에ᄲᆞᄅᆞ고地의道ᄂᆞᆫ樹에ᄲᆞᄅᆞ니政은蒲盧ㅣ니라

●敏、速也、蒲盧、沈括以爲蒲葦、是也、以人立政、猶以地種樹、其成、速矣而蒲葦、又易 去聲下同 生之物、其成、尤速也、言人存政擧、其易如此、 顧氏曰以蒲葦喩政之敏猶孟子以置郵喩德之速夫人存何 備旨 以政擧哉蓋以人爲道主於有爲最能敏政 君臣一德則百度振飭矣如地之爲道主於發生最能敏樹土脉滋息即白昌培植矣然非泛猶夫樹己也 夫文武之政也者合人情宜土俗一得其人即俄頃而奏治平其易擧猶蒲盧之易生也其敏更當何如

故로爲政이在人ᄒᆞ니取人以身이오脩身以道ㅣ오脩道以仁이니라

故로政을홈이사ᄅᆞᆷ에이시니사ᄅᆞᆷ을取ᄒᆞ되몸으로써ᄒᆞ고몸을닷고ᄃᆡ道로써ᄒᆞ고道를닷고ᄃᆡ仁으로써홀디니라

●此、承上文人道敏政而言也、爲政在人、家語、作爲政、在於得人、語意尤備、人、謂賢臣、身、指君身、道者、天下之達道、仁者、天地生物之心而人得以生者、所謂

元者、善之長上聲也、此句見易乾文言○朱子曰元亨利貞皆是善而元則爲善之長亨利貞皆是那裏來仁義禮智亦皆善也而仁則爲萬善之首義禮智皆從這裏出爾 言人君爲政、在於得人而取人之則、又在脩身、三山陳氏曰爲政雖在得賢然使吾身有所未修則取舍不明無以爲取人之則 能仁其身則有君有臣而政無不擧矣、問仁亦是道如何說修道以仁朱子曰道是泛說仁是切要底道是統言義理公共之名仁是直指人心親切之妙○問這箇仁字是偏言底曰仁者人也親親爲大如此說則是偏言○象山陸氏曰仁人心也仁者政之本身者人之本心者身之本不造其本而從事其末不可得而治矣○西山眞氏曰道與仁非有二致道者衆理之總名仁者一心之全德志乎道而弗他知所向矣仁則其歸宿之地而用功之親切處也○新安陳氏曰仁其身三字精妙以三字包括修身以道修道以仁八字脩道以仁如志道據德而依於仁修身工夫至於以仁可謂能仁其身而身與仁爲一矣能仁其身則君身修是有君也以身爲取人之準則則得其人是有臣也有君有臣則人存而宜乎政擧此所以繳結上文照應前有是君有是臣則有是政之說○新安倪氏曰此仁字以上文觀之曰脩身以道修道以仁是自身上說歸心上兼心之德愛之理而言故句章曰仁者天地生物之心而人得以生者所謂元者善之長也而眞氏亦曰仁者一心之全德以下文觀之曰仁者人也親親爲大是又從身上說到親親上方以愛之理言故章句曰人指人身而言具此生理自然便有惻怛慈愛之意而朱子亦曰是偏言詳玩之則可見矣【備旨】惟人道敏政故人君爲政在於得人蓋賢臣爲輔而後紀綱共理也然人不自致其取人則以君身蓋標準旣立而後賢人樂附也然身何由端其修身則以道蓋此身納諸日用彝倫之中而後各當乎則也然道又豈無所藉以修哉其修道則以仁蓋日用彝倫間必惻怛慈愛之心周流無間乃成其道也是以仁修道皆所以修身取人而爲立政之本者也

仁者는人也ㅣ니親親이爲大ᄒᆞ고義者는宜也ㅣ니尊賢이爲大ᄒᆞ니親親之殺와尊賢之等이禮所生也ㅣ니라 殺去聲

仁은人이니親을親홈이크고義는宜니賢을尊홈이크니親을親ᄒᆞ는殺와賢을尊ᄒᆞ는等이禮ㅣ生ᄒᆞ는배니라

●人、指人身而言、具此生理、自然便有惻怛(當葛反)慈愛之意、深體味之、可見、朱子曰以生字說仁生自是上一節事當來天地生我底意我如今須要自體認得○西山眞氏曰人之所以爲人以其有此仁也有此仁而後命之曰人不然則非人矣○雙峯饒氏曰人字之義難訓但凡字須有對待卽其所對之字觀之其義可識孔子曰未能事人焉能事鬼此仁字正與鬼字相對生則爲人死則爲鬼仁是生底道理所以以人訓仁人若不仁便是自絕其生理○東陽許氏曰仁者人也此是古來第一箇訓字言渾成而意深密深體味之則具人之形必須盡乎仁其所以盡仁則不過盡人道而已

宜者、分別(彼列反)事理、各有所宜也、禮則節文斯二者而已、朱子曰宜指事物當然之理道理宜如此節者等級也文者不直截而回互之貌是裝裹得好如升降揖遜○問修道以仁繼以仁者人也何爲下面又添說義禮曰仁便有義陽便有陰親親仁之事尊賢義之事親親之尊之其中自有箇降殺等差這便是禮親親在父子如此在宗族如彼所謂殺也尊賢有當事之者有當之友者所謂等也○北溪陳氏曰親親則有隆殺三年與期功緦是也尊賢亦有等級如大賢爲吾師次賢爲吾友是也纔有隆殺等級便有節文而禮生乎其間矣禮所以節文斯二者無使過不及之患節則無大過文則無不及也○雙峯饒氏曰等殺是人事禮是天理人事之輕重高下皆天理有以節文之 ●(備旨) 夫修道固以仁矣然仁者非他卽具此生理而有惻怛慈愛之人也仁雖無所不愛而惟親親爲仁之大蓋親者身之所自出罔極之恩也良心之發於此最爲眞切凡道中倫族皆自此而推之也有仁必有義義者非他卽分別事理而使各得其宜之謂也義雖無所不宜而惟尊賢爲義之大蓋賢者親親之理所由藉以講明也仁心之發於此賴其輔益凡道中施用皆自此而通之也至於因父母而及諸父母親親之有隆殺由師事而遞以友處尊賢之有等級有節有文無過不及此又禮之自然發生於其間而非私意之爲也未有仁必有義亦必有禮如此是皆修身者之所當務矣

在下位ᄒᆞ야不獲乎上이면民不可得而治矣리라

●鄭氏曰此句、在下、誤重(平聲)在此、

故로君子ㅣ不可以不脩身이니思脩身인댄不可以不事親이오思事

親인댄不可以不知人이오思知人인댄不可以不知天이니라

故로君子ㅣ可히써몸ᄋᆞᆯ닷디아니티못ᄒᆞᆯ새시니몸닷곰ᄋᆞᆯᄉᆡᆼ각ᄒᆞᆯ쩐댄可히써어버이ᄅᆞᆯ섬기디아니티못ᄒᆞᆯ새시오어버이셤김ᄋᆞᆯᄉᆡᆼ각ᄒᆞᆯ쩐댄可히써사ᄅᆞᆷᄋᆞᆯ아디아니티못ᄒᆞᆯ새시오사ᄅᆞᆷ알옴ᄋᆞᆯᄉᆡᆼ각ᄒᆞᆯ진댄可히써하ᄂᆞᆯᄋᆞᆯ아디아니티못ᄒᆞᆯ새시니라

●爲政在人、取人以身故、不可以不脩身、修身以道、脩道以仁故、思脩身、不可以不事親、事親(即是以親親之仁事其親)欲盡親親之仁、必由尊賢之義故、又當知人、(陳氏曰知人有賢否之別賢者近之不肖者遠之有師友之賢則親親之道益明與不肖處則必辱其身以及其親矣)親親之殺、尊賢之等、皆天理也、故又當知天(程子曰不知天則於人之愚智賢否有所不能知雖知之有所不盡故思知人不可以不知天不知人則所親者或非其人所由者或非其道而辱身危親者有之故思事親不可以不知人故曰不信乎友不悅乎親矣○朱子曰此一節却是倒看根本在修身然修身得力處却是知天知天是物格知至知得箇自然道理學若不知天便記得此又忘彼得其一失其二未知天見事頭緖多既知天了這裏便都定這事也定那事也定○知天是起頭處能知天則知人事親修身皆得其理矣聞見之知非眞知也只要知得到信得及如君之仁子之孝之類人所共知而多不能盡者非眞知故也○三山陳氏曰修身而不本於事親則施之無序失爲仁之本矣事親之仁不由尊賢之義則善惡不明失事理之宜矣事親知人而等殺不明不知天理者也書曰天秩有禮故於此又當知天所謂秩卽等殺也自禮所生也以上推其理之所由生自君子不可不修身以下繹其義之所以貫○雙峯饒氏曰孔子對哀公之問至不可不知天處其間項目雖多然大意不過兩節而已始言政之擧息在乎人而其下自爲政在人推之以至於修道以仁所以明爲政之本在於人也繼言仁義之等殺生乎禮而其下自君子不可不修身推而至於不可不知天所以又明爲仁之端在於智也故兩節各以故字承之蓋爲下明善誠身張本明善智也誠身仁也問章首專歸重於人而以人訓仁下文又說義說禮今又謂爲仁以智爲先何也曰義者仁之對有箇仁自然有箇義禮又節文斯二者禮者天理自然之節文不是人安排故於事親知人歸宿於知天然非智不能知故末句發兩知字前賢截從知天斷朱子今作一章亦有深意九經與爲政相應前面說修身親親尊賢故後面九經節節發明修身也尊賢也親親也只是此三者爲綱目敬大臣體群臣懷諸侯乃自尊賢之等推之也子庶民來百工柔遠人乃自親親之殺而推之也天下之達道五便是修身之道天下之達德三便是事親之仁知天之智只添得箇勇字○雲峰胡氏曰上文修道以仁即是率性之道知天之天字即是天命之性但天命之性是渾然者此從等殺上說是粲然者然其粲然者即其渾然者亦非有二天也【備旨】夫爲政在人取人以身是身者取人之則立政之本也故爲政君子不可以不修身然修身以道修道以仁而仁之實事親是也故思修身不可以不事親欲盡親親之仁必由尊賢之義故思事親不可以不知人親親之殺尊賢之等皆天敍天秩之禮也思知人以爲事親之助者不可以不知天由知天以知人事親則仁自親始道以仁行而修身之事可得而全矣

天下之達道ㅣ五애所以行之者는三이니曰君臣也父子也夫婦也昆弟也朋友之交也五者는天下之達道也ㅣ오知仁勇三者는天下之達德也ㅣ니所以行之者는一也ㅣ니라 知去聲

天下에達ᄒᆞᆫ道ㅣ다ᄉᆞ새써行ᄒᆞᄂᆞᆫ밧者ᄂᆞᆫ세히니ᄀᆞᆯ온君臣과父子와夫婦와昆弟와朋友의交홈다ᄉᆞᄉᆞᆫ天下엣達ᄒᆞᆫ道ㅣ오知와仁과勇세ᄒᆞᆫ天下엣達ᄒᆞᆫ德이니써行ᄒᆞᄂᆞᆫ밧者ᄂᆞᆫ一이니라

●達道者、天下古今所共由之路、即書所謂五典、孟子所謂父子有親、君臣有義、夫婦有別、彼列反長上聲幼有序、朋友有信、是也、知、所以知如字此也、仁、所以體此也、勇、所以强此也（此字指五達道體謂以身體而躬行之）謂之達德者、天下古今所同得之理也、一則誠而已矣、達道、雖人所共由、然、無是三德則無以行之、達德、雖人所同得、然、一有不誠則人欲、間去聲之而德非其德矣、程子、曰所謂誠者、止是誠實此三者、三者之外、更別無誠、

朱子曰知底屬智行底屬仁勇是勇於知勇於行仁智了非勇便行不到○知仁勇是做的事誠是行此三者眞實的心○蔡氏曰達道本於達德達德又本於誠誠者達道達德之本而一貫乎達道達德者也○西山眞氏曰道雖人所共由然其智不足以及之則君當仁臣當敬之類未必不昧其所以然知及之而仁守不能仁守之而勇不能斷則於當行之理或奪於私欲私蔽於利害以至蔑天常敗人倫者多矣德雖人所同得然或不誠而勉强矯飾則知出於術數仁流於姑息勇過於强暴而德非其德矣故行之必本於誠一者誠也三者皆眞實而無妄是之謂誠○雲峯胡氏曰虞書曰五敎曰五典未嘗列五者之目至此則曰天下之達道五始列其目言之蓋曰天叙有典是言天命之性不離此五者曰敬敷五敎是言修道之敎不離此五者此曰達道是言率性之道不離乎五者也【備旨】試擧修身修道者詳言之修身固在以道然其道非一端也天下所共由之達道蓋有五焉修道固在以仁及知天然亦非二端也所以行此達道者有三焉五者維何曰朝而君臣也家而父子也夫婦也昆弟也外而朋友之交也此五者人倫大常天下之達道所以修身者也三者維何曰心之明爲知心之公爲仁心之强爲勇此三者人性同得乃天下行達道之達德所以修道者也然要之三達德之所以行乎五達道者一也理惟一實則私欲不間知是實知道自此知仁是實仁道自此是體勇實勇道自此强而不徒三與五之名已也

或生而知之ᄒᆞ며 或學而知之ᄒᆞ며 或困而知之ᄒᆞᄂᆞ니 及其知之ᄒᆞ야ᄂᆞᆫ 一也ㅣ니라 或安而行之ᄒᆞ며 或利而行之ᄒᆞ며 或勉强而行之ᄒᆞᄂᆞ니 及其成功ᄒᆞ야ᄂᆞᆫ 一也ㅣ니라（强上聲）

或生ᄒᆞ야知ᄒᆞ며或學ᄒᆞ야知ᄒᆞ며或困ᄒᆞ야知ᄒᆞᄂᆞ니그知홈애미처ᄂᆞᆫᄒᆞᆫ가지니라
或安ᄒᆞ야行ᄒᆞ며或利ᄒᆞ야行ᄒᆞ며或勉强ᄒᆞ야行ᄒᆞᄂᆞ니그功을일옴애미처ᄂᆞᆫᄒᆞᆫ가지니라

●知之者之所知、行之者之所行、謂達道也、以其分(扶問反)而言則所以知者、知(去聲下知也同)也、所以行者、仁也、所以至於知之成功而一者、勇也(知之透徹行之成功便是勇) 以其等而言則生知安行者、知也、(如舜之大知) 學知利行者、仁也、(如顏子之克復爲仁) 困知勉行者、勇也、(困知勉行非勇則做不徹)

○朱子曰生知安行主於知而言不知如何行安行者只是安而行之不用著力然須是知得乃能行得也學知利行主行而言雖是學而知得然須著意去力行則所學而知得者不爲徒知也○問諸說皆以生知安行爲仁學知利行爲知先生獨反是何也曰論語說仁者安仁知者利仁與中庸說知仁勇意思自別生知安行便是仁在知中學知利行便是仁在知外旣是生知必能安行所以謂仁在知中若是學知便是知得淺些子須是力行方始到仁處所以謂仁在知外○生知安行以知爲主學知利行以仁爲主困知勉行以勇爲主○北溪陳氏曰就知仁勇等級而言之生知安行爲知知主於知就知上放重蓋先能知之而後能行之也學知利行爲仁仁主於行以行處爲重故知得須是行得也困知勉行爲勇此氣質昏懦之人昏不能行懦不能知非勇則不足以進道○雙峯饒氏曰生知安行隱然之勇學知利行非勇不可到困知勉行全是勇做出來

蓋人性、雖無不善而氣稟、有不同者故、聞道、有蚤莫、(與早暮同) 行道、有難易、(去聲) 然、能自强(如字)不息則其至、一也

陳氏曰人性雖無不善而氣稟有不同惟其有淸濁厚薄之分所以有知行三等之別上等之人稟氣淸明所以義理昭著不待敎而知後故曰生知賦質純粹所以安於義理不待學習而能故曰安行此聖人地位也其次者淸多而濁少於事物當然之理必待學而後知故曰學知賦質純多而駁少蓋眞知道理而篤好之如嗜欲然故曰利行此大賢地位也又有一等人稟氣濁多而淸少須是困心衡慮然後發憤以求知故曰困知賦質駁多而純少未能利行且須黽勉强力而爲之故曰勉行此又其次等人地位也凡此皆其氣質之不同者然本然之性無有不善或生知或學知或困知及己知處則一般或安行或利行或勉行及其行之成功則一

般至此爲能化其本然之初矣 呂氏、曰所入之塗、雖異而所至之域則同、此所以爲中庸、若乃企生知安行之資、爲不可幾平聲及、輕困知勉行、謂不能有成、此、道之所以不明不行也、雲峯胡氏曰以其分而言是說知行之屬有先後以其等而言是說氣質之屬有高下至於知之成功而一是知行之功足以變化氣質天命之性本一也至是則不見其氣質之不一者惟見其天命之本一者矣知行之不可不勇也如此夫[備旨]然以達德行達道其事何如自其知言之或有生而知此達道者或有學而知此達道者或有困而後知此達道者此其聞道雖先後不一及其知之旣至而明此達道則一也自其行言之或有安而行此達道者或有利而行此達道者或有勉强而後行此達道者此其行道雖難易不一及其行之成功而體此達道則一也是三達德之行乎五達道者如此

子ㅣ曰好學은近乎知ᄒ고力行은近乎仁ᄒ고知恥ᄂ近乎勇이니라 好近乎知之知並去聲

學을됴히너김은知예갓갑고힘써行홈은仁에갓갑고붓그리옴을알옴은勇애갓가오니라

[註]子曰二字、衍文、○此、言未及乎達德而求以入德之事、朱子曰上旣言達德之名恐學者無所從入故又言其不遠者以示之使由是而求之則可以入德也聖人之言淺深遠近之序不可差欠如此○西山眞氏曰旣言三達德又敎以入德之路夫知必上智仁必至仁勇必大勇然後爲至然豈易遽及哉苟能好學不倦則亦近乎智力行不已則亦近乎仁以不若人爲恥則亦近乎勇蓋好學所以明理力行所以進道知恥所以立志能於此三者用功則三達德庶可漸至矣 通上文三知爲知去聲下非知同 三行爲仁則此三近者、勇之次也、節齋蔡氏曰三知主知三行主仁三近主勇生知者知之知也學知者仁之知也困知者勇之知也安行者仁之仁也利行者知之仁也勉行者勇之仁也好學者知之勇也力

者仁之勇也知耻者勇之勇也呂氏、曰愚者、自是而不求、自私者、徇人欲而忘返、懦(奴臥奴亂二反)者、甘爲人下而不辭故、好學、非知、然、足以破愚、力行、非仁、然、足以忘私、朱子曰仁則力行工夫多知則致知工夫多好學近乎知力行近乎仁意自可見○三山陳氏曰所謂力行足以忘私者蓋世之怠惰不爲者皆所以自便其所欲故曰私○問此章以力行言仁前章服膺勿失又以守言仁何也雙峰饒氏曰守也屬行以擇爲知則當以守爲仁以知爲知則當以行爲仁各有所當問守與行如何屬仁曰仁者無私欲心無私欲然後能守能今人行不去只是被私欲牽制守不住只是被私欲牽引耳○問呂氏元本云自私者以天下非吾事朱子改之曰自私者徇人欲而忘返如何蛟峰方氏曰呂公以公爲仁有我爲不仁力行雖未是仁然足以去我朱子以純乎天理爲仁有欲便是不仁力行足以去欲故近仁呂氏就發上用上說仁朱子就本體上說仁也

知耻、非勇、然、足以起懦、朱子曰知耻如舜人也我亦人也舜爲法於天下可傳於後世我猶未免爲鄉人也是則可憂也旣耻爲鄉人進學安得不勇○雲峯胡氏曰達德自是人所同得之理而此復以其近者言之誘人之進也蓋雖昏惰之極亦未有不進者但患無耻耳周子曰必有耻則可敎候氏曰知耻非勇也能耻不若人則勇矣嗚呼彼悠々者豈非無耻之甚哉○東陽許氏曰非知非仁非勇不曰不是知仁勇蓋知仁勇是德己至之定名若好學力行知耻亦知仁勇之事但未全爾此體貼三近字說[illegible]達道之行固同而其拘於氣稟求及乎達德者工夫何如學所以明理苟能好學不倦則明理足以破愚雖未是上知而亦近乎知力行所以去私苟能力行不已則去私足以忘私雖未是至仁而亦近乎仁知耻所以立志苟能以知行不若人爲耻則立志足以起懦雖未是大勇而亦近乎勇此三者乃求以入德之事也

知斯三者則知所以脩身이오知所以脩身則知所以治人이오知所以治人則知所以治天下國家矣리라

이세흘알면써몸닷글바ᄅᆞᆯ알고써몸닷글바ᄅᆞᆯ알면써사ᄅᆞᆷ다ᄉᆞ릴바ᄅᆞᆯ알고써사ᄅᆞᆷ다ᄉᆞ릴바ᄅᆞᆯ알면써天下國家ᄅᆞᆯ다ᄉᆞ릴바ᄅᆞᆯ알리라

●斯三者、指三近而言、人者、對己之稱、天下國家則盡乎人矣、言此、以結上文脩身之意、起下文九經之端也、雲峯胡氏曰黃氏云此章當一部大學大學以修身爲本此章自首至此皆以修身爲要上文言修身而曰不可不知者天卽大學逆推修身之工夫至於格物致知者也此言修身而曰治人治天下國家者即大學順推修誠之功效至於家齊國治天下平者也

備旨 故人君誠能知斯三近者則以達德行達道而知所以修身矣既知所以修身則人者身之推也自知所以治人而進斯人於道德之內矣既知所以治人則天下國家亦人之積也自知所以治天下國家而範斯世於道德之中矣夫始於三近之知而終於天下國家之治可見爲政當修身而修身宜先入德也

凡爲天下國家ㅣ有九經ᄒᆞ니 曰修身也와 尊賢也와 親親也와 敬大臣也와 體羣臣也와 子庶民也와 來百工也와 柔遠人也와 懷諸侯也ㅣ니라

믈읫天下國家를ᄒᆞ욤이아홉經이인ᄂᆞ니ᄀᆞᆯ온몸을닷곰과賢을尊홈과親을親홈과大臣을공경홈과羣臣을體홈과庶民을子홈과百工을來케홈과遠人을柔케홈과諸侯를懷케홈이니라

●經、常也、廣平游氏曰經者其道有常而不可易其序有條而不可紊○三山陳氏曰施之治天下國家可以常行而不變故曰經○倪氏曰經者常也即所謂庸也 體、謂設以身處上聲其地而察其心也、子、如父母之愛其子也、雲峰胡氏曰群臣相去踈遠休戚不相知必如以身處其地而察其心則可耳庶民相去尤遠休戚愈不可知必如父母之愛其子乃可耳體字子字皆心誠求之者也 柔遠人、所謂無忘賓旅者也、無忘賓旅本齊桓公葵丘載書中語○三山陳氏曰遠人非四夷乃商賈賓旅皆是

離家鄉而來須寬恤之若謂四夷不應在諸侯之上 此、列九經之目也、呂氏、曰天下國家之本、在身故、脩身、爲九經之本、然、必親師取友然後、脩身之道、進故、尊賢。次之、三山陳氏曰下文既有大臣又有群臣而此先云尊賢者非臣之之謂正書所謂能自得師禮所謂當其爲師則不臣者也 道之所進、莫先其家故、親親、次之、由家以及朝音潮廷故、敬大臣體羣臣、次之、由朝廷以及其國故、子庶民來百工、次之、由其國以及天下故、柔遠人懷諸侯、次之、此、九經之序也、問中庸九經先尊賢而後親親何也程子曰道孰先於親親然不能尊賢則不知親親之道○陳氏曰經有九其實總有三件三件合來其歸一件蓋敬大臣體群臣其本從尊賢來子庶民來百工柔遠人懷諸侯其本從親親來而親親尊賢之本又從修身來 視羣臣、猶吾四體、視百姓、猶吾子、此、視臣視民之別列反也、朱子曰體群臣章句與呂說體字雖小不同然呂說大意自好不欲廢也新安陳氏曰視臣猶四體移之股肱大臣豈不可乎〻子所訓不可易矣觀下文忠信重祿所以勸士釋云待之誠而養之厚蓋以身體之而知其所賴乎上者如此也則體字謂以身處其地而察之可移易否乎 【備旨】然治天下國家非可以易而爲也凡人君爲政而治天下國家皆有九件經常不易之道焉九者維何曰身爲天下國家之本首在修身也次則尊賢以師有德也次則九族之親於家也次則隆敬大臣體恤群臣於朝也次則愛民如子招來百工於國也終則柔恤遠方賓旅之人懷服五等之諸侯於天下也此九經之目而自有然之序如此

修身則道立ᄒ고尊賢則不惑ᄒ고親親則諸父昆弟ㅣ不怨ᄒ고敬大臣則不眩ᄒ고體羣臣則士之報禮ㅣ重ᄒ고子庶民則百姓이勸ᄒ고來百工則財用이足ᄒ고柔遠人則四方이歸之ᄒ고懷諸侯則天下

ㅣ畏之니라

몸을닷그면道ㅣ셔고賢을尊ᄒᆞ면惑디아니ᄒᆞ고親을親ᄒᆞ면諸父와昆弟ㅣ怨티아니ᄒᆞ고大臣을공경ᄒᆞ면眩티아니ᄒᆞ고羣臣을體ᄒᆞ면士의禮로報홈이重ᄒᆞ고庶民을子ᄒᆞ면百姓이勸ᄒᆞ고百工을來케ᄒᆞ면財用이足ᄒᆞ고遠人을柔ᄒᆞ면四方이歸ᄒᆞ고諸候를懷케ᄒᆞ면天下ㅣ畏ᄒᆞᄂᆞ니라

【註】此、言九經之效也、道立、謂道成於己而可爲民表、（新安陳氏曰表儀也如書所謂表正萬邦之表）所謂皇建其有極、是也、（書洪範五皇極皇建其有極）不惑、謂不疑於理、（新安陳氏曰得賢以師資講明故不疑於理）不眩、（音縣）謂不迷於事、（北溪陳氏曰不惑是理義昭著無所疑也不眩是信任專政事擧無所眩迷也）敬大臣則信任專而、小臣、不得以間（去聲）之故、臨事而不眩也、來百工則通功易事、農末、相資故、財用、足、（朱子曰若百工聚則事事皆有豈不足以足財用乎如織紝可以足布帛工匠可以足器皿之類○雙峯饒氏曰財用是兩字財是貨財用是器用一人之身豈能百工之所爲備如農夫之耕農器缺一不可農得用以生財工得財以贍用推此可見其餘蓋農工相資則上下俱足）柔遠人則天下之旅、皆悅而願出於其途故、四方、歸、懷諸候則德之所施（去聲）者、博而威之所制者、廣矣、故、曰天下、畏之、（陳氏曰報禮重君視臣如手足臣視君如腹心也百姓勸君待民如子則民愛君如父母庶民子來是也○雲峯胡氏曰道卽前五者天下之達道立是吾身於此五者各盡其道而民皆於吾身取則也章句以爲卽是皇建其有極皇極建而九疇叙君道立而九經行其旨一也尊賢尤與修身相關修身則道成於己尊賢則見道分明而無疑章句曰此九經之效也道立是修身之效以下皆道立之效）

【備旨】[illegible]九經之序固有其目而行之豈無其效乎誠能修身則道自我立而爲民之表率矣能尊賢則啓沃有資聰明日擴而不惑於理矣能親親則上而諸父下而昆弟皆得其歡心而不怨矣能敬大臣則臨

事建功不奪異議而不眩於事矣能體群臣則感恩以效忠而士之報禮於我者重矣能子庶民則懷惠者思以報德而百姓自勸矣能來百工則作成器具是以財資於用而皆足矣能柔遠人則四方賓旅皆願出於其途而歸之矣能懷諸候則天下一家四隅海表莫不懾服而畏之矣九經之效如此

齊明盛服ᄒᆞ야 非禮不動은 所以修身也ㅣ오 去讒遠色ᄒᆞ며 賤貨而貴德은 所以勸賢也ㅣ오 尊其位ᄒᆞ며 重其祿ᄒᆞ며 同其好惡ᄂᆞᆫ 所以勸親親也ㅣ오 官盛任使ᄂᆞᆫ 所以勸大臣也ㅣ오 忠信重祿은 所以勸士也ㅣ오 時使薄斂은 所以勸百姓也ㅣ오 日省月試ᄒᆞ야 旣稟稱事ᄂᆞᆫ 所以勸百工也ㅣ오 送往迎來ᄒᆞ며 嘉善而矜不能은 所以柔遠人也ㅣ오 繼絶世ᄒᆞ며 擧廢國ᄒᆞ며 治亂持危ᄒᆞ며 朝聘以時ᄒᆞ며 厚往而薄來ᄂᆞᆫ 所以懷諸侯也ㅣ니라

齊則皆反去上聲遠好惡斂並去聲既許氣反省悉井反稟彼錦力錦二反稱去聲朝音潮

齊ᄒᆞ며明ᄒᆞ며服을盛히ᄒᆞ야禮아니어든動티아니홈은써몸을닷ᄂᆞᆫ배 오讒을去ᄒᆞ고色을멀리ᄒᆞ며貨ᄅᆞᆯ賤히너기고德을貴히너김은써賢을勸ᄒᆞᄂᆞᆫ배 오그位ᄅᆞᆯ尊히ᄒᆞ며그祿을重히ᄒᆞ며그好ᄒᆞ며惡홈을ᄒᆞᆫ가로홈은써親을親홈을勸ᄒᆞᄂᆞᆫ배 오官을盛히ᄒᆞ야使ᄅᆞᆯ任케홈은써大臣을勸ᄒᆞᄂᆞᆫ배 오忠信으로ᄒᆞ고祿을重히홈은써 士ᄅᆞᆯ

勸ᄒᆞᄂᆞᆫ배오時로ᄇᆞ리며薄히歛홈은써百姓을勸ᄒᆞᄂᆞᆫ배오날로省ᄒᆞ며ᄃᆞᆯ로試ᄒᆞ야旣와稟을일에맛게홈은써百工을勸ᄒᆞᄂᆞᆫ배오가ᄂᆞᆫ이ᄅᆞᆯ보내고오ᄂᆞᆫ이를마지며어딘이ᄅᆞᆯ아름다이너기고能티못ᄒᆞᆫ이ᄅᆞᆯ에엿비너김은써遠人을柔ᄒᆞᄂᆞᆫ배오그ᄎᆞᆫ世ᄅᆞᆯ니으며廢ᄒᆞᆫ나라ᄒᆞᆯ擧ᄒᆞ며亂을治ᄒᆞ고危ᄅᆞᆯ持ᄒᆞ며朝와聘을때로써ᄒᆞ며往을厚히ᄒᆞ고來ᄅᆞᆯ薄히홈은써諸侯ᄅᆞᆯ懷ᄒᆞᄂᆞᆫ배니라

●此、言九經之事也、(北溪陳氏曰九經之事是做工夫處齊齊其思慮明明潔其心齊明以一其內盛服以肅其外內外交相養也齊明盛服是靜而未應接之時以禮而動是動而已應接之時動靜交相養也如此所以修身○雲峰胡氏曰齊明盛服靜而敬也卽首章戒懼存養之事非禮不動動而敬也卽首章愼獨省察之事) 官盛任使、謂官屬衆盛、足任使令(平聲)也、蓋大臣、不當親細事故、所以優之者、如此、忠信重祿、謂待之誠而養之厚、蓋以身體之而知其所賴乎上者、如此也、旣、讀曰餼、餼稟、稍(去聲)食也(周禮天官宮正幾其出入均其稍食○內宰掌書版圖之法以治王內之政令均其稍食分其人民以居之(稍食吏祿廩也稍者出物有漸之謂)○朱子曰餼牲餼也如今官員請受有生羊肉稟卽廩給折送錢之類是也) 稱事、如周禮、稾(古老反)人職、曰考其弓弩、以上下其食、是也、(夏官稾人掌受財於職金以齎(音咨)其工弓六物爲三等弩四物亦如之矢八物皆三等服亦如之(服盛矢器)春獻素秋獻成書其等以饗工乘其事試(音考)其弓弩以上下其食而誅賞乃入功于司弓矢及繕人稾讀爲芻稾之稾箭幹謂之稾○新安陳氏曰食必與事稱有功不可負無功不可濫) 往則爲(去聲)之授節以送之、(朱子曰遠人來至去時有節以授之過所在爲照如漢之出入關者用繻唐謂之給過所是也) 來則豐其委(去聲)積(子賜反)以迎之、(新安陳氏曰委積畜聚也周禮遺人掌牢禮委積註云委積謂牢米薪芻給賓客又司徒註少曰委多曰積) 朝、謂諸侯、見(形甸反)於天子、聘、謂諸侯、使大夫、來獻、王制、比(毗至反)年、一少聘、三年、一大聘、五年、一朝、(比年每年也)厚往薄來、謂燕賜、厚而納貢、薄、[備旨]夫九經固有其效矣而九經之事則何如方其靜而未應接之時齊明以一其內盛服以肅其外及動而已應接之時一循諸節文之禮若非禮則勿妄動此則動靜交養所以修吾之身也而道立之效此其基矣屛去讒邪踈遠美色輕賤貨財而專於貴重有德此純心任賢而賢者樂爲我用所以勸賢也而不惑之效可致矣尊其位以貴之重其祿以富之同其好惡以公之此則恩意周而情誼篤所以勸親之我親也而不怨之效可致矣多設官屬以任使令則養其居尊之體而得以從容論道所以勸大臣也不眩者胥此矣待以忠信之誠養以重祿之厚則使無俯仰之累而益以効其股肱所以勸士也而報禮重者胥此矣以時役使而不窮其力薄其稅斂而不盡其財則安富之情以遂而愛戴自切所以盡子庶民之道而勸百姓者此也日有所省月有所試以程其能旣稟之頒因功授食以稱其事則激勵之典以行而勤惰胥奮所以勸百工之道而足財用者此也授符節以送其往豐委積以迎其來有願留於國者因能授任以嘉其善而不强所短以矜不能則往來各獲其安賢愚咸遂其願所以柔遠人也而致四方之歸者不以此哉諸侯世己絕者取旁支續之諸侯國己滅者以土地封之政事不修者則治其亂使本國上下相安强大倂呑者則持其危使鄰國大小相恤五年一朝比年小聘三年大聘各以其時不欲勞其力也我之燕賜於彼者厚其往而彼之納貢於我者薄其來不欲匱其財也則俾享茅土之安得受優渥之賜所以懷諸侯也而致天下之畏者不以此哉九經之事如此

凡爲天下國家ㅣ有九經ᄒᆞ나凡以行之者ᄂᆞᆫ一也ㅣ니라

믈읫天下國家ᄅᆞᆯᄒᆞ욤이아홉經이이시나ᄡᅥ行ᄒᆞᄂᆞᆫ밧者ᄂᆞᆫ一이니라

●一者、誠也、一有不誠、則是九經、皆爲虛文矣、此、九經之實也、(三山潘氏曰三德行之者一所以實其德行九經行之者一所以實其事○雲峯胡氏曰修身不實則欲得以間理尊賢不實則邪得以間正親親不實則踈得以間親推之莫不皆然○新安陳氏曰中庸一書誠爲樞紐論誠雖至誠者天之道處而始詳而誠之名己見於鬼神章誠之不可揜之一言誠之意己兩見於三德九經行之者一之二言矣誠之不可揜以實理言兩行之者一皆以實心言也[備旨]然是九經也豈無所以行之者哉凡爲天下國家固有九經而所以行是九經者一也蓋本之以

一則所行者皆實事所獲者皆實效斯天下國家可得而治矣

凡事ㅣ豫則立ᄒᆞ고不豫則廢ᄒᆞᄂᆞ니言前定則不跲ᄒᆞ고事前定則不困ᄒᆞ고行前定則不疚ᄒᆞ고道前定則不窮이니라 跲其劫反 行去聲

믈읫일이豫ᄒᆞ면立ᄒᆞ고豫티아니ᄒᆞ면廢ᄒᆞᄂᆞ니말솜이前에定ᄒᆞ야시면跲디아니ᄒᆞ고일이前에定ᄒᆞ야시면困티아니ᄒᆞ고行이前에定ᄒᆞ야시면疚티아니ᄒᆞ고道ㅣ前에定ᄒᆞ야시면窮티아니ᄒᆞᄂᆞ니라

●凡事、指達道達德九經之屬、豫、素定也、跲、躓音致也、疚、病也、此、承上文、言凡事、皆欲先立乎誠、如下文所推、是也、 朱子曰言前定句句著實不脫空也纔一語不實便說不去事前定則不困閒時不曾做得臨時自是做不徹便至於困行前定則不疚若所行不前定臨時便易得屈折枉道以從人矣道前定則不窮此一句又連那上三句都包在裏面是有箇妙用千變萬化而不窮之謂事到面前都理會得○陳氏曰上凡事一句乃包達道德達九經而言下事前定一句乃指其事而言之也○項氏曰言誠而必言豫者教人素學之也知之素明行之素熟而後取之則不窮矣○雲峰胡氏曰上文言達道達德九經之所以行此則總言凡事之所以立蓋曰是誠也非一朝一夕之故戒懼愼獨養之者有素矣如此則先立乎誠而後事可立可立則可行矣章句以先立二字釋前定正與上二行字相應○新安陳氏曰四前定字所以申明上豫字也非以與豫前定爲誠乃是所當豫所當前定者謂先立乎誠也

【備旨】然所謂一者固非一朝一夕之所能得也 凡達道達德九經之事其所以行之者必須豫先做工夫臨時始能成立若平日不豫做工夫則至於廢如言也而前定乎所爲言則言爲有物而不跲事也而前定乎所爲事則事爲有實而不困行而前定乎所爲行則行有常自慊於心而不疚道而前定乎所爲道則道有本自泛應曲當而不窮所謂凡事豫則立如此

在下位ᄒᆞ야不獲乎上이면民不可得而治矣리라獲乎上이有道ᄒᆞ니不信乎朋友ㅣ면不獲乎上矣리라信乎朋友ㅣ有道ᄒᆞ니不順乎親이면不信乎朋友矣리라順乎親이有道ᄒᆞ니反諸身不誠이면不順乎親矣리라誠身이有道ᄒᆞ니不明乎善이면不誠乎身矣리라

아랫位에이셔우희獲디몯ᄒᆞ면民을可히시러곰다사리디몯ᄒᆞ리라우희獲홈이道ㅣ이시니朋友에밋브디몯ᄒᆞ면우희獲디몯ᄒᆞ리라朋友에밋븜이道ㅣ이시니어버의게順티몯ᄒᆞ면朋友에밋브디몯ᄒᆞ리라어버의게順홈이道ㅣ이시니몸에反ᄒᆞ야誠티몯ᄒᆞ면어버의게順티몯ᄒᆞ리라몸을誠히홈이道ㅣ이시니善에ᄇᆞᆰ디몯ᄒᆞ면몸을誠티몯ᄒᆞ리라

●此、又以在下位者、推言素定之意、反諸身不誠、謂反求諸身而所存所發、未能眞實而無妄也、朱子曰反諸身是反求於心不誠是不曾實有此心如事親孝須實有這孝之心若外面假爲孝之事裏面却無孝之心便是不誠矣○新安陳氏曰所存所發指心而言所存靜而涵養時也所發動而應接時也 不明乎善、謂不能察於人心天命之本然、此又推本從天命謂性之源頭處來 而眞知至善之所在也、間凡事豫則立言與事行與道皆欲先定於其初則不跲不困不疚不窮斯有必然之驗故自不獲乎上不信乎朋友不順乎親而推之皆始於不誠乎身而已然則先立乎誠爲此章之要旨而不明乎善則不可以誠乎身矣今欲進乎明善之功要必格物以窮其理致知以處其義夫然後眞知善之爲可好而好之則如好々色眞知惡之爲可惡而惡之則如惡惡臭明善如此夫安得而不誠哉以是觀之則中庸所謂明善卽大學致知之事中庸之所謂誠身卽大學誠意之功要其指歸其理則一而已朱子曰得之○陳氏曰此一節又推明誠不可不前定之意須自身誠明善始緊要在於明善善者天命率性之本然須是格物致知眞知至善之所在否則好善不能如好好色惡惡不能如惡惡臭雖欲誠身而身不可得而誠矣故必明善乃能誠身至於事親信友獲上治民無所往而不通而達道達德九經凡事亦以一貫之而無遺矣○雙峯饒氏曰前言思修身不可以不事親此曰身不誠不順乎親以入德之本言則修身必先事親以成德之效言則身誠然後親順○雲峯胡氏曰此以在下位者言見得上文九經是在上位者中庸之道通上下皆當行也故上言尊賢此則言信乎朋友上言親親此則言順親上言修身此則言誠身其道一也勉齋云此一章當一部大學誠身是包大學誠意正心修身而言心是所存意是所發故章句釋誠身心兼所存所發言之上文曰知天而此曰明善善則天命之性天命無有不善學者當知夫至善之所在是卽大學所謂格物致知也天不可不知善不可不明又見三德必以知爲先也備旨又以在下位者推之亦可以見素定之意焉彼爲人臣而在下位欲治乎民其道在豫獲乎上苟不獲乎上則無以安其位而行其志民不可得而治矣然獲乎上有道在豫信乎友也苟不信乎朋友則志行不孚名譽不著不獲乎上矣然信乎朋友有道在豫順乎親也苟不順乎親則所厚者薄無所不薄不信乎朋友矣然順乎親有道在豫誠乎身也苟反諸身不誠則外有事親之文內無愛親之實不順乎親矣然誠身有道在豫明乎善也苟不明乎善則善惡不免於混淆好惡多失於自欺不誠乎身矣是可見由明善以誠身誠之所以豫也由順親而信友獲上治民事之所以立也在下位者且然矣況人君在上位以達德而行達道施九經而事文武之事者其可不豫立乎誠哉

誠者ᄂᆞᆫ天之道也오ㅣ誠之者ᄂᆞᆫ人之道也ㅣ니誠者ᄂᆞᆫ不勉而中ᄒᆞ며不思而得ᄒᆞ야從容中道ᄒᆞᄂᆞ니聖人也오ㅣ誠之者ᄂᆞᆫ擇善而固執之者也ㅣ니라　中並去聲從七容反

誠ᄒᆞᆫ者ᄂᆞᆫ天의道ㅣ오誠히오ᄂᆞᆫ者ᄂᆞᆫ人의道ㅣ니誠ᄒᆞᆫ者ᄂᆞᆫ힘쓰디아니ᄒᆞ야셔中ᄒᆞ

며싱각디아니ᄒᆞ야셔得ᄒᆞ야從容히道에中ᄒᆞᄂᆞ니聖人이오誠히오ᄂᆞᆫ者ᄂᆞᆫ善을ᄀᆞᆯ히여구디執ᄒᆞᄂᆞᆫ者ㅣ니라

●此、承上文誠身而言、誠者、眞實無妄之謂、天理之本然也、誠之者、未能眞實無妄而欲其眞實無妄之謂、人事之當然也、聖人之德、渾(上聲)然天理、眞實無妄、不待思勉而從容中道、則亦天之道也、未至於聖則不能無人欲之私、而其爲德、不能皆實故、未能不思而得則必擇善然後、可以明善、(問明善擇善何者爲先朱子曰譬如十箇物事五箇善五箇惡須揀此是善此是惡方分明○東陽許氏曰擇善然後可以明善擇者謂致察事物之理明者謂洞明吾心之理合外內而言之擇善是格物明善是知至)未能不勉而中則必固執而後、可以誠身、此則所謂人之道也、(三山陳氏曰善不擇則有誤認人欲爲天理者矣執不固則天理有時奪於人欲矣)不思而得、生知也、不勉而中、安行也、擇善、學知以下之事、固執、利行以下之事也、(章句兩以下字該困知勉行在其中○朱子曰誠者天之道誠是實理自然不假修爲者也誠之者人之道是實其實理則是勉而爲之者也孟子言萬物皆備於我便是誠反身而誠便是誠之反身只是反求諸己誠只是萬物具足無所虧欠○問在天固有眞實之理在人當有眞實之功聖人不思不勉而從容中道無非實理之流行則聖人與天爲一即天之道也未至於聖人必擇善而後能明是善必固執然後能實是善此人事當然即人之道也曰善○北溪陳氏曰天道人道有數樣分別且以上天言之維天之命於穆不已自元亨而利貞貞而復元萬古循環無一息之間凡天下之物洪纖高下飛潛動植靑黃白黑萬古皆常然不易又如日往月來寒往暑來萬古皆然無一息之差謬此皆理之眞實處乃天道之本然也以人道相對誠之乃人分上事若就人倫之則天道流行賦予於人而人受之以爲性此天命之本然者便是誠故五峯謂誠者命之道蓋人得天命之本然無非實理如孩提知愛及長知敬皆不思而得不學而能即在人之天道也其做工夫處則盡己之忠以實之信凡求以盡其誠實乃人道也又就聖賢論之聖人生知安行純是天理徹內外本末皆眞實無一毫之妄不待勉而自中不待思而自得如人行路須照管方行得路中否則蹉向一邊去聖人如不看路自然路中行所謂從容中道此天道也自大賢以下氣禀不能純乎淸明道理未能渾然眞實無妄故知有不實須做擇善工夫行有不實須做固執工夫擇善是辨析衆理而求其所謂善致知之功也固執是所守之堅而不爲物所移力行之功也須是二者並進乃能至於眞實無妄此人道也○雙峯饒氏曰不勉而中安行之仁也不思而得生知之知也從容中道自然之勇也或疑從容非勇曰今有百鈞於此一人談笑而擧之力有餘也一人竭蹶而不能擧力不足也然則聖人之於道也衆皆勉强而己獨從容非天下之大勇而何擇善近知固執近仁而勇在其中論誠者則先仁而後知以成德之序言也論誠之者則先知而後仁以入德之序言也○雲峯胡氏曰自此以前十六章言誠之不可揜是以天道言誠上文誠身是以人道言誠所以於此總兩者言之曰誠者天之道誠之者人之道也不勉而中者安行之仁不思而得者生知之知從容中道者自然之勇此以上皆言知仁勇學者入德之事此以下兼言仁知勇聖人成德之事論語曰知者不惑仁者不憂勇者不懼學之序也此以上見之又曰仁者不憂知者不惑勇者不懼德之序也此以下見之下章盡性仁也前知[illegible]也無息勇也博厚仁也高明知也悠久勇也如地之持載仁也如天之覆幬知也如日月之代明四時之錯行勇也往々皆言仁知勇而於此始焉至論學知利行之事擇善爲知固執爲仁又依舊先知而後仁其所以開示學者至矣【備旨】然身之所以當誠者何也亦以其出於天而切於人耳彼其理之在我也眞實無妄所謂誠者是其理雖己屬於人猶未離於天乃天之與我其道本如是也然天理本然不實而人心容有未眞或不能誠而欲求其誠所謂誠之者是乃盡吾之性畢吾之事人之道當如是也惟誠者之人其行安行不待勉而自中其知生知不待思而自得此乃從容中道之聖人也亦天之道也若夫誠之者之人未能不思而得必擇衆理以明善未能不勉而中必即其善而固執以誠身者也此所謂人之道也夫天下不皆誠者之人則欲盡人合天其可不以誠之之功自勉哉

博學之ᄒᆞ며審問之ᄒᆞ며愼思之ᄒᆞ며明辨之ᄒᆞ며篤行之니라

너비비호며슬펴무르며싱각ᄒᆞ며ᄇᆞᆰ이분변ᄒᆞ며도라이行ᄒᆞᆯ며니라

●此、誠之之目也、學問思辨、所以擇善而爲知、去聲學而知如字也、篤行、所以固執而爲仁、利而行也、程子、曰五者、廢其一、非學也、朱子曰五者無先後有緩急不可謂博學時未暇審問審問時未暇謹思謹思時未暇明辨明辨時未暇篤行五者從頭做將去初無先後也○[illegible]氏曰擇善有博學審問愼思明辨工夫儘用功多固執只有篤行一件工夫是擇善處眞能知之則行處功自易○[illegible]峯[illegible]氏曰學必博然後有以聚天下之見聞而周知事物之理問必審然後有以訂其所學之疑思必謹然後有以精研其學問之所得而自得於心辨必明然後有以別其公私義理是非眞妄於毫釐疑似之間而不至於差謬擇善至此擇之可謂精矣如是而加以篤行則日用之間由念慮之微以達於事爲之著必能去利而就義取是而舍非不使一毫人欲之私得以奪乎天理之正而凡學問思辨之所得者皆有以踐其實矣所執如此其固爲何如哉此學知利行以求至於誠者之事也○項氏曰學而又問則取於人者詳思而又辨則求於心者精如是而後可以行矣[illegible]然是誠之之功其目有五誠之之人其等有二以學知利行言之非敢以生知安行者爲不可及也彼天下之善散於萬殊必稽古考今博而學之以窮其理焉既學而不問則學無由考也又審而問之以決其疑焉既學且問事無不通於心而當思者乎必愼以思之不失之泛亦不失之鑿也既問而思事無未決於心而當辨者乎必明以辨之不惑於眞亦不淆於似也如是則能擇乎善而可行矣又篤以行之使學問思辨之所得者皆有以踐其實焉此學知利行者所以求誠也

有弗學이언뎡學之ㄴ댄弗能을弗措也ᄒᆞ며有弗問이언뎡問之ㄴ댄弗知를弗措也ᄒᆞ며有弗思ㅣ언뎡思之ㄴ댄弗得을弗措也ᄒᆞ며有弗辨이언뎡辨之ㄴ댄弗明을弗措也ᄒᆞ며有弗行이언뎡行之ㄴ댄弗篤을弗措也ᄒᆞ야人一能之어든己百之ᄒᆞ며人十能之어든己千之니라

ᄇᆡ호디아니홈이이실딘언뎡ᄇᆡ홀찐댄能티못ᄒᆞ니ᄅᆞᆯ措티아니ᄒᆞ며못디아니홈이이실씨언뎡무ᄅᆞᆯ딘댄아디못ᄒᆞ니ᄅᆞᆯ措티아니ᄒᆞ며싱각디아니홈이이실디언뎡싱각홀딘댄得디못ᄒᆞ니ᄅᆞᆯ措티아니ᄒᆞ며분변티아니홈이이실디언뎡분변홀딘댄ᄇᆞᆰ디못ᄒᆞ니ᄅᆞᆯ措티아니ᄒᆞ며行티아니홈이잇실디언뎡行홀딘댄도탑디못ᄒᆞ니ᄅᆞᆯ措

티아니ᄒᆞ야人은ᄒᆞᆫ번에能히ᄒᆞ거든己는百을ᄒᆞ며人은열번에能히ᄒᆞ거든己는千을ᄒᆞᆯ디니라

[註]君子之學、不爲則已、爲則必要其誠故、常百倍其功、此、困而知勉而行者也、勇之事也、朱子曰此一段是應上面博學之五句反說起知云不學則已學之弗能而定不休如云有不戰戰必勝矣之類也○陳氏曰學問思辨智之事篤行仁之事弗措勇之事○雙峰饒氏曰達道有五知此者曰知行此者曰仁勉於此者曰勇實知實行而實勉者曰誠博學審問愼思明辨以擇乎善所以求實知也篤行以固執之所以求實行也五弗措所以求實勉之也知之實行之實勉之實則達德之實體立而達道之實用行矣

[備旨]以困知勉行言之非敢以學知利行者爲不可及也有弗學則已學之必要其能苟弗至於能弗措其學之功也有弗問則已問之必要其知苟弗至於知弗措其問之功也有弗思則已思之必要其得苟弗至於得弗措其思之功也有弗辨則已辨之必要其明苟弗至於明弗措其辨之功也有不行則已行之必要其篤苟弗至於篤弗措其行之功也在學知利行之人以一倍其功而能之己則倍其功而至於百之蓋必有是百而後可以當其一也在學知利行之人以十倍其功而能之己則倍其功而至於千之蓋必有是千而後可以當其十也是擇之務精而學問思辨者無遺力執之務固而篤行者無遺功此困知勉行者所以求誠也

果能此道矣면雖愚ㅣ나必明ᄒᆞ며雖柔ㅣ나必强이니라

과연히이道를能히ᄒᆞ면비록愚ᄒᆞ나반드시明ᄒᆞ며비록柔ᄒᆞ나반드시强ᄒᆞᄂᆞ니라

[註]明者、擇善之功、强者、固執之效、朱子曰雖愚必明是致知之效雖柔必强是力行之效○新安陳氏曰自人一能之以下乃子思子喫緊爲氣質昏弱者言果能此道一句尤警策只恐不能百倍其功耳若眞能於此五者下百倍於人之功則學力之至到决可變化氣質之昏弱矣子思子豈欺我哉 呂氏、曰君子所以學者、爲(去聲)能變化氣質而已、德勝氣質則愚者、可進於明、柔者、可進於强、不能勝之則雖有志於學、亦愚不能明、柔不能立而已矣、蓋均善而無惡者、性也、人所同也、昏明强弱

之禀、不齊者、才也、人所異也、誠之者、所以反其同而變其異也、夫、音扶不以美之質、求變而美、非百倍其功、不足以致之、今以鹵、音魯莽莫古莫後二切滅裂之學、莊子則陽篇君爲政焉勿鹵莽治民焉勿滅裂昔予爲禾耕而鹵莽之則其實亦鹵莽而報予芸而滅裂之其實亦滅裂而報予鹵莽不用心也滅裂輕薄也 或作或輟、以變其不美之質、及不能變則曰天質、不美、非學所能變、是、果於自棄、其爲不仁、甚矣、新安陳氏曰成己仁也進學不勇卒也不能成己是自棄其身於不肖之歸非不仁而何○朱子曰某年十五六時見呂與叔解得此段痛快讀之未嘗不竦然警厲奮發人若有向學之志須是如此做工夫方得○雲峰胡氏曰前曰鮮能曰不可能此能百倍其功則果能此道矣雖愚必明亦可謂知矣充之而義精可也雖柔必强亦可謂仁矣充之而仁熟可也以此見得中庸非不可能能之者在乎人人之所以能之者在乎勇備旨人特恐不能百倍其功耳若果能於此五者盡百倍乎人之功則學力之既至自可變化氣質雖愚昧者必致知而進於明雖柔弱者必力行而進於强至是則人道己盡而誠 無不豫道德九經之事皆以身而會其全天下國家之事 皆自身而善其推又何人之不存而政之不擧哉

右는第二十章이라 此、引孔子之言、以繼大舜文武周公之緒、明其所傳之一致、擧而措之、亦猶是爾、陳氏曰此說孔子能盡中庸之道子思引此以明道統之傳也○雲峰胡氏曰上章所述文武周公皆是擧而措之之事此引孔子之言謂所傳一致使得擧而措之則亦猶是耳至第三十章曰 仲尼祖述堯舜憲章文武則愈可見其所傳之一致焉○新安陳氏曰論語堯曰篇歷叙堯舜禹湯武王之 事而以孔子答子張問政繼之子思此章正此意也 蓋包費隱兼小大、以終十二章之意、或問章句第十六章兼費隱包大小而言至此則曰包費隱兼小大何也 雲峰胡氏曰 十六章則兼費隱而言不言小大而包小大於其中此章則兼小大而言不言費隱而包費隱在其中兼字包字各有攸當也 章內、語誠、始詳而所謂誠者、實此篇之樞紐女九反也、如戶之有樞如衣之有紐○黃氏曰中庸著一誠字 銷盡○格庵趙氏曰中庸一篇無非說誠自篇首至十六章始露出誠字然專說鬼神是以 天道言至此章說許多事末方說誠身

工夫乃是人道自此以下數章分說天道人道極爲詳悉又按孔子家語、亦載此章而其文、尤詳、成功一也之下、有公曰子之言、美矣至矣、寡人、實固不足以成之也故、其下、復以子曰、起答辭、今無此問辭而猶有子曰二字、蓋子思、删其繁文、以附于篇而所删、有不盡者、今當爲衍文也、博學之以下、家語、無之、意彼有闕文、抑此或子思所補也歟、家語哀公問政於孔子孔子對曰文武之政云云其人亡則其政息天道敏生人道敏政地道敏樹夫政也者猶蒲盧也待化以成故爲政在於得人取人以身修身以道修道以仁云云親親之殺尊賢之等禮所以生也禮者政之本也是以君子不可以不修身云云及其成功一也公曰子之言美矣至矣寡人實固不足以成之也孔子曰好學近乎知云云知所以治人則能成天下國家者矣公曰政其盡此而已乎孔子曰凡爲天下國家有九經云云懷諸侯則天下畏之公曰爲之奈何孔子曰齊明盛服云云爵其能重其祿同其好惡所以篤親親也云云從容中道聖人之所以定體也誠之者擇善而固執之者也公曰子之敎寡人備矣敢問行之所始孔子曰立愛自親始敎民睦也立敬自長始敎民順也敎之慈睦而民貴有親敎以敬而民貴用命民旣孝於親又順以聽命措諸天下無所不可公曰寡人旣聞此言也懼不能果行而獲罪咎○朱子曰前輩多是逐段解去某初讀時只覺首段合與次段首意相接如云政也者蒲盧也故爲政在人取人以身修身以道修道以仁便說仁者人也親親爲大義者宜也尊賢爲大都接統說去又思修身段後便繼以天下之達道五知此三者段後便繼以爲天下國家有九經亦似相接續自此推去疑只是一章後讀家語方知是孔子一時間所說乃是本來一段也

自誠明을謂之性이오自明誠을謂之敎ㅣ니誠則明矣오明則誠矣니라

誠으로말미아마明홈을性이라닐ᄋᆞ고明으로말미아마誠홈을敎ㅣ라닐ᄋᆞᄂᆞ니誠

호면明호고明호면誠호느니라

一 自、由也、德無不實而明無不照者、聖人之德、所性而有者也、如孟子謂堯舜性之之性 大道也、先明乎善而後能實其善者、賢人之學、由敎而入者也、人道也、朱子曰此性字是性之也此敎字是學知也與首章天命謂性修道謂敎二字義不同○葉氏曰聖人全體無一不實而明睿所照無一不盡此自誠而明也學者先明乎善無不精察故踐履之際始無不實此自明而誠也謂之性者全於天之賦予謂之敎者成於己之學習○雙峰饒氏曰自誠明謂之性指誠者而言自明誠謂之敎指誠之者而言 誠則無不明矣、明則可以至於誠矣、朱子曰自誠明謂之性誠實然之理此堯舜以上事學者則自明誠謂之敎明此性而求實然之理○以誠而論明則誠明合而爲一以明而論誠則誠明分而爲二○陳氏曰下二句結上意可以至於誠可以是做工夫處○三山陳氏曰自誠明者由其內全所得之實理以照事物如天開日明自然無蔽此性之所以名天之道也自明誠者由窮理致知去其私欲以復全其所得之實理必由學而能此敎之所以立人之道也自誠明者誠卽明也非曰誠而後至於明自明誠者尙須由明而後至於誠雖然及其成功一也○勿軒熊氏曰首章言性道敎道之一字前章備言此但言性與敎誠明謂之性生知安行之事先仁而後知明誠謂之敎學知利行之事先知而後仁○雲峰胡氏曰此性卽天命之性但天命之性人物所同此則性之者也聖人所獨此敎卽修道之敎但敎是聖人事此則由敎而入學者事也【備旨】子思承上章發明天道人道之意勉人由敎以復性也曰吾因夫子誠者誠之者之分而愈知性敎矣天下有自誠而明者德無不實而明無不照此聖人之德不勉而中不思而得則謂之性而爲天道者也亦有自明而誠者先明乎善而後實其善此賢人之學以擇而精以執而固則謂之敎而爲人道者也夫曰性曰敎天人異矣而要其歸豈終不相及哉蓋自誠明者非誠而後可明也眞實之理旣全神明自能兼照誠則無不明矣自明誠者非明猶未能誠也眞僞之幾旣辨無妄因以漸復明則可以至於誠矣此盡人合天之功不可以不勉也

右는第二十一章이라 子思、承上章夫子天道人道之意而立言也、朱子曰中庸言天道處皆自然無節次言人道處皆有下工夫節次○陳氏曰此章兼天道人道而言 自此以下十二章、皆子思之言、以反覆推明此章

之意、雙峯饒氏曰此章大意是繳上章言誠者天之道誠之者人之道一向分兩路說去則天人爲二也到此章方合說誠則明矣明則誠矣指人道可至於天道合天人而一之也下章至誠盡性章言天道致曲章言人道而末合之曰唯天下至誠爲能化此下又分別天道人道

唯天下至誠아이爲能盡其性이니能盡其性則能盡人之性이오能盡人之性則能盡物之性이오能盡物之性則可以贊天地之化育이오可以贊天地之化育則可以與天地參矣니라

오직天下의지극ᄒᆞᆫ誠이아能히그性을盡ᄒᆞᄂᆞ니能히그性을盡ᄒᆞ면能히人의性을盡ᄒᆞ고能히人의性을盡ᄒᆞ면能히物의性을盡ᄒᆞ고能히物의性을盡ᄒᆞ면可히써天地의化育을贊ᄒᆞ고可히써天地의化育을贊ᄒᆞ며可히써天地로더브러參ᄒᆞᄂᆞ니라

●天下至誠、謂聖人之德之實、天下、莫能加也、朱子曰至誠之至乃極至之至如至道至德之不比○葉氏曰至誠者蓋聖人之全德無一之實極其至之謂擧天下無以加亘古今莫能及者也盡其性者、德無不實故、無人欲之私而天命之在我者、察之由之、巨細精粗、無毫髮之不盡也、新安陳氏曰章句又推本天命謂性一句而言天命之在我者即天理之賦予於我而爲性者是也察之謂生知由之謂安行乃借孟子所謂舜察於人倫由仁義行之察由二字用之謂知之與行之皆無不盡也人物之性、亦我之性、但以所賦形氣、不同而有異耳、能盡之者、謂知之無不明而處上聲之無不當去聲也、贊、猶助也、與天地參、謂與天地、

並立而爲三也、此、自誠而明者之事也、問盡性卽孟子盡心否朱子曰盡心是就知上說盡性是就行上說能盡得眞實本然之全體是盡性能盡得虛靈知覺之妙用是盡心盡性盡心之盡不是做工夫之謂蓋言上面工夫已至至此方盡得耳○盡己之性如在君臣則義在父子則親之類盡人之性如黎民於變時雍盡物之性如鳥獸魚鱉咸若○性只一般人物氣稟不同人雖稟得氣濁本善之性終在有可開通之理是以聖人有敎化去開通他使復其善物稟氣偏無道理使開通只是處之各當其理且隨他所明處使之他所明處亦只是這箇善聖人便用他善底如馬悍者用鞭策方乘得此亦敎化是隨他天理流行發見處使之也○贊天地之化育人在天地間雖只是一理然天人所爲各自有分人做得底却有天做不得底如天能生物而耕必用人水能潤物而灌必用人火能熯物而爨必用人財成輔相皆人非贊而何○陳氏曰此乃有德有位之聖人之事惟堯舜足以當之○雙峯饒氏曰此與首章一般至誠盡誠便是致中和贊化育便是天地位萬物育○問盡己之性可以兼知行言盡人物之性恐只是主知而言且如人物之性我如何行得他底曰盡其性者是知之行之無不盡之云也盡人物之性者知之無不明處之無不當之云也如新民止於至善相似不是民之自新止於至善乃是新之止於至善問如何盡人之性曰如致以人倫使之父子有親君臣有義之類皆是問如何盡物之性曰如仲冬斬陽木仲夏斬陰木獺祭魚然後漁人入澤梁豺祭獸然後田獵之類皆是也○雲峰胡氏曰天命之性本眞實而無妄故聖人之心眞實無妄之至始於本然之性爲能盡耳非有所加也盡兼知行而言察之無不盡故於人物之性知之無不明由之無不盡故於人物處之無不當人物之性亦我之性聖人之盡之亦非有加也天地能賦人物以性不能使人物各盡其性聖人能盡之則可以贊天地之化育而可以與天地參而爲三矣○東陽許氏曰兩章性字不同前如孟子性之之性是帶用說此乃指性之體而言(備旨)子思論誠而明之事以明天道曰人惟誠有未至則性有未盡故與天地人物不相通耳唯天下至誠之人純乎理而不雜於欲故能於所性之理察之極其精由之極其至而無不盡也夫人物之性亦我之性旣能盡己之性則與養立敎自能盡夫人之性旣能盡人之性則撙節愛養自能盡夫物之性此人物皆天地所生而不能使各盡其性便是化育有不到處惟至誠能盡人性以盡物性則可以裁成輔相而贊助天地生成人物之化育矣旣可以贊助天地生成人物之化育則天位乎上地位乎下至誠位乎其中可以與天地並立而爲三矣至誠盡性之功用其大如此此自誠而明之事天之道也

右는第二十二章이라 言天道也、或疑此章以後言天道人道間見迭出潛室陳氏曰道理縱橫說之無盡如何立定樣範只合逐章體認纔不費力

處便是天道著力處便是人道

其次는致曲 曲能有誠ㅣ니誠則形ᄒᆞ고形則著ᄒᆞ고著則明ᄒᆞ고明則動ᄒᆞ고動則變ᄒᆞ고變則化ᄒᆞ니唯天下至誠이아爲能化ㅣ니라

그버금은曲으로致ᄒᆞᄂᆞ니曲ᄒᆞ면能히誠홈이잇ᄂᆞ니誠ᄒᆞ면形ᄒᆞ고形ᄒᆞ면著ᄒᆞ고著ᄒᆞ면明ᄒᆞ고明ᄒᆞ면動ᄒᆞ고動ᄒᆞ면變ᄒᆞ고變ᄒᆞ면化ᄒᆞᄂᆞ니오직天下의지극ᄒᆞᆫ誠이아能히化ᄒᆞᄂᆞ니라

●其次、通大賢以下凡誠有未至者而言也、致、推、致也、曲、一偏也、形者、積中而發外、形見著則又加顯矣、明則又有光輝發越之盛也、動者、誠能動物、變者、物從而變、化則有不知其所以然者、朱子曰動是方感動他變則已改其舊俗然尙有痕迹在化則都消化了無復痕迹矣○孟子明則動矣未變也顔子動則變矣未化也○北溪陳氏曰自形著至變化以致曲之效言○新安陳氏曰形著明相似而有漸皆誠之全體呈露於大用者也形著明是一類動變化是一類明者形著之盛化者動變之妙蓋人之性、無不同而氣則有異故、惟聖人、能擧其性之全體而盡之、其次則必自其善端發見形甸反之偏而悉推致之、以各造七到反其極也、新安陳氏曰當看悉字各字悉是一一推致各是各要造極曲無不致則德無不實新安陳氏曰解曲能有誠一句承致曲而言曲無往而不致則德無往而不實偏曲者皆貫通乎全體矣而形著動變之功、自不能已、積而至於能化、則其至誠之妙、亦不異於聖人矣、程子曰其次致曲者學而後知之也而其成也與生而知之者不異焉故君子莫大於學莫害於畫莫病於自足莫罪於自棄學而不止此湯武所以聖也○朱子曰至誠盡性則全體著見次於此者未免爲氣質所隔只如人氣質温厚其發見多是仁氣質剛毅其發見多是義隨其善端發見便就上推致以造其極非是止就其發見一處推致之也如充無欲害人之心而仁不可勝用充無穿窬之心而義不可勝用此正是致曲處如從惻隱處發便就此發見處推致其極從羞惡處發亦然孟子謂擴充其四端是也雲峰胡氏曰端則於其發之初即推之曰曲則於其發之偏悉推之也○曲不是全體只是一偏之善就一偏之善能一一推之以致乎其極則能貫通乎全體矣○問曲能有誠若屬上句則曲是能有誠若屬下句則曲若能有誠二意不知孰爲穩當曰曲也是能有誠但不若屬下句意○問顏曾以下皆是致曲曰顏子體段已具曾子却是致曲一一推之至答一貫之時則渾全矣○王氏曰孟子曰至誠未有不動者不誠未有能動者也蓋發明子思言也動則變使之改不善而從善也變則化使之遷善遠罪而不知爲之者也變則改易之迹顯化則陶染之功深能化雖與至誠相似然至誠之化無待乎明而動動而變變而後化也故立之斯立道之斯行綏之斯來動之斯和唯夫子能之○新安陳氏曰唯天下至誠與上章五字同然上章是聖人之至誠此章是大賢致曲有誠之極亦同乎聖人之至誠所謂及其成功一也故亦與聖人並稱至誠歟○東陽許氏曰此章重明自明而誠之意誠以下皆言效驗形著明就已上說動變化就物上說[備旨]子思論明而誠之事以明人道曰至誠固能自盡其性以全位育之功矣其次誠有未至者必因善端發見一偏處而推致之以造其極是爲致曲夫曲無不致則德無不實而能有全體之誠矣誠則積中發外而形焉形則日新月盛而著焉著則光輝發越而明焉是誠之盛於己者如此誠積而明則人自興起其好善之心而動焉動則必改過自新而變焉變則久之皆相忘於善而化焉是誠之盛於物者如此夫化豈易能哉唯天下之至誠在己之德極於存神斯及物之功至於能化則其次亦至誠而已又豈有天人之別哉夫由誠而形著明即能盡其性也動變化即能盡人物之性而參贊在其中矣此自明而誠之事人之道也

右는第二十三章이라　言人道也ㅣ

至誠之道는可以前知니國家將興에必有禎祥ᄒᆞ며國家將亡애必有妖孼ᄒᆞ야見乎蓍龜ᄒᆞ며動乎四體라禍福將至에善을必先知之ᄒᆞ며不善을必先知之니故로至誠은如神이니라 見音現

至誠의道는可히써前의아느니國家ㅣ장춧興홈애반드시禎祥이이시며國家ㅣ장춧亡홈애반드시妖孼이잇서蓍와龜에見ᄒᆞ며四體에動ᄒᆞ는디라禍ㅣ며福이장춧니름애善을반드시몬져알며不善알반드시몬져아느니故로지극ᄒᆞᆫ誠은神ᄀᆞᄐᆞ니라

禎祥者、福之兆、妖孼者、禍之萌、(妖亦作妖孼魚列反說文作孼云衣服歌謠草木之怪謂之妖禽獸蟲蝗之怪謂之孼○兆孼萌芽皆幾之先見者)蓍、所以筮、龜、所以卜、四體、謂動作威儀之間、如執玉高卑其容俯仰之類、(左傳定公十五年邾隱公來朝邾子執玉高其容仰公受玉卑其容俯子貢曰以禮觀之二君皆有死亡焉是年定公薨哀公七年魯伐邾以邾子益來)凡此皆理之先見(形甸反)者也、然、唯誠之至極而無一毫私僞、留於心目之間者、乃能有以察其幾(平聲)焉、神、謂鬼神、(與國本無此四字○)問至誠之道可以前知朱子曰在我無一毫私僞故常虛明自能見得如禎祥妖孼與蓍龜所告四體所動皆是此理已形見但人不能見耳聖人至誠無私僞所以自能見得且如蓍龜所告之吉凶甚明但非至誠人却不能見也○格庵趙氏曰惟誠之至者無一毫之不實則萬物兆朕無不形見否則已然之事則不覺悟尚何能察其幾哉○雙峯饒氏曰聖人淸明在躬無一毫嗜欲之蔽故志氣如神便與明鏡相似纔有些影來便知衆人如昏鏡所以無所知○雲峯胡氏曰禎祥者興之幾妖孼者亡之幾蓍龜四體莫非善不善之幾知幾其神至誠者能之卽周子通書所謂無欲故靜虛靜虛則明明則通亦卽所謂誠精故明神應故妙幾微故幽誠神幾曰聖人但通書所謂神以妙用謂之神此所謂神以功用謂之鬼神言誠自第十六章始彼言誠者鬼神之所以爲鬼神此則言聖人之至誠聖人之所以如鬼神也此章與第十六章文不相屬而意實相承云○新安陳氏曰至誠之道可先事之未然而知其幾蓋亦誠之明處誠無不極而明無不照也祥孼皆是幾或見蓍龜或動四體善不善必先知之至誠之人先知之也能知幾如神明蓋以理知之非如術數揣測之知也○東陽許氏曰至誠前知亦必於動處見所謂幾者動之微吉凶之先見者也聖人知來者如此非有異也故爲中庸備旨子思開論而明之事以明天道曰人惟誠有未至故於理有未明而與鬼神不相通耳惟至誠無妄之道誠精而明初不假於智術自有可以前知之理也彼當國家將興則和氣致祥必有禎祥之兆國家將亡則乖氣致異必有妖孽之萌不但已也遠取諸物則變化見乎蓍龜而有吉有凶焉近取諸身則云爲動乎四體而有得有失焉凡此皆禍福之將至而理之先見者也至誠淸明在躬於福之將至而爲善必先事有以知之於禍之將至而爲不善亦必先事有以知之不待善不善既至而後知者也夫鬼神體物不遺能運禍福之機而至誠能知禍福之理則是昭微於顯者鬼神也知顯於微者至誠也固有通幽明爲一道合天人爲一理者故至誠其如神乎此自誠而明之事天之道也

右는第二十四章이라 言天道也、

誠者는自成也오而道는自道也ㅣ니라 道也之道音導

誠은스스로成ᄒᆞᄂᆞᆫ거시오道ᄂᆞᆫ스스로道ᄒᆞᆯ개시니라

註 言誠者、物之所以自成、而道者、人之所當自行也、誠、以心、言、本也、道、以理言、用也、朱子曰誠者是箇自然成就道理不是人去做作安排底物事道却是箇無情底道理却須是人自去行始得○誠者自成也是孤立懸空說這一句蓋有是實理則有是天有是實理則有是地凡物都是如此故曰誠者自成蓋本來自成此物到得道自道便是有這道在這裏人若不自去行便也空了問既說物之所以自成下文又云誠以心言莫是心者物之所存生處否曰誠以心言是就一物上說凡物必有是心有是心然後有是事 誠者自成如這箇草樹所以有許多根株枝葉條幹皆是自實有底 如人便自有耳目鼻口手足百體都是你自實有底道雖是自然底道理然却須是自去做始得○雲峰胡氏曰此誠字即是天命之性是物之所以自成此道字是率性之道是人之所當自行物之所以自成是全不假人爲人之所當自行爲之全在乎人誠以心言本也道以理言用也專爲人之所當自行者而言所以朱子曰誠者自成且是懸空說此一句蓋凡天下之物有此實理方成此物若人之所當自行者無此實心如何能實此理故章句提起心之一字言之饒氏疑誠者自成不必添入一物字誠即道也似不必分本與用殊不知程子曰誠者物之終始猶俗語徹頭徹尾不誠更有甚物也饒氏之病正坐於便以誠爲己所自成而欠一物字愚謂誠有以實理言者有以實心言者以實理言誠即道也似不必分本與用以實心言必實有是心然後能實有是理況誠者物之所以自成本下文誠者物之終始泛指物之所以自成言也誠以心言本下文不誠無物君子誠之爲貴專指人之有以自成者言也泛指在物者則以自之所以自成者爲本而以人之所當自行者爲用亦可專指在人者如下文章句所謂人之心能無不實乃爲有以自成而道之在我者亦無不行矣若是則以心之誠爲本而道之行爲用又何疑之有〔備旨〕子思論明而誠之事以明人道曰誠者天命之性是物之所靠託自成不可推諉者也而道卽率性之理乃人之所該當自行不容旁貸者也

誠者는**物之終始**니**不誠**이면**無物**이니**是故**로**君子**는**誠之爲貴**니라

誠은物의終이며始니誠티아니ᄒᆞ면物이업ᄂᆞ니이런故로君子ᄂᆞᆫ誠히욤을貴히너기ᄂᆞ니라

〔註〕天下之物、皆實理之所爲故、必得是理然後、有是物、所得之理、既盡(盡澌)則是物、亦盡而無有矣、(兩盡字是釋終始之終字)故、人之心、一有不實則雖有所爲、亦如無有而君子、必以誠爲貴也、蓋人之心、能無不實、乃爲有以自成而道之在我者、亦無不行矣、朱子曰有是理則有是物徹頭徹尾皆實理之所爲未有無此理而有此物也大意若曰實理爲物之終始無是理則無是物故君子必當實乎此理也誠者物之終始凡有一物則其成也必有所始其壞也必有所終而其所以始者實理之至而向於有也其所以終者實理之盡而向於無也若無是理則亦無是物矣此誠所以爲物之終始而人心不誠則雖有所爲皆如無有也○誠則有物不誠則無物且如而今對人說話若句句說實皆自心中流出這便是有物若是脫空誑誕不說實話雖有兩人相對說話如無物也又曰且如草木自萌芽發生以至枯死朽腐歸土皆是有此實理方有此物若無此理安得有此物○不誠無物以在人者言之謂無是誠則無是物如視不明則不能見是物聽不聰則不能聞是物謂之無物亦可又曰孝而不誠於孝則無孝弟而不誠於弟則無弟推此類求之可見○問誠者物之終始不誠無此物二句是泛說君子誠之爲貴却說從人上去先生於不誠無物亦以人言何也曰誠者物之終始固泛說若不誠無物這不字是誰不他須有箇人不他方得○誠者物之終始是解誠者自成一句不誠無物己是說自道句了蓋人則有不誠理無不誠者恁地看覺得前後文意相應○北溪陳氏曰誠者物

之終始此誠字以實理言不誠無物誠之爲貴此二誠字以實心言蓋有是理而後有是物以造化言之天地間萬物生成自古及今無一物不實皆是實理所爲大而觀之自太始至無窮莫不皆然就一物觀之亦然以一株花論春氣流注到則生花春氣盡則花亦盡就一花藥論氣實行到此則花開氣實消則花謝凡物之終始皆是一箇實理如此不誠無物是就人心論凡人做事自首徹尾純是一箇眞實心方有此事若實心間斷雖做此事如不做一般如祭義云其立之也敬以詘至已徹而退敬齊之色不絕於面此是祭之終始皆一眞實之心則祭之爲物方成一箇物而非虛設若季氏祭終而跛倚以臨祭則是不誠與不祭何異〔饒氏〕人之所以當然者何蓋以誠者天理之本然也物莫不有終始終不自終實理爲之歸結始不自始實理爲之發端是誠爲物之終始而物所不能外也然則人之作事心有不誠則雖作此事亦如無物而已是故君子必擇善固執去其不誠以求全其誠而誠之爲貴也

誠者는 非自成己而已也라 所以成物也니 成己는 仁也오 成物은 知也니 性之德也라 合內外之道也니 故로 時措之宜也니라 知去聲

誠은 스스로 己를 成할 ᄯᆞ름이 아니라 써 物을 成ᄒᆞ는 배니 己를 成홈은 仁이오 物을 成홈은 知니 性의 德이라 內外를 合ᄒᆞᆫ 道ㅣ니 故로 時로 措홈애 宜ᄒᆞ니라

●誠、雖所以成己、然、旣有以自成則自然及物而道亦行於彼矣、仁者、體之存、知者、用之發、是皆吾性之固有、而無內外之殊、旣得於己則見形甸反於事者、以時措之而皆得其宜也、 朱子曰誠雖所以成己然在我者眞實無僞自能及物自成己言之盡己而無一毫之私僞故曰仁自成物言之因物成就各得其當故曰知〇問成己合言知而言仁成物合言仁而言知何也曰克己復禮爲仁豈不是成己知周乎萬物豈不是成物〇成己成物之道無不備故能合內外之道而得時措之宜蓋融徹洞達一以貫之而然也〇問時措之宜是顔子閉戶禹稷纓冠之義否曰亦有此意須知仁具內外合然後有箇時措之宜〇雙峯饒氏曰成己成物己與物雖有內外之殊而仁知之德則具於己性分之內乃合內而爲一底道理〇起頭說誠自成其下說成物說道自道其下說合內外之道見得誠不但成己道不但自道又能成物而合內外之道也〇知居仁先者以好學言入德之知也知居仁後者以成物言成德之知也〇雲峰胡氏曰子貢曰學不厭知也敎不倦仁也與此言仁知若異朱子以子貢之言主於知子思之言主於行故各就其所重而有賓主之分蓋知主知仁主行學與敎皆以知言故先知後仁知爲體仁用成己成物皆以行言故先仁後知仁爲體知爲用二者互爲體用愈見其性中之所有而無內外之殊者矣時措之時字卽時中之時性之德是未發之中時措之宜是發而合乎時中之中〇譚氏曰誠之體爲仁誠之用爲知誠之實理可據曰德誠之實理可由曰道〇顧氏曰外成物也內成己也分言之則曰成己仁也成物知也合言之則曰性之德也合內外之道也合者兼總之意〇新安陳氏曰深繹此章誠本自成己也誠之爲道本自道於已也此爲己之學也天命之性具此實理誠者此理之實也實有諸己故曰自成率性之道躬自行之道者行此者也躬行於己故曰自道言皆自己分內事也誠者物之根榦是乃事物之徹始徹終而無間斷者也不誠則心一虛僞有物如無物矣是以君子必鑑此而以誠之爲貴此誠之字如前章誠之者之誠之誠之正君子事也誠固曰自成然非徒自成己而已也既自成己則必成物性者萬物之一原非有我之得私也立必俱立成不獨成成己所以爲仁而體以立成物所以爲知而用以行成己而不成物是有體而無用矣仁知乃天命之性中固有之德也成己之仁存於內而道自行於己成物之知發於外而道亦行於彼固無內外之殊所以合而同一道也誠亦成物豈徒自成而已道亦合內與外豈徒自道而已既能由體達用由內合外則見於隨時以擧而措之者豈不皆得其宜也哉由成己之仁發爲成物之知則知固自仁中出又能合乎時措之宜則義又從是而生而義亦自仁中出矣仁也知也義也一以貫之皆實之條目也[備旨]君子固誠之爲貴然誠者非自成己而已也在我者眞實無僞則理之自然有以及物乃所以成物也夫成己卽以成物其故何哉蓋成已者私意不雜全體渾然卽所謂仁也成物者因物裁處各得其當卽所謂知也夫仁屬成己知屬成物似有內外之殊然實性中固有之德體用備具無有分殊合內外而爲一之道也君子特患吾心有未誠耳心既誠則仁知兼得纔有以成己便有以成物以時措之而各得其宜也可見仁知一道得則俱得物我一理成不獨成豈有成己而不能成物者哉所謂誠者非自成己而已也所以成物也此自明而誠之事人之道也

右는第二十五章이라　言人道也、

故로至誠은無息이니

故로지극ᄒᆞᆫ誠은息홈이업ᄉᆞ니

●既無虛假、自無間去聲斷、徒玩反後凡言間斷音同○陳氏曰凡假僞底物久則易間斷眞實自無間斷
○問至誠無息說天地得否雙峰饒氏曰人之誠有至有不至聖人誠之至故
可說至誠天地只是誠無至不至○雲峯胡氏曰首句上便有故字承上章而言也言誠自第十六章始二十章至
二十五章言誠莫詳焉此章特因上章言至誠之功用於是以故字先之○新安陳氏曰自至誠無息至博厚則高
明言聖人之道○東陽許氏曰至誠無息惟至誠所以無息有虛假則間斷矣惟無息乃見誠之至有息則非至誠
矣備旨子思論誠而明之事以明天道曰凡人誠有未至者便有止息故至誠之盛德其心純乎實理而私欲不得
以間之爲無止息焉

不息則久ᄒᆞ고久則徵ᄒᆞ고

息디아니ᄒᆞ면久ᄒᆞ고久ᄒᆞ면徵ᄒᆞ고

●久、常於中也、徵、知盈反驗於外也、朱子曰久然後有徵驗只一日二日工夫如何有徵驗○問至誠
無息不息則久果有分別否曰不息只如言無息○北溪陳氏曰
道理眞積力久充實於內自然著見於外如睟面盎背之類是徵驗處備旨惟不息也則理純於心始終如一自恒
久而不變矣眞積既久則誠裕於中發於事業自流於外而徵矣

徵則悠遠ᄒᆞ고悠遠則博厚ᄒᆞ고博厚則高明이니라

徵ᄒᆞ면悠遠ᄒᆞ고悠遠ᄒᆞ면博厚ᄒᆞ고博厚ᄒᆞ면高明ᄒᆞᄂᆞ니라

●此、皆以其驗於外者、言之、鄭氏所謂至誠之德、著於四方者、是也、朱子曰此是言聖人功業著見
諸家多作進德節次說只一箇至誠已該了豈復有許多節次不須說入裏面來古註不可易存諸中者、既久接上文久則徵說來則驗於外者、益悠遠而無
窮矣、朱子曰久是就他骨子裏說鎭常如此之意悠遠是自今觀後見其無終窮之意又曰悠是擬始以要終
久是隨處而常在○蛟峰方氏曰悠是其勢寬緩而不促迫遠是長遠大率功效氣象之促迫者便不長

遠如三代之治氣象寬緩五覇之治氣象促迫故三代之治長五覇之治短如地勢悠緩則其勢遠斗峻則其勢絶皆是惟悠故遠之義悠遠故、其積也、廣博而深厚、博厚故、其發也、高大而光明、朱子曰呂氏說有如是廣博則其勢不得不高有如是深厚則其精不得不明此兩句甚善章句中雖用他意然當初只欲辭簡反不似他說得分曉譬如爲臺觀須大做根基方始上面可以高大又如萬物精氣蓄於下者深厚故其發越於外者自然光明○自徵則悠遠至博厚高明無疆是皆功業著見如此故云德著於四方【備旨】至誠之徵豈可一端盡哉由其久於中則必久於外自悠焉而舒徐遠焉而綿亘矣悠遠則其積也自充乎宇宙而博浹乎人心而厚矣博厚則其發也自巍然莫並而高煥然莫掩而明矣是其業之驗於外者如此

博厚는所以載物也오ㅣ高明은所以覆物也오ㅣ悠久는所以成物也ㅣ니라

博厚는써物을載ᄒᆞ는배오高明은써物을覆ᄒᆞ는배오悠久는써物을成ᄒᆞ는배니라

【註】悠久、即悠遠、兼內外而言之也、三山潘氏曰久是久於內悠是久於外○潛室陳氏曰不息則久是誠積於內徵則悠遠是誠積於外下却變文爲悠久則是兼上文內外而言 本以悠遠、致高厚而高厚、又悠久也、此、言聖人、與天地同用、問以存諸中者言則悠遠在高明博厚之前以見諸用者言則悠久在博厚高明之後如何朱子曰此所以爲悠久也若始初悠久末梢不悠久便是不悠久矣○北溪陳氏曰初頭本是悠遠方能至於高厚今又由高厚以至於悠遠也物至久則成而不壞不久則雖成而易壞至此則與天地同用矣此處似說得太高妙然至誠之德在我能極其至其功效氣象著見於天下自然如此能盡其道者惟堯舜爲然蓋堯舜在位日久自有許多博厚高明悠久氣象也○雙峰饒氏曰此章承上二章而言所以劈頭下箇故字蓋盡性仁之至前知知之至而無息勇之至也又自無息推之曰不息則久久則徵徵則悠遠己自關了悠久字在其中言積之久則驗於外悠有長之意長而且遠則博長遠而不息則所積者厚博厚則發達

之盛而高且明此惟其無息之效故其序如此下一節指其成德而言故先博厚高明而後悠久○不息則久久字指誠而言是在內悠久指功用而言高明博厚皆是見之於外便見得悠久是指外面底○新安陳氏曰自博厚所以載物至無爲而成言聖人配天地之道[附註]至誠功業所積者旣博厚則天下之物無不爲所統括承受而咸被其澤是卽所以載物也所發者旣高明則天下之物無不爲所丕冒照臨而咸仰其光是卽所以覆物也其博厚高明者又皆悠長而久遠則天下之物常爲其所覆載而得以各遂其生各復其性是卽所以成物也非卽天地之用乎

博厚는配地고高明은配天고悠久는無疆이니라

博厚는地를配고高明은天을配고悠久는疆이업스니라

●此、言聖人、與天地同體、龜山楊氏曰配合也與孟子配義與道之配同○陳氏曰同用以功言同體以德言○問此章以博厚居高明之前後章以持載居覆幬之前何也雙峯饒氏曰博厚持載指仁而言高明覆幬指知而言以入德言則知先乎仁以成德言則仁先乎知此博厚持載之仁所以居高明覆幬之前也而悠久無疆代明錯行又仁知之勇也○新安陳氏曰悠久卽博厚高明之悠久無疆卽天地之無疆[附註]夫地能載物以有此博厚也而至誠亦能載物則其博厚有以配地之博厚矣天能覆物以有此高明也而至誠亦能覆物則其高明有以配天之高明矣天地能成物以終古無疆也而至誠亦能成物則其悠久一天地之無疆矣非卽天地之體乎

如此者는不見而章며不動而變며無爲而成이니라 見音現

이러든者는見티아니야셔章며動티아니야셔變며욤이업시成니라

●見、猶示也、不見而章、以配地而言也、不動而變、以配天而言也、無爲而成、以無疆而言也、陳氏曰不見而章是不待有所示而功用自然章著此處與地一般不動而變動則猶有形迹至於不動則如天之變化萬物無形迹此處與天爲一般無爲而成有所爲而成猶有形迹而無所

爲而成其功用至於悠久自不見其形迹此亦悠久無疆言之也○問以不見指博厚不動指高明易曉無爲而成與悠久無疆似不相貫雙峯饒氏曰悠久是貫天地而言不見不動便是無爲惟其博厚高明悠久所以能成物不成見而章是品物流形不動而變是雲行雨施無爲而成是各正性命○雲峯胡氏曰無息便是久久便自然證驗於外不息則久是存於中者久也悠久成物是驗於外者久也凡功用豈無積之博厚發之高明者其博厚高明未必能久無他不自眞積力久中來也惟實於中者久故證於外者亦久內外此誠內外悠久終始此誠終始悠久朱子曰博厚高明猶人之形體悠久猶人之元氣有旨哉上章成己成物誠之者之事此悠久成物誠者之事曰成物曰無疆曰無爲而成皆指悠久之成功而言皆指博厚高明之悠久而言○東陽許氏曰不見不動只是言聖人無爲下句又總上二句地未嘗有意於生物而百穀草木禽獸昆蟲皆粲然可觀是不見而章也天未嘗有意變化萬物而有生之類皆稟命於天是不動而變也【備旨】至誠之物用所以配天地無疆如此者豈假强爲哉吾見博厚之業昭著於天下固甚章矣然是章也誠精而明不待見行後章也高明之業維新於天下固甚變矣然是變也誠至而應不待動而後變也悠久之業利賴於天下固已成矣然是成也誠極無迹無待作爲而後成也洵乎至誠之同天地也

天地之道는**可一言而盡也**니**其爲物**이**不貳**라**則其生物**이**不測**이니라

天地의道는可히훈말에盡홀거시니그物이론디貳티아니훈디라곳그物을生홈이測디못ᄒᆞᄂᆞ니라

【註】此以下、復以天地、明至誠無息之功用、天地之道、可一言而盡、不過曰誠而已、不貳、所以誠也、誠故、不息而生物之多、有莫知其所以然者、節齋蔡氏曰不貳則無間斷所以不息○新安陳氏曰不貳者一也一卽誠也惟其爲物誠一而不貳所以不息而其生物之多所以不可得而測度也生物不測下文今夫天必後詳言之○自天地之道可一言而盡至貨財殖焉專言天地之道觀此及下文兩提起天地之道可見上文

皆是說聖人之道[備旨]至誠之功業同於天地如此天地之功業何如彼天地雖大而其道則可以一言而盡也一言者何曰誠而已蓋立天之道曰陰陽立地之道曰剛柔不過實理流行毫無私欲間雜故其爲物不貳而誠也誠故不息則其生物之多有莫知其所以然者豈可得而測度之哉觀此則聖人之至誠無息久而必徵可知矣

天地之道는博也厚也高也明也悠也久也ㅣ니라

天地의道는博과厚와高와明과悠와久ㅣ니라

[註]言天地之道、誠一不貳故、能各極其盛、而有下文生物之功、新安陳氏曰誠一不貳接上文說來所以博極其博厚極其厚高明悠久各極其盛而有生物之功如下文所云也[備旨]天地之道惟其誠一不貳故能各極其盛地之道惟誠是以極其博又極其厚也天之道惟誠是以極其高又極其明也合天地博厚高明言之則又極其悠極其久而不可以終也觀此則聖人之悠遠博厚高明皆本於誠又可知矣

今夫天、斯昭昭之多ㅣ니及其無窮也ᄒᆞ야는日月星辰이繫焉ᄒᆞ며萬物이覆焉이니라今夫地ㅣ一撮土之多ㅣ니及其廣厚ᄒᆞ야는載華嶽而不重ᄒᆞ며振河海而不洩私列反ᄒᆞ며萬物이載焉이니라今夫山이一卷石之多ㅣ니及其廣大ᄒᆞ야는草木이生之ᄒᆞ며禽獸ㅣ居之ᄒᆞ며寶藏이興焉이니라今夫水ㅣ一勺之多ㅣ니及其不測ᄒᆞ야는黿鼉湯河反蛟龍魚鼈이生焉ᄒᆞ며貨財ㅣ殖焉이니라 夫音扶華藏並去聲卷平聲勺市若反

이제天이이昭昭의함이니그無窮홈애미처는日月과星辰이繫히여시며萬物이覆

히엿ᄂᆞ니라이제地ㅣᄒᆞᆫ撮ㅅ土의함이니그廣厚홈애밋처ᄂᆞᆫ華嶽을載ᄒᆞ야쇼ᄃᆡ重리아니ᄒᆞ며河海ᄅᆞᆯ振ᄒᆞ야쇼ᄃᆡ洩티아니ᄒᆞ며萬物이載ᄒᆞ엿ᄂᆞ니라이제山이ᄒᆞᆫ卷ㅅ石의함이니그廣大홈애밋처ᄂᆞᆫ草木이生ᄒᆞ며禽獸ㅣ居ᄒᆞ며寶藏이興ᄒᆞᄂᆞ니라이제水ㅣ一勺의함이니그測디못홈애밋처ᄂᆞᆫ黿鼉와蛟龍과魚鼈이生ᄒᆞ며貨財ㅣ殖ᄒᆞᄂᆞ니라

●昭昭、猶耿耿小明也、此、指其一處而言之、及其無窮、猶十二章及其至也之意、蓋舉全體而言也、振、收也、(如玉振之振)卷、區也、此四條、皆以發明由其不貳不息、以致盛大而能生物之意、然、天地山川、實非由積累(魯水反)而後、大、讀者、不以辭害意可也、

朱子曰管中所見之天也是天憑地大底也只是天○問天斯昭昭是指其一處而言及其無窮是舉全體而言向來將謂天地山川皆因積累而後致曰舉此全體而言則其氣象功效自是如此○三山陳氏曰大意蓋言天地聖人皆具此實理無有駁雜無有間斷故能有此功用耳【備旨】試以天地生物言之今夫天指其一處斯昭昭之多耳則於物有及覆有不及覆者矣及其無窮也則日也月也星辰也無不在上而繫屬焉天之無窮如此故凡萬有不齊之物皆覆於其下焉天之生物何可測也今夫地指其一處一撮土之多耳則於物有能載有不能載者矣及其廣厚則承載華嶽而不見其重收振河海而不見其洩地之廣厚如此故凡萬有不齊之物皆載於其內焉地之生物何可測也然天地間至大者又莫山水若也今夫山自其一處而言一卷石之多耳及其廣大則凡草木皆生之凡禽獸皆居之世間寶藏可以爲服飾器用者皆於此興發焉是山之生物不測孰非天地之生物不測乎今夫水自其一處而言一勺水之多耳及其不測則黿鼉也蛟也龍也與夫魚鱉之屬皆生聚其中焉凡有用之物可以爲貨財者皆滋殖其中焉是水之生物不測孰非天地之生物不測乎觀此則聖人之功業同乎天地又可知矣

詩云維天之命이 於穆不已라ᄒᆞ니 蓋曰天之所以爲天也ㅣ오 於乎不顯가 文王之德之純이여ᄒᆞ니 蓋曰文王之所以爲文也ㅣ니 純亦不已니라 於音烏 乎音呼

詩예닐오ᄃᆡ天의命이於ㅣ라穆ᄒᆞ야已티아니타ᄒᆞ니天의써天된바ᄅᆞᆯ닐옴이오於ㅣ라顯티아니냐文王의德의純ᄒᆞ심이여ᄒᆞ니文王의써文되신바ᄅᆞᆯ닐옴이니純이ᄯᅩᄒᆞᆫ已티아니홈이니라

●詩、周頌維天之命篇、於、歎辭、穆、深遠也、不顯、猶言豈不顯也、純、純一不雜也、引此、以明至誠無息之意、黃氏曰誠便是維天之命不息便是於穆不已 程子、曰天道、不已、文王、純於天道、亦不已、純則無二無雜、不已則無間斷先後、西山眞氏曰純是至誠無一毫人僞雜其純誠無雜自然能不已如天之春而夏夏而秋秋而冬晝而夜夜而晝循環運轉一息不停以其誠也聖人之自壯而老自始而終無一息之間亦以其誠也旣誠自然能不已○雲峯胡氏曰上文言聖人之至誠無息而於天地之道曰不貳此言天命之於穆不已而於聖人之德則曰純亙而言之也純則不貳不貳所以誠此文王之所以爲文也此天之所以爲天也○新安陳氏曰子思引詩以明天地與聖人之道同一至誠無息而已維天命之流行實深遠難測而萬古不已釋之曰此天之所以爲天也深意在所以字天之所以爲天惟在至誠無息焉耳於乎豈不顯著乎文王之德之純一不貳也又釋之曰此文王之所以爲文也深意亦在所以字文王所以爲文亦在至誠無息焉耳遂揭於穆不已之不已字與之德之純之純字總紐之曰純亦不已下一亦字妙文王惟其德之純也故亦能如天道之於穆不已焉文王之所以爲文非把文王之謚來詠狀乃是文不在玆乎之文道之顯者謂之文所謂豈不顯者即此文之顯也作如此分撥[illegible]味意了然矣前之不貳此之純皆以至誠言不已卽無息不息也聖人所以與天地合一者此而已自引詩至章末言聖人之道合乎天地之道雖單言天實以天包地雖專言文王實借一文王以證群聖人也【備旨】由是而知至誠天地之合矣詩有云維天之命主宰乎氣化者於穆哉深遠而萬古不已詩之意蓋曰此不已者乃天之所以爲天也又云於乎豈不顯哉文王之德之純一不雜也詩之意蓋曰此德純者乃文王之所以爲文也要之天命固不已文德之純亦不已夫純卽至誠也不已卽無息也天地至誠同一至誠無息如此則其同一功用之盛也宜哉此自誠而明之事天之道也

右는第二十六章이라　言天道也、葉氏曰言聖人與天地合德所以爲天道○新安陳氏曰按饒氏以哀公問政章至此爲第四大節

大哉라聖人之道여

크다聖人의道여

●包下文兩節而言、雙峯饒氏曰道卽率性之謂雖天下之所共由而非聖人不能盡故獨擧而歸之聖人亦猶前章言君子之道以道雖愚夫愚婦之所可知可行而非君子不能知不能行也

【備旨】子思論明而誠之事以明人道曰道原於天率於性而全於聖人大矣哉統體之全愈求而愈廣散殊之用愈求而愈足者其聖人之道乎

洋洋乎發育萬物ᄒᆞ야峻極于天이로다

洋洋히萬物을發育ᄒᆞ야峻홈이天에極ᄒᆞ얏도다

●峻、高大也、此、言道之極於至大而無外也、朱子曰洋洋是流動充滿之意聖道發育卽春生夏長秋收冬藏是聖人之道不成須要聖人使他發育峻極于天只是充塞天地底意思○陳氏曰此一節言道體之大處流動充滿乎天地之間而無所不在蓋極於至大而無外也○雙峰饒氏曰發育萬物以道之功用而言萬物發生養育於陰陽五行之氣道卽陰陽五行之理是氣之所流行卽是理之所流行也峻極于天以道之體段而言天下之物高大無過於天者天之所以爲天雖不過陰陽五行渾淪旁薄之氣而有是氣必具是理是氣之所充塞卽此理之所充塞也此言道之大用全體極於

至大而無外有如此者即前章語大天下莫能載之意也[備旨]何以見聖道之大也以道體之大盡乎天地之間而無所不在也洋洋乎流動而充滿其功用則發育萬物凡春生夏長秋收冬藏無非道之所流行也其體段峻極於天凡彌綸無際布濩無方無非道之所充塞也道之以大見其大者如此

優優大哉라禮儀三百과威儀三千이로다

優優히크다禮儀三百과威儀三千이로다

[註]優優、充足有餘之意、禮儀、經禮也、威儀、曲禮也、格庵趙氏曰經禮如冠昏喪祭朝覲會同之類曲禮如進退升降俯仰揖遜之類此、言道之入於至小而無間去聲也、問前既言大哉聖人之道矣而復以優優大哉冠於禮儀之上者蓋言道體之大散於禮儀之末者如此朱子曰得之○禮儀便是儀禮中士冠禮諸侯冠禮天子冠禮之類大節有三百條如始加再加三加又如坐如尸立如齊之類皆是其中之小目有三千條○陳氏曰此一節言道體之小處雖三千三百之儀而無物不有蓋入於至小而無間也○雙峰饒氏曰三百三千莫非天理自然之節文何適而非此道所形見者此言道雖至大而其間節目至精至密極其至小而無內有如此者即前章語小天下莫能破之意也然三千三百雖以道之至小者言而上句乃以優優大哉發之疑若語大而非語小者蓋此章本以聖道之大爲言然不合衆小則無以成其大如太山之高以衆土之積滄海之深以衆流之會使是道之中包含蘊蓄容有一理之不備亦何以見其爲大之實哉此三千三百雖指至小而言而其實乃所以形容其大也安得不以優優大哉發之耶[備旨]以道體大之散於事爲之末而無所不有也優優大哉充足而有餘舉其禮儀則有三百一斯道爲之節文也舉其威儀則有三千一斯道爲之品節也道之以小見其大者如此

待其人而後에行이니라

그사ᄅᆞᆷ을기ᄃᆞ린後에行ᄒᆞᄂᆞ니라

[註]總結上兩節、陳氏曰道之大處小處皆須待其人而發行○雙峯饒氏曰必得如是之人而後可行如是之道也[備旨]然是道也豈可以易行哉必待其如是之人而後可行如是之道也

故로曰苟不至德이면至道ㅣ不凝焉이라ᄒᆞ니라

故로ᄀᆞᆯ오ᄃᆡ진실로지극ᄒᆞᆫ德이아니면지극ᄒᆞᆫ道ㅣ凝티아니ᄒᆞᆫ다ᄒᆞ니라

註至德、謂其人、至道、指上兩節而言、凝、聚也、成也、朱子曰發育峻極三千三百皆至道苟非至德之人則不能凝此道而行之凝字最緊若不能凝更沒些子屬自家須是凝方得又曰道非德不凝故下文遂言修德事○雙峰饒氏曰德者得是道於己也道之小大各極其至故曰至道德之大小各極其至斯爲至德有是至德然後足以凝聚是至道而爲己有否則道自道己自己判然二物豈復爲吾用也哉 備旨道惟待人而行故曰苟非至德之人則淺陋之懷既不足以會道之全粗疎之見又不足以盡道之細至道終不凝於身心焉然則欲凝至道必先盡修德之功而後可矣

故로君子ᄂᆞᆫ尊德性而道問學이니致廣大而盡精微ᄒᆞ며極高明而道中庸ᄒᆞ며溫故而知新ᄒᆞ며敦厚以崇禮니라

故로君子ᄂᆞᆫ德性을尊ᄒᆞ고問學을道ᄒᆞᄂᆞ니廣大ᄅᆞᆯ致ᄒᆞ고精微ᄅᆞᆯ盡ᄒᆞ며高明을極ᄒᆞ고中庸을道ᄒᆞ며故ᄅᆞᆯ溫ᄒᆞ고新을知ᄒᆞ며厚ᄅᆞᆯ敦ᄒᆞ고ᄡᅥ禮ᄅᆞᆯ崇ᄒᆞᄂᆞ니라

註尊者、恭敬奉持之意、德性者、吾所受於天之正理、道、由也、溫、猶燖溫之溫、火熟物曰燖似廉似林二切謂故學之矣、復時習之也、敦、加厚也、尊德性、所以存心而極乎道體之大也、道問學、所以致知而盡乎道體之細也、二者、脩德凝道之大端也、朱子曰尊德性而道問學一句是綱領下五句上截皆是大綱工夫下截皆是細密工夫致廣大極高明溫故敦厚此是尊德性盡精微道中庸知新崇禮此是道問學如程先生言涵養須用敬進學則在致知道之爲體其大無外其小無內無往而不

在焉故君子之學既能尊德性以全其大便須道問學以盡於小○黃氏曰存心則一念全萬理具致知則逐物皆當理會不以一毫私意、自蔽、不以一毫私欲、自累、涵泳乎其所已知、敦篤乎其所已能、此皆存心之屬也、朱子曰致廣大謂心胷開濶無此疆彼界之殊極高明謂無一毫人欲之私以累於己纔汨於人欲便卑汙矣○雲峯胡氏曰或疑不以一毫私意自蔽若可以移解高明不以一毫私欲自累若可以移解廣大愚謂二者雖總說尊德性亦有先後之序意者萌動之始止可言蔽一爲意所蔽則廣大處已被窒塞了欲則不止於意而爲物所昏無所謂高明者矣所以方可言自累析理則不使有毫釐之差、處上聲事則不使有過不及之謬、理義則日知其所未知、節文則日謹其所未謹、此皆致知屬也、朱子曰極高明是言心道中庸是學底事立心超乎萬物之表而不爲物所蔽累是高明及行事則恁地細密無過不及是中庸厚是資質朴實敦是愈加厚重培其本根有一般人實是敦厚純朴然或箕踞不以爲非便是不崇禮若只去理會禮文而不敦厚則又無以居之所以忠信之人可以學禮蓋非存心、無以致知、而存心者、又不可以不致知故、此五句、大小相資、首尾相應、東陽許氏曰大小相資首尾相應大言上五節小言下五節首言尊德性道問學一句尾言下四句聖賢所示入德之方、莫詳於此、學者、宜盡心焉、朱子曰尊德性至敦厚此上一截是渾淪處道問學至崇禮此下一截便是詳密處道體之大者直是難守細處又難窮究若有上一截無下一截只管渾淪則茫然無覺若有下一截而無上一截只管要纖悉皆知則又空無所寄○陳氏曰存心以極道體之大應前洋洋一節致知以盡道體之細應前優優一節○雲峰胡氏曰讀此者往往因陳氏謂存心是力行工夫遂疑高明溫故知新屬知殊不知章句但曰存心致知未嘗曰力行致知朱子不曰尊德性所以力行而必曰存心何也大學補傳取程子或問十二節即致知之事末後五節所以涵養本原之地即存心之事也若謂存心便是力行下文有曰非存心無以致知謂之非力行無以致知可乎大抵先要看本文大字與尊字道體至大心體本亦至大尊之則能存此心之大所以能極乎此道之大恐未便說到力行處竊以爲存心不過是存其心體之本然者致知是推極夫事理之當然者心體本自廣大不以私意蔽之即謂之致心體本自高明不以私欲累之即謂之極已知者溫之而涵泳之味深己厚者敦之而持守之力固此皆存其心體之本然者也然心之廣大自具精微之理不學則於理便有毫釐之差心之高明自有中庸之則不學則於事易有過不及之謬故之中有無限新意不學則不能知新雖温故亦不能以盡精微敦厚之外有多少節文不學則不能崇禮雖敦厚亦不能以道中庸中庸卽是精微之極致究其極一而已矣凡此皆推極其事理之當然者也蓋道體極於至大而無外非淺陋之胷襟所能容所以不可不存夫心體之本然者道體入於至細而無間非粗踈之學問所能悉所以不可不極夫事理之當然者要之存心不大故用力不自蔽不自累足矣涵泳乎此敦篤乎此足矣不必於其中又分知與行若致知工夫其中却自兼行而言非十分細密不可也或曰書以中庸名自第二章以後提起中庸言者凡七皆孔子之言也中庸之道在知與行子思於此以道中庸偏爲學問致知之事何也愚謂首章子思所言未發之中也卽此所謂德性是也戒愼恐懼卽此所謂恭敬奉持之意其引孔子言中庸皆已發之中擇而行之莫先於致知此以道中庸屬學問之事何疑曰尊德性以下皆有而字見得存心致知是兩事末於敦厚崇禮不曰而而曰以何也愚謂下而字則重在下股謂存心不可以不致知下以字則重在上股謂非存心無以致知也【備旨】修德凝道之功何如道之爲體其大無外其小無間無徃而不在焉故君子知道之大非存心無以凝其大於是尊德性焉知道之小非致知無以凝其小於是道問學焉此修德凝道之大端也然其事豈可以一端盡哉彼德性本自廣大蔽於私意則狹小矣心不以一毫私意自蔽而推致其廣大然精微之理又廣大之所具也於是問學以盡之析理不使有毫釐之差德性本自高明累於私欲則卑暗矣必不以一毫私欲自累而究極其高明然中庸之事又高明之所體也於是問學以道之處事不使有過不及之謬德性之己知非故乎必時加涵泳溫習乎其所己知之故而新之從故而得者則必由問學以日知其所未知之新德性之己能非厚乎必持久勿失敦篤乎其所己能之厚而禮之因厚而生者則又由問學以日崇其所未謹之禮夫如此存心如此致知則德無不修道豈有不凝哉

是故로居上不驕ᄒᆞ며爲下不倍라國有道에其言이足以興이오國無道애其默이足以容이니詩曰既明且哲ᄒᆞ야以保其身이라ᄒᆞ니其此之謂與ㅣᆫ뎌 倍與背同 與平聲

이런故로우희居ᄒᆞ야驕티아니ᄒᆞ며아래되여倍티아니ᄒᆞᆫ디라나라히道ㅣ이숌애

그言이足히써興ᄒᆞ고나라히道ㅣ업슴의그默이足히써容ᄒᆞᄂᆞ니詩에ᄀᆞᆯ오ᄃᆡ이믜明ᄒᆞ고또哲ᄒᆞ야써그몸을保ᄒᆞ다ᄒᆞ니그이ᄅᆞᆯ닐옴인뎌

(備旨)興、謂興起在位也、詩、大雅烝民之篇、朱子曰居上不驕至默足以容言小大精粗一齊理會過貫徹了後盛德之效自然如此○不倍謂忠於上而不背叛與如與賢與能之與○明哲只是曉天下事理順理而行自然災害不及其身今人以邪心讀詩謂明哲是見幾知微先占便宜如揚雄說明哲煌煌旁燭無疆遜于不虞以保天命便是占便宜說話所以他被這幾句誤然明哲保身亦只是常法若到那舍生取義處又不如此論○尊德性所以充其發育峻極之大道問學所以盡其三千三百之小以其大小兼該精粗不二故居上居下有道無道無所不宜○新安陳氏曰引詩以證無道默容子思其亦有感於所逢之時而有是言歟(備旨)夫君子既修德以凝道則道備於一身將無往而不宜矣是故以之居上則出其所修凝者以盡制而不知勢位之可驕以之爲下則出其所修凝者以安分而不見法紀之或倍時乎國有道則宜之爲道德之華其言足以興起而用於世時乎國無道則斂之爲道德之貞其默足以無禍而容其身觀詩美仲山甫有云既能明於理又能哲於事則可以保全其身無有災害斯言也其即此修德凝道之君子而上下治亂皆宜之謂與夫君子盡修凝之功而獲其效如此則大哉之道在於聖人者亦在君子矣此自明而誠之事人之道也

右ᄂᆞᆫ第二十七章이라　言人道也、雙峯饒氏曰一篇之中論問學之道綱目備而首尾詳無有過於此章者也

子ㅣ曰愚而好自用ᄒᆞ며賤而好自專이오生乎今之世ᄒᆞ야反古之道ㅣ면如此者ᄂᆞᆫ烖及其身者也ㅣ니라　好去聲烖古災字

子ㅣᄀᆞᆯᄋᆞ샤ᄃᆡ愚ᄒᆞ고自用홈을됴히너기며賤ᄒᆞ고自專홈을됴히너기고이젯世에나셔녯道ᄅᆞᆯ反호려ᄒᆞ면이ᄀᆞᆺᄐᆞᆫ者ᄂᆞᆫ烖ㅣ그몸애미ᄎᆞᆯ者ㅣ니라

●以上、孔子之言、子思、引之反復也、陳氏曰愚者無德賤者無位當聽上之所爲生今世而欲復古道烖必及身嘆時不可爲自用自專皆非明哲保身之道也承上章末意而引此○東陽許氏曰生乎今之世以下是通說上二句蓋愚賤者不可作禮樂則居今之世當遵守當代之法若欲反用古之道即是改作矣必獲罪於上故曰烖及其身【備旨】子思申爲下不倍之義曰夫子言之矣曰天下之制作操之自上彼德非聖人皆愚也而乃好作聰明以自用固不可位非天子皆賤也而乃好爲僭擬以自專夫欲自專者大約多是古非今耳生乎今之世乃反行古之道焉又豈可哉如此者逆理犯分烖皆必及其身者也夫子之言如此

非天子ㅣ면不議禮ᄒᆞ며不制度ᄒᆞ며不考文이니라

天子 아니면禮를議티몯ᄒᆞ며度를制티몯ᄒᆞ며文을考티몯ᄒᆞᄂᆞ니라

●此以下、子思之言、禮、親疏貴賤、相接之禮也、禮記云禮也者猶體也度、品制、不制度之制字活字作也文、書名、朱子曰書名是字底名字如大字喚做大字上字喚做上字下字喚做下字易得差所以每歲使大行人之屬巡行天下考過這字是正與不正○看此段先須識取聖人功用之大氣象規模廣濶處非天子不議禮制度考文是甚麽樣氣象使有王者作改正朔易服色等事一齊改換一番其切近處則自吾一念之微而無毫釐之差其功用之大則天地萬物一齊被他翦截裁成過先須看取他這樣大意思文有益【備旨】即夫子之言觀之可見欲制作者必有德位時而後可也苟非有德有位有時之天子不敢議乎親疏貴賤相接之禮也不敢制乎宮室車旗服飾之度也不敢考乎點畫音聲之文也彼其議之制之考之者自有天子在也

今天下ㅣ車同軌ᄒᆞ며書同文ᄒᆞ며行同倫이니라 行去聲

이제天下ㅣ車ㅣ軌ㅣ同ᄒᆞ며書ㅣ文이同ᄒᆞ며行이倫이同ᄒᆞ니라

●今、子思、自謂當時也、軌、轍迹之度、倫、次序之體、三者皆同、言天下一統也、朱子曰次序如等威節文之類體如辨上下定民志君臣父子貴賤尊卑相接之禮皆是天子制此禮通上下共行之故其次序之體等威節文皆如一也○新安陳氏曰車同軌與制度應車亦制度之一端也書同文與考文應行

同倫與議禮應【備旨】惟其議禮制度考文皆出自天子所以當今之天下周天子之天下也今之道周天子之道也以車而言其制之者非一人而轍迹之在地者相距廣狹遠近如一也以書而言其筆之者非一人而點畫音聲之文各有定法四方如一也以行而言其行之者非一人而上下相接之倫親疏貴賤次第如一也是周天子之所定其一統之盛如此豈可得而倍哉

雖有其位나苟無其德이면不敢作禮樂焉이며雖有其德이나苟無其位면亦不敢作禮樂焉이니라

비록그位ㅣ잇시나진실로그德이업ᄉᆞ면敢히禮樂을作디못ᄒᆞ며비록그德이잇시나진실로그位ㅣ업ᄉᆞ면또ᄒᆞᆫ敢히禮樂을作디못ᄒᆞᄂᆞ니라

【附】鄭氏、曰言作禮樂者、必聖人、在天子之位、朱子曰有位無德而作禮樂所謂愚而好自用有德無位而作禮樂所謂賤而好自專居周世而欲行夏殷禮所謂居今世反古道道卽議禮制度考文之事議禮所以制行故行同倫制度所以爲法故車同軌考文所以合俗故書同文【備旨】是以雖有天子之位苟無聖人之德則愚矣愚則制作之本不在於我固不敢自用以作禮樂焉雖有聖人之德若無天子之位非所謂賤乎賤則制作之權不在於我亦不敢自專以作禮樂焉

子ㅣ曰吾說夏禮나杞不足徵也ㅣ오吾學殷禮ᄒᆞ나有宋이存焉이어니와吾學周禮ᄒᆞ니今用之라吾從周호리라

子ㅣ골ᄋᆞ샤ᄃᆡ내夏人禮를說ᄒᆞ나杞ㅣ足히徵티못ᄒᆞ고내殷人禮를學ᄒᆞ니宋이잇거니와내周人禮를學ᄒᆞ니이제ᄡᅳᄂᆞᆫ디라내周를조ᄎᆞ리라

●此、又引孔子之言、杞、夏之後、徵、證也、宋、殷之後、三代之禮、孔子、皆嘗學之而能言其意、但夏禮、既不可考證、殷禮、雖存、又非當世之法、惟周禮、乃時王之制、今日所用、孔子、既不得位則從周而已、朱子曰言有宋存焉便見杞又都無了如今春秋傳中宋猶有些商禮在○問前輩多以夫子損益四代之制以告顔子而又曰吾從周其說似相牴牾者然以此章吾學周禮今用之吾從周之意觀之則夫子之從周特以當時所用而不得不從耳非以爲盡當從周若答爲邦之問乃其素志耳曰得之○雙峯饒氏曰無德是愚無位是賤作禮樂是自用自專問非天子不議禮制度考文專指賤者而不及愚者何也曰此章爲在下位者言故於賤者特詳而末引孔子作箇樣子問今用之吾從周想是不敢議禮但從周而已曰當世用周禮吾亦從周禮蓋有德無位不敢作禮樂也○雲峯胡氏曰孔子所學周禮即周公所制之禮第十八十九章言周公制周之禮有其位而有其德也此章言孔子從周之禮有其德而無其位者也章末數語較之論語有二疑語曰夏禮吾能言之杞不足徵也殷禮吾能言之宋不足徵也此曰杞不足徵而有宋存焉豈非以春秋之時杞去夏已遠而宋去殷猶未遠歟杞文獻不足宋或典籍散逸而文籍猶有存歟或先哲凋謝而賢者猶有存歟語曰如用之則吾從先進此曰今用之吾從周豈不以周禮至春秋之時已非復周公制作之舊如用之者孔子設言其或用禮樂則如此今用之者孔子明言天下之所通用者今如此也孔子雖不欲徇時俗之弊而亦不敢不循時王之制此所以爲孔子之時中也【備旨】德孰如我夫子者哉子又嘗曰夏禮古之道也吾未嘗不說夏禮然爲夏之後杞也杞入東夷其陋已甚文獻不足徵矣吾殷人也嘗學殷禮至今日亦古之道矣爲殷之後非宋乎宋自襄公以後漸以不振不過存什一於千百焉吾學乎周禮則今日之天下臣民遵而用之吾生周之世爲周之民亦從周大備之禮而已敢蹈生今反古之愆哉夫子之言又如此然則爲下不倍之義益可知矣此人道之當然也

右는第二十八章이라　承上章爲下不倍而言、亦人道也、

王天下ㅣ有三重焉이니其寡過矣乎ㄴ뎌　王去聲

天下를王홈이세重훈거시잇시니그허므리져그린뎌

●呂氏、曰三重、謂議禮制度考文、惟天子、得以行之則國不異政、家不殊俗而人得寡過矣、備旨子思申居上不驕之義曰王天下之君子有議禮制度考文之三重焉以之新天下之視聽一天下之心志則諸侯奉法臣民從化天下皆遵道遵路會極歸極而得以寡過矣乎

上焉者는 雖善이나 無徵이니 無徵이라 不信이오 不信이라 民弗從이니라 下焉者는 雖善이나 不尊이니 不尊이라 不信이오 不信이라 民弗從이니라

上인者ᄂᆞᆫ비록善ᄒᆞ나徵홈이업스니徵홈이업ᄉᆞᆫ디라信티아니ᄒᆞ고信티아니ᄒᆞᄂᆞᆫ디라民이좃디안닌ᄂᆞ니라下인者ᄂᆞᆫ비록善ᄒᆞ나尊티아닌디라信티아니ᄒᆞ고信티아니ᄒᆞᄂᆞᆫ디라民이좃디아닌ᄂᆞ니라

●上焉者、謂時王以前、如夏商之禮、雖善而皆不可考、文獻不足徵下焉者、謂聖人在下、如孔子、雖善於禮而不在尊位也、三山陳氏曰上乎周爲夏商禮非不善然於今無可徵民將駭而不信下而不達如孔子德非不善然不得顯位以行之民亦將玩而不信○問程子以上焉者爲三王以前下焉者爲五霸諸侯之事朱子之說不同何也蛟峯方氏曰上焉者無徵則夏商也經己言之下焉者不尊舍孔子誰當之若五霸則其善不足稱矣故上焉者無徵則當以時言下焉者不尊則當以位言備旨夫所謂王天下者乃身有其德而又有其時與位者也如上焉者有天子之位制作雖云善矣但非其時而無徵無徵則不足以取信於民不信民將駭而不從矣欲其寡過也得乎如下焉者有聖人之德雖善於制作矣但無其位而不尊不尊則不足以取信於民不信民將玩而不從矣欲其寡過也得乎

故로 君子之道는 本諸身ᄒᆞ야 徵諸庶民ᄒᆞ며 考諸三王而不謬ᄒᆞ며 建

諸天地而不悖ᄒᆞ며 **質諸鬼神而無疑**ᄒᆞ며 **百世以俟聖人而不惑**이니라

故로君子의道ᄂᆞᆫ身에本ᄒᆞ야庶民에徵ᄒᆞ며三王에考ᄒᆞ야도謬티아니ᄒᆞ며天地에建ᄒᆞ야도悖티아니ᄒᆞ며鬼神에質ᄒᆞ야도疑ㅣ업ᄉᆞ며百世에ᄡᅧ聖人을俟ᄒᆞ야도惑디아니ᄒᆞᄂᆞ니라

●此君子、指王天下者而言、其道、即議禮制度考文之事也、本諸身、有其德也、徵諸庶民、驗其所信從也、建、立也、立於此而參於彼也、天地者、道也、鬼神者、造化之迹也、百世以俟聖人而不惑、所謂聖人復起、不易吾言者也、

朱子曰此天地只是道耳謂吾建於此而與天地之道不相悖○問鬼神只是龜從筮從與鬼神合其吉凶否曰亦是然不專在此只是合鬼神之理○此段第一句第二句是以人已對言第三第六句是以已往方來對言第四第五句是以隱顯對言○雲峯胡氏曰朱子謂先須識取聖人功用之大及其氣象規模廣濶處蓋大而議禮制度小而考文莫不有以新天下之視聽而能一天下之心徵諸庶民而庶民合建諸天地鬼神而天地鬼神合前聖之已往後聖之未來無不合者其功用如此宏大悠遠而其本領只在人主一身上前章曰有其德此曰本諸身章句曰本諸身者有其德也前章言無德位而作禮樂其終也災必逮身此言有德有位而作禮樂其始也必本諸身事有不本諸身而爲之者其末也災不逮身者鮮矣○東陽許氏曰本諸身以下六節只是本諸身一句是致力處下五節皆以爲徵驗爾君子之道即上三重謂有位之君子行此三重之道必本於此身之有德則自有下五者之應若下五者不應是身無其德也則用其力以修德

備旨 故王天下之君子其三重之道必本之修凝之身且以是道而徵諸庶民之信從以此考諸三王則因革損益皆三王已然之法而不見其繆焉以此建諸天地則裁成輔相皆天地自然之理而不見其悖焉鬼神至幽而難測以此

質諸鬼神其屈伸往來不過此理而自無疑矣百世聖人至遠而難料以此俟百世之聖人其設施經畫不過此理而自不惑矣夫君子操三重之權而備六事之盛如此

質諸鬼神而無疑는 **知天也**오ㅣ **百世以俟聖人而不惑**은 **知人也**ㅣ니라

鬼神에質ᄒᆞ야도疑ㅣ업슴은天을알식오百世예聖人을俟ᄒᆞ야도惑디아니홈은人을알식니라

知天知人、知其理也、 朱子曰此段說知人知人處雖只擧後世與鬼神言其實是總結上四句之義○北溪陳氏曰鬼神天理之至也聖人人道之至也惟知天理之至所以無疑惟知人道之至所以不惑【備旨】然君子制作之盡善亦不過天人之理而已鬼神至幽而質諸無疑者由其知天之理也蓋天之理盡於鬼神君子窮神達化於天道所以然之理知之無不盡此所以質之而無疑也言鬼神則天地可知矣後聖至遠而俟之不惑者由其知人之理也蓋人之理盡於聖人君子明物察倫於人心所同然之理知之無不全此所以俟之而不惑也言後聖則三王可知矣此君子之道所以盡善也

是故로 **君子**는 **動而世爲天下道**ㅣ니 **行而世爲天下法**ᄒᆞ며 **言而世爲天下則**이라 **遠之則有望**이오 **近之則不厭**이니라

이런故로君子ᄂᆞᆫ動홈애世로天下엣道ㅣ되ᄂᆞ니行홈애世로天下엣法이되며言홈애世로天下엣則이되ᄂᆞᆫ디라遠ᄒᆞ면望홈이잇고近ᄒᆞ면厭티안닌니라

動、兼善行而言、道、兼法則而言、法、法度也、則、準則也、 三山潘氏曰行有成迹故可效法言只言其理如此未有

事迹可據故人準則之○陳氏曰遠者悅其德之被故有企慕之意近者習其行之常故無厭斁之心○雲峯胡氏曰上文言質鬼神俟百世要其終也故申言徵庶民之意原其始也【備旨】夫君子知天人之理而制作盡善如此豈不足以使民之寡過乎是故君子以三重之道動作於一身而世世爲天下所共由以三重之道措諸政事是動而行也則世世爲天下所效法以三重之道布諸號令是動而言也則世世爲天下所取正天下中有遠者景其言行可爲法則則仰焉有望天下中有近者習其言行以爲法則則安之而不厭是君子之道垂之後世而無弊推之當時而皆準其寡過不亦宜乎

詩曰在彼無惡ᄒᆞ며 **在此無射**이라 **庶幾夙夜**ᄒᆞ야 **以永終譽**ㅣ라ᄒᆞ니 **君子未有不如此而蚤有譽於天下者也**ㅣ니라 惡去聲射音妬詩作斁

詩에 ᄀᆞᆯ오ᄃᆡ 뎌에 이셔 惡홈이 업스며 이에 이셔 射홈이 업ᄉᆞᆫ디라 거의 夙夜ᄒᆞ야 ᄡᅥ 譽ᄅᆞᆯ 기리 終타 ᄒᆞ니 君子ㅣ 이ᄀᆞᆺ디 아니ᄒᆞ고 일즉이 譽ᄅᆞᆯ 天下에 둘 者ㅣ 잇디 아니ᄒᆞ니라

● 詩、周頌振鷺之篇、射、厭也、所謂此者、指本諸身以下六事而言、陳氏曰在彼無惡是應遠之則有望在此無射是應近之則不厭庶幾終譽是應世爲天下道三句意蚤有譽又總結以永終譽意先師曰永終譽要其終而言蚤有譽由其始而言蚤有譽尙易永終譽尤難君子之道本不欲干譽也自然有譽者乃本諸身之驗所謂徵諸庶民是也○雲峯胡氏曰引詩在彼無惡在此無射以永終譽徵諸民也庶幾夙夜本諸身也【備旨】夫合天下後世而皆賴之以寡過則君子之譽在天下後世矣然豈倖致哉詩美二王之後曰在彼本國不得罪於群臣百姓而無人憎惡在此我周不失禮於升降周旋而無人厭射夫無惡射即譽也而必由夙夜來也庶幾今而後夙夜之間兢惕有加得以永終其善譽乎即詩言觀之可見君子三重之制作未有道德不本於身信從未協於民三王後聖不能合天地鬼神不能通而能使世法世則有望不厭蚤有譽於天下者也夫三重盡善者居上不驕之道天下寡過者居上不驕之化君子修德凝道之效如此非人道之當然乎

右는 第二十九章이라 承上章居上不驕而言、亦人道也、新安倪氏曰按番陽李氏云章句取二十七章結語

分屬後二章以愚好自用章言爲下不倍然有位無德則居上不驕者也以三重章言居上不驕然下焉者雖善不尊則爲下不倍者也妄謂此二章皆平應居上不驕爲下不倍二語不必分屬二章李氏斯言亦不爲無理但聖賢立言自有賓主前章有位無德不敢作禮樂與章首愚好自用一句相應而相反是固以居上而言然全章除此語外於賤者特詳實則主爲下不倍而言也此章下焉者雖善不尊不信而民不從以對上焉者雖善無徵是固以爲下而言然全章除此語外於王天下之君子尤詳實則主居上不驕而言也以是觀之何用必疑於章句之分屬哉

仲尼는 **祖述堯舜**하시고 **憲章文武**하시며 **上律天時**하시고 **下襲水土**하시니라

仲尼는堯舜을祖述하시고文武를憲章하시며우흐로는天時를律하시고아래로는水土를襲하시니라

● 祖述者、遠宗其道、憲章者、近守其法、律天時者、法其自然之運、襲(音習)水土者、因其一定之理、皆兼內外該本末而言也、朱子曰下襲水土是因土地之宜所謂安土敦乎仁無往而不安○北溪陳氏曰前言堯舜文武周公能體中庸之道此言孔子法堯舜文武以體中庸之道也宗師堯舜之道堯舜人道之極也效法文武之法三代法度至周而備也天時者春夏秋冬之四時聖人法其自然之運水土者東西南北之四方聖人因其一定之理朱子謂此兼內外該本末而言其律天時如不時不食迅烈必變其襲水土如居魯逢掖居宋章甫乃其事也其律天時如仕止久速皆當其可其襲水土如用舍行藏隨遇而安乃其行也行以內言本也事以外言末也蓋聖人能盡中庸之道所以精處如此粗處亦如此○潛室陳氏曰祖述者法在其中憲章者道在其內律天時者大則顯晦屈伸小則飮食寢處襲水土者大則坎止流行小則採山釣水細底道理爲本爲內麤底道理爲末爲外○雙峰饒氏曰上二句言學之貫乎古今下二句言學之該乎穹壤○雲峰胡氏曰中之一字堯舜始發之自堯舜至文武相傳只是此中天時水土亦只是此中於堯舜曰祖述於文武曰憲章於天時曰上律於水土曰下襲便見夫子之時中遠宗其道法不在乎道之外近守其道法皆寓乎法之中此兼內外該本末而言也律天時如不時不食是末夫子聖之時是本襲水土如居魯而逢掖是末安土敦乎仁是本此兼內外該本末而言也○蛟峰方氏曰中庸之道至仲尼而集大成故此書之末以仲尼明之【備旨】子思前標仲尼曰三字以明所宗旨至此復高唱仲尼正見君子中庸之統非仲尼無與歸也曰夫道獨集其成者 惟我仲尼如堯舜人道之極也仲尼則奉爲祖而繼述之是遠有宗也文武法制之備也仲尼則奉爲憲而表章之是近有守也春夏秋冬天之四時有其運仲尼則上律之直與天時爲順應也東西南北四方之水土有其理仲尼則下襲之直與水土爲安敦也是道之統於群聖著於兩間者悉備於仲尼之一心也

辟如天地之無不持載ᄒᆞ며無不覆幬ᄒᆞ며辟如四時之錯行ᄒᆞ며如日月之代明이니라 辟音譬 幬徒報反

辟컨댄天地의持載티아니홈이업ᄉᆞ며覆幬티아니홈이업ᄉᆞᆷᄀᆞᆺᄐᆞ며辟컨댄四時의錯ᄒᆞ야行홈ᄀᆞᆺᄐᆞ며日月의代ᄒᆞ야明홈ᄀᆞᆺᄐᆞ니라

【註】錯、猶迭也、陳氏曰如四時之相交錯寒往則暑來暑往則寒來如日月之更相代日升則月沈月升則日沈 此、言聖人之德、雙峰饒氏曰此章言孔子之德如地之無不持載謂乘載得天下許多道理無一之不盡如天之無不覆幬謂括得天下許多道理無一之或遺錯行代明謂夫子之道無所不備當剛而剛當柔而柔可仕而仕可止而止亦如寒暑之迭用日月之互照然持載如地博厚之至也覆幬如天高明之至也錯行代明如日月悠久之至也○新安陳氏曰此所取譬上二句以天地之定位言下二句以陰陽之流行言【備旨】吾將何以擬之自其會帝王上下之理於一心而兼體靡遺也辟如天地之無所不持載無所不覆幬者乎自其運帝王上下之理於一心而恒久不息也辟如天地中四時之相交錯而行如天地中日月之相更代而明者乎信乎仲尼之大非天地不足以擬之也

萬物이並育而不相害ᄒᆞ며道ㅣ並行而不相悖라小德은川流ㅣ오大德은敦化ㅣ니此ㅣ天地之所以爲大也ㅣ니라

萬物이길와育ᄒᆞ야서로害티아니ᄒᆞ며道ㅣ길와行ᄒᆞ야서로悖티아니ᄒᆞ논디라小德은川의流홈이오大德은化를敦홈이니이天地의써큰배니라

●悖、猶背音佩也、天覆地載、萬物、並育於其間而不相害、四時日月、錯行代明而不相悖、北溪陳氏曰天無不覆地無不載大化流行萬物止其所而不相侵害也四時錯行日月代明一寒一暑一晝一夜似乎相反而實非相違悖也所以不害不悖者、小德之川流、所以並育並行者、大德之敦化、小德者、全體之分、大德者、萬殊之本、新安陳氏曰小德如言小節大德如言全體此言天地造化之理小德者一本之散於萬殊者也大德者萬殊之原於一本者也川流者、如川之流、脉絡、分明而往不息也、敦化者、敦厚其化、根本、盛大而出無窮也、此、言天地之道、以見形甸反上文取譬之意也。朱子曰大德是敦那化底小德是流出那敦化底出來這便如忠恕忠便是做那恕底恕便是流出那忠來底如中和中便是大德敦化和便是小德川流只是一箇道理○此言天地之大如此言天地則見聖人矣○黃氏曰天命之性卽大德之敦化率性之道卽小德之川流大德敦化是體小德川流是用大德是心之本體無許多大底亦做不得小底出來○雲峰胡氏曰天能覆而不能載地能載而不能覆春夏生長秋冬肅殺日明乎晝月明乎夜是各得陰陽之偏而聖人之德則會夫陰陽之全小德川流是其粲然者也大德敦化是其渾然者也渾然者所以並育並行而粲然者已包於其中粲然者所以不害不悖而亦不過自渾然中流出故粲然者全體之分即所謂率性之道卽所謂時中之中渾然者萬殊之本卽所謂天命之性卽所謂未發之中大德敦化四字卽是首章大本二字章句以謂根本盛大而出無窮以首章章句所謂天下之理皆由此出者也始以天地喩夫子終謂夫子卽天地且不曰天地之大而曰天地之所以爲大夫子其卽太極矣乎

[備旨]然天地何如其大耶彼覆載之間皆物也萬物並育於天地吾見各一其性而不相妨害四時日月皆道也道並行於天地吾見各循其序而不相違背所以不害不悖者何也蓋一本散於萬殊之小德有如川之流而往不息也所以並育並行者何也蓋萬殊原於一本之大德有敦厚其化而出不窮也此天地之道所以爲至大而不可及也然則仲尼會帝王上下之道於一心卽天地之大德也兼帝王下之道而時出卽天地之小德也仲尼一天地矣此所以爲天道

也

右는第三十章이라 言天道也、東陽許氏曰二十六章言聖人至誠與天地同道自天地之道可一言而盡以下但言天地之盛大則聖人之盛大自見此章先言聖人與天地同道自萬物並育以下亦但言天地之大則聖人之大自見前章則引文王之詩以結之此章則以孔子之所行起之二章相表裏無非形容聖人之德也

唯天下至聖이아 爲能聰明睿知ㅣ 足以有臨也ㅣ니 寬裕溫柔ㅣ 足以有容也ㅣ며 發強剛毅ㅣ 足以有執也ㅣ며 齊莊中正이 足以有敬也ㅣ며 文理密察이 足以有別也ㅣ니라 知去聲齊側皆反別彼列反

오직天下읫지극ᄒᆞᆫ聖人이아能히聰이며明이며睿ㅣ며知ㅣ足히써臨ᄒᆞᆷ이인ᄂᆞ니寬ᄒᆞ며裕ㅣ며溫이며柔ㅣ足히써容ᄒᆞᆷ이이시며發이며強이며剛이며毅ㅣ足히써執ᄒᆞᆷ이이시며齊ㅣ며莊이며中이며正이足히써敬ᄒᆞᆷ이이시며文이며理ㅣ며密이며察이足히써別ᄒᆞᆷ이인ᄂᆞ니라

(註)聰明睿知、生知字之質、臨、謂居上而臨下也、其下四者、乃仁義禮智之德、文、文章也、理、條理也、密、詳細也、察、明辨也、朱子曰仁義禮知之知與聰明睿知便是這一箇禮知是通上下而言睿知是擴充得較大底只訓通對知而言知是體底是深通處文理密察此是聖人於至纖至悉處無不詳審且如一物初破作兩箇又破作四片若未恰好又破作八片只管詳密文是文章如物之文縷理是條理每事詳密審察故曰足以有別○陳氏曰上一句包說下四句方細破分仁義禮知說仁則度量寬大故曰有容義則操執堅固故曰有執禮之施敬而已故曰有敬

智足以分別事物故曰有別四者皆從聰明睿知中細破分條貫說來○雙峰饒氏曰章句以四者爲仁義禮智之德如此則只是四德於溥博之下又言五者之德何也此章專說小德就五者而論則聰明睿知又是小德之大德聰屬耳明屬目睿知屬心睿則能思知則能知思屬動魂之爲也知屬靜魄之爲也心者魂魄之合魂能知來有所未知則思索而知之陽之靈也魄能藏往其已知則存而記之陰之靈也一陰一陽相爲配對○新安陳氏曰唯至聖之德有此生知仁義禮智之體故見於有臨有容有執有敬有別之用也【備旨】子思承言小德川流曰凡德有未備者皆聖之未至者也唯天下至聖其生知之質獨縱於天爲能聰無所不聞明無所不見睿無所不通知無所不知足以君天下而有臨也然有臨貴有容惟質具生知則寬而不隘裕而不迫溫而和厚柔而順從此仁之德也仁則度量洪大足以育物而有容也有臨貴有執惟質具生知則發而奮起强而有力剛而不屈毅而有守此義之德也義則操持堅固足以制事而有執也有臨尙其有敬惟質具生知則齊焉純一莊焉端嚴中焉無偏倚正焉無邪曲此禮之德也禮則恪恭寅畏足以涖民而有敬也有臨尙其有別惟質具生知則文焉有章理焉有條密焉無疎漏察焉無眩惑此知之德也知則識見精明足以辨類而有別也旣獨稟聰明睿知之資而又兼備仁義禮智之德信乎爲天下之至聖也

溥博淵泉ᄒᆞ야而時出之니라

溥ᄒᆞ고博ᄒᆞ며淵ᄒᆞ고泉ᄒᆞ야時로出ᄒᆞᄂᆞ니라

【註】溥博、周偏而廣闊也、淵泉、靜深而有本也、朱子曰泉便有箇發達不已底意○新安陳氏曰泉之出必有本原也溥博淵泉四字總詠狀上所列五德之體段 出、發見形甸反下同也、言五者之德、充積於中溥博淵泉而以時發見於外也、新安陳氏曰當用仁時則仁發見當用義時則義發見之類【備旨】至聖五德具足但見充積於中者周偏廣濶萬物之理悉包何溥博也靜深爲藏萬化之原皆裕何淵泉也由是時乎臨下則聰明睿知之德出焉時乎容執敬別則仁義禮智之德出焉其以時發見於外如此此體用一原顯微無間之妙也

溥博은如天ᄒᆞ고淵泉은如淵이라見而民莫不敬ᄒᆞ며言而民莫不信

ᄒᆞ며

行而民莫不說이니라 見音現 說音悅

溥博은天ᄀᆞᆺ고淵泉은淵ᄀᆞᄐᆞᆫ디라見ᄒᆞᆷ애民이공경티아니리업스며言ᄒᆞᆷ애民이밋디아니리업스며行ᄒᆞᆷ애民이깃거아니리업스니라

●言其充積、極其盛而發見、當其可也、 新安陳氏曰溥博則如昊天淵泉則如深淵非極其盛而何見言行皆發見也民所以莫不敬信悅以當其可也當其可之謂是接上文 時出字而發揮之下文莫不尊親極言其敬信說也【備旨】夫溥博淵泉而出時者非尋常可比也溥博則如天焉天 大無外而溥博亦與爲無外淵泉則如淵焉淵深不測而淵泉亦與爲不測蓋充積極其盛矣由是見之爲德容而民 莫不作肅而敬焉宣之爲德言而民莫不聽承而信焉 發之爲德行而民莫不皷舞而悅焉其發見又當可有如此

是以로聲名이洋溢乎中國ᄒᆞ야施及蠻貊ᄒᆞ야舟車所至와人力所通과天之所覆와地之所載와日月所照와霜露所隊애凡有血氣者ㅣ莫不尊親ᄒᆞ니故로曰配天이니라 施去聲 隊音墜

일로써聲名이中國에洋溢ᄒᆞ야蠻貊에施ᄒᆞ야及ᄒᆞ야舟車의니르ᄂᆞᆫ바와人力의通ᄒᆞᄂᆞᆫ바와天의覆ᄒᆞᆫ바와地의載ᄒᆞᆫ바와日月의照ᄒᆞᄂᆞᆫ바와霜露의隊ᄒᆞᄂᆞᆫ바애믈읫血氣인ᄂᆞᆫ者ㅣ尊ᄒᆞ며親티아니리업ᄂᆞ니故로ᄀᆞᆯ오ᄃᆡ天을配ᄒᆞᆷ이니라

●舟車所至以下、蓋極言之、配天、言其德之所及、廣大如天也、 新安陳氏曰有是聖德之實是以有是聖德之

名凡有血氣人類也尊之爲君親之如父母極覆載人所及處皆然豈非德之所及廣大如天乎此章言達而在上之大聖人其盛德之全體大用如此可謂極至而無以加矣可以當此者其惟堯舜乎【備旨】吾知其敬信悅之所在卽聲名之所在也是以有聖德聲名洋溢乎中國之內而施及於蠻貊之遠凡舟車所可至人力所可通上而天之所覆下而地之所載日月所照之處霜露所隊之方凡有血氣而爲人類者莫不尊之爲元后親之爲父母而敬信悅者盡於天下也豈非其德之所及廣大如天乎故曰配天夫至聖之德備於已而功用配於天此其所以爲天道歟而小德川流之義可識矣

右는第三十一章이라 承上章而言小德之川流、亦天道也、新安陳氏曰非謂五者之德爲小也蓋以此五者分別而言之又以發用言此下章之渾淪言之而純乎本體者則此爲小德之川流而下章爲大德之敦化章章明矣

唯天下至誠이아　爲能經綸天下之大經ᄒᆞ며 立天下之大本ᄒᆞ며 知天地之化育이니 夫焉有所倚리오 夫音扶焉於虔反

오직天下의지극ᄒᆞᆫ誠이아能히天下읫큰經을經ᄒᆞ며綸ᄒᆞ며天下읫큰本을立ᄒᆞ며天地의化育을아나니엇디倚ᄒᆞᆫ배이시리오

【註】經綸、皆治絲之事、經者、理其緖而分之、綸者、比毗至反其類而合之也、經、常也、大經者、五品之人倫、大本者、所性之全體也、惟聖人之德、極誠無妄故、於人倫、各盡其當然之實而皆可以爲天下後世法、所謂經綸之也、朱子曰經綸是用立本是體大本即中也大經即庸也經綸大經立大本卽是蘊此中庸之道○北溪陳氏曰經是分疎條理綸是牽連相合大經卽君臣父子兄弟夫婦朋友之大倫大本即是中者天下之大本一般中乃未發之中就性論今所謂大本以所性之全體論如君是君臣是臣父是父

子是子兄是兄弟是弟夫是夫婦是婦各有條理一定而不亂故曰經如君臣之相敬父子之相親夫婦之相唱和兄弟之相友睦朋友之相切磋琢磨牽比其倫類自然相合故曰綸惟聖人極誠無妄於人倫各盡其所當然之實皆可爲天下後世之標準故人皆取法之○雙峯饒氏曰如君君臣臣父父子子是分而理之君仁於臣臣敬其君父慈其子子孝其父是比而合之也

其於所性之全體、無一毫人欲之僞、以雜之而天下之道、千變萬化、皆由此出、所謂立之也、其於天地之化育則亦其極誠無妄者、有默契焉、非但聞見之知而已、北溪陳氏曰知字不可以聞見之知論如肝膽相照一般聖人之德極誠無妄其於天地造化生育萬物之功與之脗合交契渾融一體所謂知也

此皆至誠無妄自然之功用、夫音扶豈有所倚著直略反於物而後能哉、問夫焉有所倚朱子曰自家都是實理無些欠缺經綸自經綸立本自立本知化育自知化育不用倚靠別物事然後能如此如爲仁由己而由人乎哉之意日用間底都是君臣父子夫婦人倫之理更不倚著人只從此心中流行於經綸人倫處便是法則此身在這裏便是立本知天地化育是自知得飽相似何用靠他物黃直卿云便是不思不勉意思謂更不靠心力去思勉他這箇實理自然經綸立本知化育更不用心力○問中庸兩處說天下之至誠而其結語一曰贊化育一曰知化育贊與知如何分曰盡其性者是從裏面說將出去故盡其性則能盡人物之性以贊化育也經綸大經是從下面說上去如修道之敎是也立天下之大本是靜而無一息之不中處知化育則知天理之流行矣○雙峯饒氏曰大經是道大本是性性乃大經之本也天地化育是命又大經大本之所自來也○雲峰胡氏曰首章由造化說聖人故曰命曰性曰道由體之隱達於用之費也此章言聖人之所以爲造化則曰道曰性而後曰命由用之費而原其體之隱也前曰贊化育此曰知化育贊云者至誠之功有補於造化也知云者至誠之心無間於天地也前章以時出之是小德之川流是時中之中此章大本是大德之敦化是未發之中首章曰中者天下之大本此則加以立之一字大本是所性之全體本無一毫人欲之僞立之者聖人所性之全體無一毫人欲之僞以雜之也立字不是用力字

備旨 子思承言大德敦化曰道散於人倫而原於性命人惟誠有未至卽不能盡倫盡性以至於命耳唯天下至誠極誠無妄爲能於五品人倫爲天下之大經者有以經之辨其分綸之合其類焉爲能於所性全體爲天下之大本者有以立之而一私不雜萬理畢該焉爲能於一元迭運爲天地之化育者有以知之而一道相契天人無間焉其化之克敦如此此皆其功用自然不思不勉夫焉有所倚著於物而後能哉

肫肫其仁이며**淵淵其淵**이며**浩浩其天**이니 (肫之純反)

肫肫ᄒᆞᆫ그仁이며淵淵ᄒᆞᆫ그淵이며浩浩ᄒᆞᆫ그天이니라

●肫肫、懇至貌、以經綸而言也、朱子曰肫肫其仁者人倫之間若無些仁厚意則父子兄弟不相管攝矣○鄭氏曰肫肫誠貌程氏曰厚也呂氏曰純全之義一云渾厚無間斷之貌○北溪陳氏曰經綸大經須加懇切詳細之功不可有急迫躁切之意○雙峯饒氏曰肫肫其仁如何以配經綸大經蓋仁者人也大經只是箇人道人而不仁何足以爲人 淵淵、靜深貌、以立本而言也、浩浩、廣大貌、以知化而言也、北溪陳氏曰靜深則有根本而不竭故以立本言此誠與天地同其大故其生育變化與天地同其功故以知化言 其淵其天則非特如之言已、潛室陳氏曰如天如淵猶是二物其天其淵即聖人便是天淵○雙峯饒氏曰肫肫其仁是說道淵淵其淵是說性浩浩其天是說命問性命如何分天淵曰性是成之者性指已定之理而言也命是繼之者善指理之流行而賦於物者言也二者有動靜之分故一屬地一屬天自聖人言之則靜定而存主處即是性應用而流行處即是命其與天地之理一也故曰其淵其天前章曰如淵如天猶是聖人與天地相比並至此曰其淵其天則聖人與天地爲一矣【備旨】吾由至性教化之功用而思大德之心體矣其經綸也慈愛浹洽恩意周流殆肫肫乎見聖心之仁焉其立本也則私欲罔間萬理畢具殆淵淵乎見聖心之淵焉其知化也心通造化廣遠無方殆浩浩乎見聖心之天焉

苟不固聰明聖知達天德者면**其孰能知之**리오 (聖知之知去聲)

진실로진짓聰ᄒᆞ며明ᄒᆞ며聖ᄒᆞ며知ᄒᆞ야天德을達ᄒᆞᆫ者ㅣ아니면그뉘能히알리오

●固、猶實也、鄭氏、曰唯聖人、能知聖人也、玉淵張氏曰上章云凡有血氣者莫不尊親此云苟不固聰明聖知達天德者其孰能知之上章言小德條理分明人所易見此章言大德無聲無臭非聖人不能知也○新安陳氏曰上章言至聖故以聰明睿知言書曰睿作聖睿進一步即聖也此章言至誠見至誠即是至聖故以聰明聖知言變睿言聖直指其爲聖人唯至聖能知至誠

也此章述聖人至誠之功用亦謂達而在上之聖人而以唯聖人能知聖人結之可以當此者其惟以孔子而知堯舜乎 **[備旨]** 然是道也固惟至誠爲能全之亦惟至聖爲能知之苟不固有聰明聖知之資而達仁義禮智之德者則心非至誠之心明非至誠之明其孰能知化經綸立本知此之盛哉則信乎至誠之不易知也是不可以觀天道之極致乎而大德敎化之義亦可識矣

右는第三十二章이라

承上章而言大德之敎化、亦天道也、前章、言至聖之德、此章、言至誠之道、然、至誠之道、非至聖、不能知、至聖之德、非至誠、不能爲、則亦非二物矣、此篇、言聖人天道之極致、至此而無以加矣、 朱子曰至誠至聖只是以表裏言至聖是德之發見乎外者故人見之但見其溥博如天至莫不尊親此見於外者至誠則是那裏面骨子聰明睿知却是那裏發出去至誠處非聖人不自知也○至聖一章說發見處至誠一章說存主處聖以德言誠則所以爲德也以德而言則外人觀其表但見其如天如淵誠所以爲德故自家裏面却眞箇是其天其淵惟其如天如淵如日月所照霜露所墜凡有血氣者莫不知尊而親之謂自其表而觀之則易也惟其天其淵故非聰明聖知達天德者不足以知之謂自其裏而觀之則難也又曰此不是兩人事上章是以聖言之聖人德業著見於世其盛大自如此下章以誠言之是就實理上說其天其淵實理自是如此○葉氏曰至聖指發用神妙而言至誠指大經大本之實理而言非至聖無以顯至誠之全體非至誠無以全至聖之妙用其實非二物也○新安倪氏曰按饒氏以大哉聖人之道章至此爲第五大節

詩曰衣錦尙絅이라하니 惡其文之著也ㅣ라 故로 君子之道는 闇然而日章하고 小人之道는 的然而日亡하니 君子之道는 淡而不厭하며 簡而文하며 溫而理니 知遠之近하며 知風之自하며 知微之顯이면 可與入德矣리라 衣去聲絅口迥反惡去聲闇於感反

詩에ᄀᆞᆯ오ᄃᆡ錦을衣ᄒᆞ고絅을尙ᄒᆞ다ᄒᆞ니그文의著ᄒᆞᆷ을惡ᄒᆞᆷ이라故로君子의道ᄂᆞᆫ闇然ᄒᆞᄃᆡ날로章ᄒᆞ고小人의道ᄂᆞᆫ的然ᄒᆞᄃᆡ날로亡ᄒᆞᄂᆞ니君子의道ᄂᆞᆫ淡ᄒᆞᄃᆡ厭티아니ᄒᆞ며簡ᄒᆞᄃᆡ文ᄒᆞ며温ᄒᆞᄃᆡ理ᄒᆞ니遠의近으로ᄒᆞᆷ을알며風의自ᄒᆞᆷ을알며微의顯ᄒᆞᆷ을알면可히더브러德애入ᄒᆞ리라

●前章、言聖人之德、極其盛矣、此、復自下學立心之始、言之而下文、又推之、以至其極也、葉氏曰上三章極言孔子體天之德與至聖至誠之功用中庸之道至矣盡矣子思又慮學者馳鶩於高遠而忘下學之功夫或失其指歸也故此章復自下學立心之始務內至親至切者言之以漸進於上達高妙至精至微不可擬議之地蓋再叙入德成德之序也 詩、國風、衛碩人、鄭之丰、皆作衣錦褧衣、褧、絅、同、禪衣也、朱子曰禪衣所以襲錦衣者禪字與單字同沈括謂絅與䌫同是用䌫麻織疏布爲之 尙、加也、古之學者、爲去聲己故、其立心、如此、尙絅故、闇然、衣錦故、有日章之實、淡簡温、絅之襲於外也、不厭而文且理焉、錦之美、在中也、小人、反是則暴蒲卜反於外而無實以繼之、是以、的然而日亡也、朱子曰惡其文之著亦不是無文也自有文在淡則不厭簡則不文温則不理而今却不厭而文且理只緣有錦在裏面○陳氏曰衣而錦加絅衣以蔽之衣錦者美在其中尙絅者不求知於外古之學者只欲此道理實得於己不是欲求人知惟其不求人知所以闇然雖曰闇然而道理自彰著而不可揜猶衣錦尙絅而錦之文采自然著見於外也○新安陳氏曰君子爲己不求人知雖闇然若暗昧而美實在中自日著而不可揜如尙絅而錦美在中自不容揜於外也小人爲人惟求人知雖的然分明表暴於外而無實以繼之日見其亡失泯沒而已君子小人之分爲己爲人之不同耳君子有若無實若虛有與實終不可揜小人無爲有虛爲盈有與盈豈能有常日亡必矣常情淡薄無味則易厭簡略則無文采溫厚渾淪則無條理君子之道雖淡而人不厭雖簡而自有文雖溫而自有條理淡簡溫皆尙絅闇然意不厭文理皆錦之美實在中意也 遠之近見形甸反於彼者、由於此也、風之自著乎外者、本乎內也、微之顯、有諸內者、形諸外也、有爲己之心、本起語意說來而又知此三者、則知所謹而可入德矣、朱子曰知遠之近是以已對物言之知在彼之是非由在我之得失知風之自是知其身之得失由其心之邪正知微之顯又專指心說就裏來○知遠之近知風之自據表而知裏也知微之顯由內以達外也○陳氏曰君子立心只是爲己又能知道理之見於遠者自近始故自近而謹之著見於風化者由身始故自身而謹之有諸內者甚微而見於外者甚顯故自微而謹之知此三者而致其謹則可與之入德矣○新安陳氏曰下文言謹獨意已萌於此故、下文、引詩、言謹獨之事、雲峰胡氏曰中庸分君子小人而言者凡二第二章言君子中庸小人反中庸是其爲君子小人者可見於行事之際此則言其所以爲君子小人者已見於立心之始淡而無味其味最長簡而無文其文自章溫不求其理而無有不合於條理者此君子爲己之學也不求其文之著而自不能不著者也小人則反是矣中庸旣舉其立心之始當如此而又提起三知字曰知遠之近知風之自知微之顯而下文遂以愼獨戒懼之事繼之卽章句所謂知其在我者則戒愼恐懼而無時不中者也章句之旨融徹如此學者不可不細玩[illegible]曰子思言至聖至誠之德可謂極盛矣又慮學者馳騖高遠而忘下學之功故此復自下學至親至切者言之以漸進於上達至精至微之地蓋再叙入德成德之序也意謂爲學莫先於立心立心莫要於爲己詩有曰衣錦而尙之以絅詩之意蓋惡其錦文之外著而斂於內也古人之立心如此而君子爲己之心可推矣故君子之道只欲實得於己不求人知所以外若闇然無華而就中積美有日章著而無窮小人之道專務人知的然外見中而無其實日就消亡也然所謂闇然日章者何如君子之道樸素自守固若是其淡矣而其中有彌永之旨存焉自不可厭也悃愊無華固若是其簡矣而其中有光輝之美存焉自有其文也敦厚和平固若是其溫矣而其中有秩然之用存焉自有其理也闇然日章如此此皆衣錦尙絅爲己之實心也由是以爲己之心而知幾知遠之幾在近天下國家之治忽由於吾身之得失也知風之幾在自吾身之得失由於吾心之邪正也知微者顯之幾邪正之有諸內者甚微而善惡之由中達外者甚顯也知此三者而於自近微謹之可以充其爲己之心與之入德而馴至聖人之域矣

詩云潛雖伏矣나 亦孔之昭ㅣ라ᄒᆞ니 故로 君子는 內省悉井反不疚ᄒᆞ야 無惡於志니 君子之所不可及者는 其惟人之所不見乎ㅣㄴ뎌 惡去聲

詩예닐오ᄃᆡ潛ᄒᆞᆫ거시비록伏ᄒᆞ나ᄯᅩᄒᆞᆫ심히昭라ᄒᆞ니故로君子ᄂᆞᆫ內로省ᄒᆞ야疚티아니ᄒᆞ야志에惡홈이업ᄂᆞ니君子의可히밋디못ᄒᆞᆯ바ᄂᆞᆫ그오직사ᄅᆞᆷ의보디못ᄒᆞᄂᆞᆫ바엔뎌

●詩、小雅正月之篇、(再引詩)承上文、言莫見乎隱莫顯乎微也、疚、病也、無惡於志、猶言無愧於心、此、君子謹獨之事也 三山陳氏曰潛雖伏矣即首章隱微意亦孔之昭即首章莫見莫顯意言隱伏之間理甚昭明君子內省此處須無一毫疚病方無愧於心君子所以不可及只是能於獨致其謹耳上言入德之門此以下言入德之事此一節言人之所不見處又申明首章謹獨意下一節言己之所不見處又申言首章戒謹恐懼意○新安陳氏曰人所不見人所不知也己之志向己所獨知也)東陽許氏曰詩本言魚之潛於淵可謂伏藏之深然亦甚昭然而易見言禍亂之不可逃也此借之以言幾之存於心者雖深而莫見顯乎隱微言獨之不可不愼也章旨以入德之事言之詩云潛雖隱伏矣然其理亦甚昭明蓋言獨之不可不謹也故君子於獨知之地內自省察使念慮之萌無一毫疚病方安於心而無惡是則君子之所不可及者其惟人之所不見之地而致謹其獨乎此省察爲己之功也

詩云相在爾室ᄒᆞᆫᄃᆡ尙不愧于屋漏ㅣ라ᄒᆞ니故로君子ᄂᆞᆫ不動而敬ᄒᆞ며不言而信이니라 (相去聲)

詩예닐오ᄃᆡ네室에在홈을相ᄒᆞᆫᄃᆡ거의屋漏에븟그럽디아니타ᄒᆞ니故로君子ᄂᆞᆫ動티아니ᄒᆞ야셔敬ᄒᆞ며言티아니ᄒᆞ야셔信ᄒᆞᄂᆞ니라

●詩、大雅抑之篇、(三引詩)相、視也、屋漏、室西北隅也、 朱子曰古人室在東南隅開門東南隅爲突西北隅爲屋漏西南隅爲奧人纔進便

先見東南隅却到西南隅然後始到西北隅此是深密之地曾子問謂之當室之白孫炎曰當室白光所漏入也

承上文、又言君子之戒謹恐懼、無時不然、不待言動而後、敬信則其爲己之功、益加密矣、故、下文、引詩、幷去聲言其效、

朱子曰潛雖伏矣便覺有善有惡須用察相在爾室只是教做存養工夫○北溪陳氏曰抑詩卽是首章戒謹其所不覩恐懼其所不聞意屋漏人迹所不到之地此處蓋己之所不睹須是眞實無妄常加戒謹恐懼方能無愧怍君子爲己之功至此不待於動而應事接物方始敬蓋於未應接之前無人處己無非敬矣不待見於發言而後信實蓋於未發言之前本來眞實無非信矣○此處一節密一節首章先說戒懼後說謹獨是從內面發出來此處先說謹獨後說戒懼是從外面說入○雲峯胡氏曰上文引詩但見學者有爲己之心此兩引詩方見學者有爲己之學首章言愼獨此言人之所不見卽是獨內省不疚卽是愼獨內省而少有一毫之疚則是胷中猶有可惡故必無疚然後無惡此爲己之功也首章言戒愼不睹恐懼不聞蓋動則有可睹此不動而敬卽是戒愼乎其所不睹言則有可聞此不言而信卽是恐懼乎其所不聞諸家以敬信爲民敬章句以爲己之敬信與下文篤恭相應此又爲己之功益加密者也首章先戒懼而後愼獨由靜時工夫說到吾心方動之幾此章到愼獨而後戒懼由動時工夫說到吾心至靜之極愈靜愈敬其爲己之功可謂密矣○東陽許氏曰不動敬不言信是信敬在言動之前【備旨】然不但謹獨已也詩云相爾在爾室之中尙其常存敬畏不愧于屋漏之神乎蓋言靜之不可不愼也故君子動固敬也雖不動而亦必敬焉言固信也雖不言而亦必信焉夫不動不言卽屋漏也敬信卽不愧也此存養之功而爲己益密也

詩曰奏假無言ᄒᆞ야時靡有爭이라ᄒᆞ니是故로君子ᄂᆞᆫ不賞而民勸ᄒᆞ며不怒而民威於鈇鉞이니라 假格同鈇方無反

詩예ᄀᆞᆯ오ᄃᆡ奏ᄒᆞ야假홈애言이업서時예爭ᄒᆞ리잇디아니타ᄒᆞ니이런故로君子ᄂᆞᆫ賞티아니ᄒᆞ야서民이勸ᄒᆞ며怒티아니ᄒᆞ야서民이鈇鉞두곤威ᄒᆞᄂᆞ니라

詩、商頌烈祖之篇、(四引詩) 奏、進也。承上章而遂及其效、言進而感格於神明之際、極其誠敬、無有言說而人自化之也、威、畏也、鈇、莝、(音좌) 斫刀也、鉞、斧也、(新安陳氏曰其所以感人動也不待賞而民自勸不待怒而民自畏者以其自修有謹獨戒懼之本也 篤恭 爲己之學成而其效則何如詩云主祭者奏假神明極其誠敬無有言說則在廟之人亦皆化之靡有爭競失禮者自可見有是德則有是化矣是故君子由存省之功以造於成德之地雖不賞以示勸也而民之被其德者自然有所景仰而勸於善雖不怒以示威也而民之被其德者自然威於鈇鉞而不敢爲惡夫不賞怒即無言也民勸威即靡爭也蓋德盛而民化如此)

詩曰不顯惟德을百辟其刑之니라ᄒᆞᆫ是故로君子ᄂᆞᆫ篤恭而天下ㅣ平이니라

詩에ᄀᆞᆯ오ᄃᆡ顯티아니ᄒᆞᆫ德을百辟이그刑ᄒᆞ다ᄒᆞ니이런故로君子ᄂᆞᆫ恭을篤히홈애天下ㅣ平ᄒᆞᄂᆞ니라

● 詩、周頌烈文之篇、(五引詩) 不顯、說見(形甸反) 二十六章、(言豈不顯也) 此、借引以爲幽深玄遠之意、(以爲眞幽隱不顯) 承上文、言天子、有不顯之德而諸侯、法之則其德、愈深而效愈遠矣、(朱子曰不顯二字二十六章者別無他義故只用詩意卒章所引自章首尙絅之云與章末無聲無臭皆有隱微深密之意故知當別爲一義與前章不同) 篤、厚也、篤恭、言不顯其敬也、(陳氏曰篤恭是申解不顯二字雖無人之境亦恭是篤厚其恭也○東陽許氏曰章句篤恭言不顯其敬也謂自厚於恭敬未嘗見於言動之間) 篤恭而天下平、乃聖人至德、淵微、自然之應、中庸之極功也、(朱子曰此章到篤恭而天下平己是極處結局了所謂不顯其德者幽深玄遠無可得而形容雖下面不大聲以色德輶如毛

皆不足以形容直是無聲無臭到無迹之可尋然後已○北溪陳氏曰篤恭是不顯惟德意天下平是百辟其刑意
此章至此凡五引詩一節密一節首節說學須爲已不求人知第二節說致謹於人所不見處三節說致敬於已所
不見處四節說不待言說而人自化五節說不顯篤恭其功效有自然之應乃中庸之極功也○雲峯胡氏曰此兩
引詩承上文不動而敬不言而信而極其效也惟其不言亦信所以無言而人自信之有不待賞罰而化者惟其不
動亦敬故篤恭不顯其敬也而天下自平篤恭而天下平即首章致中和而天地位萬物育也特首章是致其中而
後致其和此之謂篤恭者已致其和而益致其中也爲已之功愈密則德愈深而效愈遠如此夫德顯而百辟刑之
宜也不顯而天下自平其妙殆有不可測者要之中者性之德不顯之德即未發之中戒愼恐懼是於喜怒哀樂未
發之時而敬也此時而敬是不顯其敬此所以爲至德之淵微而有自然之應也○新安陳氏曰不顯篤恭實原於
尙綗闇然與愼獨戒懼深密之功下文是三引詩不過形容此不顯篤恭之妙而已 【備旨】不但已也詩云天子有幽
深玄遠之德則百辟其皆刑而法之此可見德愈盛則化愈廣矣是故君子由存省而造其極此心渾然天理念念
是恭時時是恭篤厚渾深不可窺測而天下之人自順則而不知翕然平治幷勸威之迹亦泯矣夫篤恭是不顯之
德天下平即百辟刑之此中和位育之能事聖神功化之極致也

詩云予懷明德의 不大聲以色이라ᄒᆞ야ᄂᆞᆯ 子ㅣ 曰聲色之於以化民애 末也ㅣ라ᄒᆞ시니라 詩云德輶如毛ㅣ라ᄒᆞ니 毛猶有倫이어니와 上天之載ㅣ 無聲無臭아 至矣니라 （輶由酉二音）

詩예닐오ᄃᆡ내明德의聲과다뭇色을크게아니홈을懷ᄒᆞ노라ᄒᆞ야ᄂᆞᆯ子ㅣ골ᄋᆞ샤ᄃᆡ聲과色이써民을化홈애末이라ᄒᆞ시니라詩예닐오ᄃᆡ德의輶홈이毛ᄀᆞᆺ다ᄒᆞ니毛ᄂᆞᆫ오히려倫이잇거니와上天의載ㅣ聲이업스며臭업다홈이아지극ᄒᆞ니라

●詩、大雅皇矣之篇、六引詩引之、以明上文所謂不顯之德者、正以其不大聲與色也、古以與字通用又引孔子之言以爲聲色、乃化民之末務、今但言不大之而已則猶有聲色者、存、是未足以形容不顯之妙、不若烝民之詩、所言德輶如毛七引詩輶輕也則庶乎可以形容矣、而又自以爲謂之毛則猶有可比者、倫比也是亦盡其妙、不若文王之詩、所言上天之事、無聲無臭八引詩然後、乃爲不顯之至耳、蓋聲臭、有氣無形、在物、最爲微妙而猶曰無之故、惟此、可以形容不顯篤恭之妙、非此德之外、又別有是三等然後、爲至也

朱子曰無聲無臭本是說天道彼其所引詩自說須是儀刑文王然後萬邦作孚詩人意初不在無聲無臭上也中庸引之結中庸之義嘗細推之蓋其意自言謹獨以修德至詩曰不顯惟德百辟其刑之乃篤恭而天下平也後面節節贊歎其德如此故至予懷明德以至德輶如毛毛猶有倫上天之載無聲無臭至矣蓋言夫德之至而微妙之極難爲形容如此今爲學之始未知所有而遂欲一蹴至此吾見其倒置而終身迷亂矣○此章八引詩一步退似一步都用那般不言不動不顯不大底字直說到無聲無臭則至矣○自衣錦尙絅以下皆只暗暗地做工夫去然此理自掩蔽不得故曰闇然而日章小人未嘗做得已報得滿地人知故曰的然而日亡淡而不厭簡而文溫而理皆是收斂近裏知遠之近知風之自知微之顯一句緊一句學者能如此收斂雖未可便謂之德亦可以入德矣其下方言不愧屋漏方能以愼獨涵養其曰不動而敬不言而信蓋不動不言時已是敬信底人了又引詩不顯惟德予懷明德德如輶毛言之一章之中皆只是發明箇德字然所謂德者實無形狀故以無聲無臭終之○首章是自裏說出外面蓋自天命之性說到天地位萬物育處末章却自外面一節收斂入一節直約到裏面無聲無臭處此與首章實相表裏也○雙峯饒氏曰上天之載無聲無臭此便是未發之中便是天命之性蓋一篇之歸宿也○王氏曰此章是結尾擧一篇工夫之要約而言之所謂藏於密者也○雲峰胡氏曰此章當作四節看第一節意相承第一節承上章極致之言恐學者騖於高遠引尙絅之詩言下學立心之始結之以知微之顯第二節承知微之語引潛雖伏矣亦孔之昭以實之自愼獨說歸戒愼恐懼而結之以不動而敬不言而信第三節承不動

不言之語引詩云無言不顯以極其效如此第四節承不顯之語三引詩至於無聲無臭以形容不顯之妙至如此朱子又恐學者因無聲無臭之語而又鶩於高遠也故結之曰非此德之外有此三等然後爲至也蓋所引之詩似有等級然其妙非杳冥昏默之謂非虛無寂滅之謂也故必提起德之一字言之首章曰道此章曰德道字說得廣濶德字說得親切德者得此道於心者也首章開端一天字原其所自也此道之在我者無不本諸天也此章結末一天字要其所成也德之成則能不失其道之在我而本諸天者也至此則我本於天天備於我又不過即其初天命之性耳是無聲無臭之天即吾不顯之德而不顯之德即吾渾然未發之中者也子思子首章獨提此一中字即周子所謂無極而太極也末又約而歸之於此即周子所謂太極本無極也子思始引夫子之言曰中庸之德其至矣乎衆人之所可至也此言中庸之極功故以不顯之德贊其至聖人之所獨至也然聖人之所以爲德之至者不過敬之至而已敬者聖學之所以成始而成終也故此書以愼獨戒懼始終焉[illegible]君子不顯篤恭則其德之深微豈易形容哉詩云上帝自言予懷念文王之明德不大其聲音與顏色似可以形容不顯之德矣然孔子嘗言爲政有本若聲色之於以化民特末務耳今若但執詩不大之說是猶有聲色者存也不若烝民之詩曰德之輕微如毛似可以形容不顯之德矣然毛雖微也猶有比類德豈有比類乎惟文王之詩曰上天之載無聲可聽無臭可聞乃眞爲不顯之至德矣故惟此可以形容不顯之德之妙然則君子之學必至此而後爲極也非由立心爲已而進其功焉亦安能至是哉

右는第三十三章이라　子思、因前章極至之言、反求其本、復自下學爲己謹獨之事、推而言之、以馴致乎篤恭而天下平之盛、又贊其妙、至於無聲然臭而後、已焉、蓋擧一篇之要而約言之、其反復(芳復反)丁寧、示人之意至深切矣、學者、其可不盡心乎、

黃氏曰中庸始言戒懼謹獨次言知仁勇終之以誠此數字括盡千古聖人敎人之指先師曰中庸說下學處少說上達處多然說下學處雖少而甚切如二十章明善誠身擇善固執一段與二十七章尊德性。道問學一段無非提綱挈領切要之言也說上達處雖多亦豈渙散無統玄妙不可究詰之論哉學者果能字字審察句句精研章々融會由下學而上達焉則程子所謂始言一理中散爲萬事末復合爲一理者見其理皆實理而爲事之體非高虛也事皆實事而爲理之用非粗淺也所謂其味無窮皆實學者的非虛言矣熏而習之今猶有白首紛如之嘆吁豈易言哉○雲峰胡

氏曰右須看極致馴致四字極致者上達之事也馴致者下學而上達之事也天理不離乎人事下學人事即所以上達天理雖其妙至於無聲無臭然其本皆實學也朱子敎人之深意備見於篇首所採子程子之語及此篇末之之語學者當合始終而參玩之以求無負於朱子之敎云○新安倪氏曰按饒氏以此章爲第六大節

中庸章句大全

原本備旨 大學 中庸(全)

初 版 發 行●1986年 2月 20日
重 版 發 行●2024年 3月 28日

校 註●金 赫 濟
發行者●金 東 求

發行處●明 文 堂(1923. 10. 1 창립)
서울시 종로구 윤보선길 61(안국동)
국민은행 006-01-0483-171
전화 02) 733-3039, 734-4798, 733-4748(영)
팩스 02) 734-9209
Homepage www.myungmundang.net
E-mail mmdbook1@hanmail.net
등록 1977. 11. 19. 제1~148호

정가 **15,000**원
ISBN 89-7270-146-7 (93140)